危机识别与干预·心理学应用技术丛书

心理访谈·引领成长篇

范海鹰　著

中国人民公安大学出版社

·北　京·

图书在版编目（CIP）数据

心理访谈·引领成长篇/范海鹰著.—北京：中国人民公安大学出版社，2016.12
ISBN 978-7-5653-2845-9

Ⅰ.①心…　Ⅱ.①范…　Ⅲ.①大学生—心理健康—健康教育　Ⅳ.①G444

中国版本图书馆 CIP 数据核字（2016）第 317308 号

心理访谈·引领成长篇

范海鹰　著

出版发行：中国人民公安大学出版社
地　　址：北京市西城区木樨地南里
邮政编码：100038
经　　销：新华书店
印　　刷：涿州市新华印刷有限公司

版　　次：2016 年 12 月第 1 版
印　　次：2019 年 7 月第 2 次
印　　张：11.5
开　　本：787 毫米×1092 毫米　1/16
字　　数：245 千字

书　　号：ISBN 978-7-5653-2845-9
定　　价：42.00 元

网　　址：www.cppsup.com.cn　www.porclub.com.cn
电子邮箱：zbs@cppsup.com　zbs@cppsu.edu.cn

营销中心电话：010-83903254
读者服务部电话（门市）：010-83903257
警官读者俱乐部电话（网购、邮购）：010-83903253
法律图书分社电话：010-83905745

本社图书出现印装质量问题，由本社负责退换
版权所有　侵权必究

前　言

鼓舞和唤醒，是教育的艺术，更是教育的目标。

引领大学生心理健康成长，应当是教育的首要关注点。

心理成长，其意义由心理及成长的内涵决定。心理的内涵包括认知、情绪与情感、意志等心理过程以及人格（人格倾向、人格心理特征）等心理现象；成长，一般指摆脱稚嫩，走向成熟的过程；心理成长，指的是人们在面对社会适应、人生发展课题时，从缺乏经验到意识清晰的一种领悟、觉醒的心理变化过程。人的一生，从少年、青年、中年到老年，必然会面临许多重大的人生发展课题，从一个时期过渡到另一个时期，必须完成一些心理成长的学习或训练任务。心理健康成长，有助于人们达成健康心理和良好的社会适应；反之，则会形成心理困扰、心理疾病甚至心理危机，导致社会适应不良甚至极端行为或犯罪行为发生。这也是心理成长的意义所在。

2009年秋季学期，开设旨在帮助大学生心理成长的课程《心理访谈与健康成长》。课程聚焦大学生心理成长的重要课题，分为自我发展、情绪管理、情感培育、直面人生4个板块，以心理成长、认识自我、告别依赖、思考学业、择业准备、管理情绪、直面嫉妒、结交朋友、珍惜室友、爱的思索、再视父母、化解压力、应对挫折、珍爱生命、走向未来为主题，分15个专题，每个专题内容包括：成长引导、案例导入、理论概要、自我探索、心声分享，以期通过介绍心理成长的理论依据、典型应用案例评析的方式，启发学生从自我心理成长探索切入，学习心理成长的应用方法，达到学以致用的教学目标。

至今，《心理访谈与健康成长》课程已累计开课13个学期，课程班学生达1400余人。同学们带着从不同角度对心理成长的渴求进入课程班学习。通过课程学习，不少人尝试从心理成长的视角，用调整认知、认识情绪、培育意志、培育人格的策略和方法，来分析自己的心理成长问题及改进策略，获得了不同程度的心理成长感悟。学生们敞开心扉，自我探索，汇聚了数百万字的自我成长分析报告及课程感悟。这是学生经过课程学习，尝试运用心理学技术排解过往心理困扰，防范潜在心理危机的成长报告，颇具启迪成长的价值。

发展自我与管理情绪是大学生独立走向社会需要解决的心理成长的基本问题。

《心理访谈·引领成长篇》汇聚了大学生心理成长的自我发展、情绪管理两个板块的相关专题：认识自我、告别依赖、思考学业、择业准备、管理情绪、直面嫉妒。引领学生从认识自我、悦纳自我、发展自我切入，以培养独立决策和行为的意识为起点，以建立独立、科学的选择学业的策略做尝试，以未来就业的准备策略（知识、技能及其独立健康人格储备）为导向，引导学生学习构架认识自我、规划自我、发展自我的策略与方法，建立清晰的“我是谁”、“要去哪”、“怎样去”的自我发展意识。同时，引领学生从认识情绪对人生发展的意义着眼，深刻领悟情绪无时无刻不在我们的生活中出现，也无时无刻不在影响着我们的生活。积极肯定的情绪，让人们精神振奋，体验快乐的人生；消极否定的情绪，使人们精神压抑，甚至能毁灭人生！进而学习认识自己的情绪、管理自己的情绪，激励自我；认识他人的情绪，处理人际关系之提升情商的策略与方法，为实现良好的社会适应的目标打下坚实的基础。

通过本篇的学习，培养良好的自我发展意识和情绪调控能力，再假以《心理访谈·助心飞翔篇》的情感培育、直面人生两个板块的相关专题：结交朋友、珍惜室友、爱的思索、再视父母、化解压力、应对挫折、珍爱生命、走向未来的引导，学习构建以亲情、友情、爱情为核心的、强有力的社会支持系统，培育积极的生命观、生存观和生活观，即使遭遇压力和挫折，也能够积极、顽强地应对，达成心之梦想的快乐人生。

本书体例，以心理成长主题作为专题，借成长引导、案例导入、理论概要、自我探索进行心理成长引导，佐以心声分享，见证学生们历经学习、尝试自我心理成长探索分析、感悟心理成长的心路历程。

附录所载的社会实践、启迪心灵，历经课程、感悟成长，报告了学生们在经历课程的课堂学习及其社会实践后的感悟。

拟将《心理访谈·引领成长篇》和《心理访谈·助心飞翔篇》作为《危机识别与干预·心理学应用技术丛书》的基础篇，意在重视健康心理培育，有效防范心理危机。

本书内容是我多年来引导学生心理成长的教学内容及教学成果的汇总，可供关注心理成长的人们自学参考。

此书编撰选取了历年《心理访谈与健康成长》课程班部分同学的自我成长分析报告及课程心得作为基本素材；学生薛颖红、张常钰、杜雨蒙、卢怡璇、钟晓雅、刘姣姣、何楚婷、陶然不同程度地参与了素材整理和文字校对工作，在此一并致谢！

上海政法学院
范海鹰
2016年12月18日

目 录

引言：敞开心扉　拥抱健康

敞开心扉，拥抱健康：

中央电视台《心理访谈》节目的片头语说道：让生活失去色彩的，不是伤痛，而是内心世界的困惑；让脸上失去笑容的，不是磨难，而是禁闭心灵的缄默。没有谁的心灵，永远一尘不染；战胜自我，拥抱健康。沟通，消除隔膜；交流，敞开心扉；真诚，融化壁垒；心理访谈，健康人生，从心开始。

感悟：节目中以个案出现的心理压力、心理困境、心理危机为切入点，探讨出现问题的原因和如何应对的方法；告诫并启迪人们：痛苦人生，是从心理异常开始；心理危机，可以毁灭人生；健康人生，是从心理健康开始；心理健康，可以快乐人生！

希冀：通过本书心理成长专题的学习，能够借助心理访谈的技术，达成心理健康成长，拥抱健康快乐的人生！

专题1　心理成长　拥抱健康

成长引导

引导主题：心理成长　拥抱健康

引导内容：心理成长内涵及意义、心理问题及解决策略

引导环节：

- 案例导入：人生机缘的入场券
- 理论概要：知识点解析
- 自我探索：我期待的心理成长
- 心声分享：心向成长

引导目的：了解心理成长的含义及意义；

探索自我心理成长的需要及策略。

案例导入：人生机缘的入场券

【案情概要】2010年在中国内地播出的军事题材电视剧《冰是睡着的水》，讲述了王斌、楚静、肖天明、雷鹏、林涛几位成长在新中国的第一批解放军战士，是如何在信仰和血脉的感召下，成为新中国第一批国安人员的故事。

第2集中有个场景，讲的是“龙兴工程”进入攻坚阶段，根据情报，国际间谍组织，以及老对手K3组织都将采取行动。面对新的形势和反间谍工作的需要，需要立即补充新生力量和相关特殊人才，以配合徐公道等小组的行动。于是，各种人才资料被送到了徐公道面前：理工学院应届毕业生，数学天才肖天明；市局推荐的刑警，擅长画图的楚静；大学心理应用系应届毕业生，擅长心理分析、搏击、戏剧表演的王斌……他决定进行一场测试，来选拔人才。备选人员在大礼堂集合，低声议论着。王斌沉默不语，肖天明玩着手表，楚静清高地站在众人之外。突然一声枪响。礼堂里一下子安静了，瞬间所有人冲出门外。一具血淋淋的尸体趴在地上，凶手不见踪影。队员们先后赶到，全都傻眼了。楚静大声呵斥：“大家退后，保护现场！”徐公道带人匆匆赶到，队员们赶紧站成一排。

面对徐公道“是谁杀了他”一个一个地质问，17位队员纷纷作出了不同的

反应：

一位男生说“我不知道”并低下了头，又一位男生结巴地说：“我来的时候他就在这了，我什么都没看见。”一位女生说：“我正在和他们聊天，我们可以互相作证。”又一位男生说：“报告首长，我没有看到凶手，可我相信不是特务，因为孤军深入本来就是兵家大忌，我想不会有这么笨的特务，为这杀人。”

“从我们听到枪声到跑到这里，时间不到十秒钟，凶手根本不可能逃离现场，所以不排除自杀的可能。”楚静说。

“奇怪呀，他背上没有伤口，如果是胸口中弹的话，按照力学的惯性原理，他应该是这样的（身体往后倒的姿势），他怎么（身体往前扑的姿势）?”肖天明说。

“这是你们的测试。（首长：这不是测试）机械地重复，是典型的谎言，你一直看着我，是希望从我眼中看到对您的肯定，因为您心虚。（首长：我不接受你这个理由）最关键的是，您的战士死了，您却任我们对他的尸体评头论足，您之所以能容忍这种荒唐，就是因为这是测试。”王斌说。

随着卧地战士站起后一句“报告首长，我都憋不住了”，一场入职遴选测试就此揭秘。

随着首长宣布“说不知道和一言不发的人出列，大客车在门口，收拾东西，即刻起回单位报到，你们被淘汰了。”许多队员随即错失了入选的机会。

【评析要点】个体面对突发事件下意识的表达反应，能体现其专业学识，更能展现其在认知、情绪情感、意志行为和人格等方面的心理特点，能让人得到或失去各种人生机遇。人的心理特点就像是人生机缘的入场券。

理论概要：知识点解析

健康人生，从心理健康开始。心理健康养成，要从认识心理开始。了解健康心理的内涵及养成路径，知晓异常心理的表现及解决的策略，是认识心理的第一步。

1.1 健康心理内涵

1.1.1 心理的基本内涵

心理，是人的头脑反映客观现实的过程，如感觉、知觉、思维、情绪等。（《现代汉语词典》（第6版），商务印书馆2012年版，第1446页）

心理现象，是心理活动的表现形式。一般是指个人在社会活动中通过亲身经历和体验表现出的认知、情感和意志等活动。

心理现象一般分为两类，即心理过程与个性心理（人格）。心理过程包括认知、情绪与情感和意志，人格则包括人格倾向和人格心理特征。

1.1.1.1 认知

认知，是人认识外界事物的过程，或者说是对作用于人的感觉器官的外界事物进行信息加工的过程。它包括感觉、知觉、记忆、表象、言语、思维和想象等心理现象。

感觉，是人脑对直接作用于感觉器官的客观事物个别属性的反映。例如，当一个人在接触外界时，通过眼、耳、鼻、舌、皮肤等器官反映外界事物的个别属性，如颜色、声音、气味等。感觉可以分为两大类：一类是反映外界事物个别属性的感觉，如视感觉、听感觉、嗅感觉、味感觉、肤感觉等；另一类是反映人体自身各个部分的内在现象的感觉，如运动感觉、平衡感觉、机体感觉等。

知觉，是人脑对客观事物的属性的整体反映或关系反映。例如，人通过颜色、气味、形状等认识一个苹果，就是知觉过程。人脑对物体在空间内形状、大小、远近、深度和方位的反映称为空间知觉。时间知觉是认识外界物体时间特性（延续、顺序）的知觉。运动知觉是认识外界物体移动的知觉。

记忆，是对感知过或思维过的事物能够记住，并能在以后再现，或在它重新呈现时能再认识的过程。现代心理学引用信息论的概念，认为记忆是信息的输入和加工、信息的储存以及在需要时信息的提取和输出的过程，是过去的经验在头脑中的反映，是人脑对输入信息进行编码、储存和提取的过程（过去、感知、思考、体验、操作、映象、提取）。种类有形象、情景、情绪、语义、动作记忆；过程是识记、保持、回忆、再认、遗忘；表象是过去感知过的事物的形象在头脑中再现的过程；有三个记忆系统（瞬时记忆、短时记忆、长时记忆）。

思维，是人脑对客观事物间接、概括的反映，它能认识事物的本质和事物之间的内在联系。是人的高级认识过程。

语言与言语，是符号系统，是思维和交际的工具；交流的过程，是心理活动过程。

想象，是人脑对过去感知过的形象进行加工，产生一种新的形象。想象是人所特有的对客观事物的一种反映形式。

意识和注意：

意识，是在觉醒状态下的觉知（外界事物/内部状态），具有重要的心理机能，对人的身心系统起着统合、管理和调节的作用。

无意识，相对于意识而言，指个体没有觉察到的心理活动和心理过程。几种不同的意识状态有睡眠、梦。

注意，是心理活动或意识活动对一定的对象的指向和集中。其不是一种心理过程，而只是伴随着心理活动的一种状态（它并不反映任何事物和事物的任何属性，离开了心理过程注意也就不存在了）。注意能使所选择的对象处于心理活动或意识活动的中心，并加以维持，从而能够对其进行有效的加工。种类有不随意注意、随意注意、随意后注意，特征有广度、稳定、转移、分配。

1.1.1.2 情绪与情感

情绪与情感，是伴随认识和意志过程而产生的对外界事物的态度和内心的体验，是对客观事物与主体需要之间关系的反映。外界事物符合主体需要，引起积极的情绪体验；外界事物不符合主体需要，引起消极的情绪体验。

狭义的情绪指的是感情反映的过程，如喜、怒、忧、思、悲、恐、惊。广义的情绪包括情感。情感被用来描述具有深刻而稳定的社会意义的感情，如爱、恨、情、仇；义务感、责任感、爱国主义情感等。二者指的是同一的过程和同一的现象，只是分别强调了同一心理现象的两个不同方面。

情绪的表现形式有内心感受体验、外部表现形式、生理上的变化等层次。情绪的功能有适应、动机、组织、信号等。情绪的维度有动力性（增力/减力）、激动度（激动/平静）、强度（强/弱）、紧张度（紧张/轻松）等。情绪的种类分基本情绪：快乐、愤怒、悲哀、恐惧；复合情绪：愤怒、厌恶、轻蔑——敌意；恐惧、内疚、痛苦、愤怒——焦虑。情绪的状态分心境、激情、应激（按情绪发生的速度、强度和持续时间的长短不同划分）。

1.1.1.3 意向与意志

意向，是人们在生活中产生的各种要求的总称。

意志，是人的思维决策见之于行动的心理过程。是有意识地确立目的，调节和支配行动，并通过克服困难和挫折，实现预定目的的心理过程。

意志的品质具有自觉性、果断性、坚韧性、自制性。

意志的自觉性，是指能自觉地确定行动目的，并独立自主地采取决定和执行决定。

意志的果断性，是指面对复杂多变的情境，能够迅速而有效地采取决定，并实现作出的决定。

意志的坚韧性，是指在执行决定阶段能矢志不渝，坚持到底，遇到困难和挫折时能顽强乐观地面对和克服。

意志的自制性，是指能够完全自觉、灵活地控制自己的情绪，约束自己的言行的意志品质。

意志行为的基本阶段包括准备阶段和执行阶段。

①准备阶段，包括在思想上要确立行动的目的，选择行动的方案并作出决策。确立目的是意志行动的前提，但在确立目的的过程中，往往会遇到动机的冲突。动机的冲突一般有双趋式、双避式、趋避式、双重趋避式四种形式。

两个具有同样吸引力的目标，两个动机同样强烈，但不能同时获得时所遇到的冲突叫双趋式冲突。“鱼和熊掌不能兼得”的心理冲突即属于此种。

两种目标都想避开，但只能避开一个目标的时候，人们只好选择对自己损失小的，避开损失大的目标，这种冲突叫双避式冲突。“两害相权取其轻”的心理冲突即属于此种。

想获得一个目标，它对自己既有利又有弊时遇到的冲突即趋避式冲突。吃糖又怕胖的心理冲突即属于此种。

遇到多个目标，每个目标对自己有利也有弊，反复权衡拿不定主意，这时所遇到的冲突就叫双重趋避式冲突。两种工作，一种地位高待遇低，另一种待遇高地位低，选择哪种工作，难以拿定主意的心理冲突即属于此种。

②执行阶段，即执行所采取的决定阶段。在执行阶段，既要坚定地执行既定的计划，又要克制那些妨碍达到既定目标的动机和行为。在这一阶段还要不断审视自己的计划，以便及时修正计划，保证目标的实现。

1.1.1.4 人格

人格，是指个体在遗传和环境的作用下所形成的实际的和潜在的影响个体行为的心理活动的总和。人格也称个性，是指一个人区别于他人的、在不同环境中一贯表现出来的、相对稳定的、影响人的外显和内隐行为模式的心理活动的总和。它包括人格倾向性和人格心理特征两个方面。

1. 人格倾向性

人格倾向性包括人的需要、动机、兴趣、价值观和信念等，是推动人从事各种活动的动力系统。

需要，是人体内部的一种不平衡状态，是对维持和发展其生命所必需的客观条件的反映。是人的行为的原动力。它激发人去行动，使人朝着一定的方向，追求一定的对象，以求得自身的满足。其基本含义是“应该有或必须有；对事物的欲望或要求。”心理学家马斯洛的需要层次理论把人类复杂多样的需要从低到高分为七大类，并把其中生理的需要（饮食、空气、性和睡眠等）、安全的需要（生活有保障，环境没有危险，免除恐惧和焦虑）、爱和归属的需要（与他人亲近、被接纳，有依归/隶属群体享有地位）、尊重的需要（得到赞许与认可，体验力量和价值/自卑和失去信心）称为基本需要或缺失性需要；把较为高级的认知需要（判断、信念）、审美需要（欣赏、品位）和自我实现需要（实现个人的潜在能力）称为心理需要或生长需要。马斯洛认为，基本需要在满足之后不再感到需要，而生长需要的特点是越满足越产生更强的需要，并激发个体强烈的成长欲望。他还指出，满足个体的基本需要有助于更高层次需要的激发。

动机，是推动人从事某种活动，并朝向一定目标前进的内部动力。其形成与需要、驱力、认知、期望和归因等有关。

兴趣，是喜好的情绪。是人认识某种事物或从事某种活动的心理倾向。它以需要为基础，是推动人认识事物、探索真理的重要动机。

信念，是个体对事物确信的看法。当人意识到自己的需要时，这种需要就变成了人的活动动机。

理想，是对未来事物的想象或希望。

价值观，是指一个人对周围的客观事物（包括人、事、物）的意义、重要性的总的评价和总的看法。一方面表现为价值取向、价值追求，凝结为一定的价值目标；另一方面表现为价值尺度和准则，成为人们判断价值事物有无价值及价值大小的评价标准。

世界观，是个体对整个世界总的态度与看法，它是人的个性与行为的最高调节者。

2. 人格心理特征

人格心理特征包括人的能力、气质和性格，决定着人的行为方式上的个人特征及个体之间的差异。

能力，即能胜任某项任务的主观条件。能力是顺利有效地完成某种活动所必须具备的心理条件，是个体的一种心理特征。例如，音乐能力需要具备灵敏的听觉分辨力、音乐的想象力、记忆力和音乐的感染力等心理条件，不具备这些心理条件就难以从事音乐活动。能力有不同的类型，按照能力发展的高低程度，有能力、才能和天才之分；按能力的构造划分，有一般能力和特殊能力；按能力所涉及的领域划分，有认知能力、操作能力和社会交往能力之别；按创造程度划分，有模仿能力、再造能力和创造能力之异。

气质，是心理活动表现在强度、速度、稳定性和灵活性等方面动力性质的心理特征。是人生来就具有的心理活动的典型而稳定的动力特征，是人格的先天基础。人的气质是有明显差异的。经典的气质说认为，气质有四种外在表现类型：（1）胆汁质，反应迅速，情绪有时激烈、冲动，很外向。总体来看活动性强但不平衡。（2）多血质，外向，活泼好动，善于交际，思维敏捷，容易接受新鲜事物，情绪情感容易产生也容易变化和消失，容易外露，体验不深刻等。总体来看活动性强、平衡且灵活。（3）黏液质，情绪稳定，有耐心，自信心强。总体来看活动性强、平衡但不灵活。（4）抑郁质，内向，言行缓慢，优柔寡断。总体来看活动性弱，而且兴奋过程更弱。

性格，是一个人在对现实的稳定态度和习惯了的行为方式中所表现出来的人格特征，包括态度特征、意志特征、情绪特征、理智特征。

1.1.2 健康心理养成

1.1.2.1 心理健康的内涵

1. 心理健康的概念

心理健康的定义，历来有很多观点，综合起来有狭义和广义之分。狭义的心理健康是指临床意义上不具有某种心理障碍或精神疾病。广义的心理健康是指心理健康的保持与增进，主要内容是指人类所追求的完美精神状态。在这样一个底线与最高境界之间，国内外许多研究者在不断地探讨心理健康的内涵与标准。

《简明不列颠百科全书》（1986）将心理健康解释为：心理健康是指个体心理在本身及环境条件许可范围内所能达到的最佳功能状态，但不是十全十美的状态。美国学者英格历斯认为，心理健康是一种持久地与社会相适应、具有生命活力，并能够充分发挥身心潜能的心理状态。《国家职业资格培训教程：心理咨询师》（郭念锋主编，2003）认为，所谓心理健康，最概括、最一般地说，是指人的心理，即知、情、意活动的内在关系协调，心理内容与客观世界保持统一，并据此能促使人体内外环境平衡和促使个体与社会环境相适应的状态，并由此不断地发展健全的人格，提高生活质量，保持旺盛的精力和愉快的情绪。

2. 心理健康标准

马斯洛（1951）和米特尔曼（1951）曾提出十条标准：（1）有充分的自我安全感。（2）能充分了解自己，并能恰当评估自己的能力。（3）生活理想切合实际。（4）不脱离周围的现实环境。（5）能保持人格的完整与和谐。（6）善于从经验中学习。（7）能保持良好的人际关系。（8）能适度地宣泄情绪和控制情绪。（9）在符合团体要求的前提下，能有限度地发挥个性。（10）在不违背社会规范的前提下，能适当地满足个人的基本需求。

马青（1992）从临床表现方面考察，提出了心理健康的七条标准：（1）智力正常。（2）情绪协调，心境良好。（3）具备一定的意志品质。（4）人际关系和谐。（5）能动地适应环境。（6）保持人格完善。（7）符合年龄特征。

章恩友、姜祖桢（2008）将心理健康标准综合为以下八条：（1）理解自我，悦纳自我。（2）接受他人，善与人处。（3）正视现实，接受现实。（4）热爱生活，乐于工作。（5）能适度表达和控制情绪。（6）人格健全完善和谐。（7）智力水平正常。（8）心理行为符合年龄与性别特征。

3. 心理健康养成

个体心理特点的养成，在长期社会化的过程中受到很多因素影响，包括遗传因素（基因倾向）、外部因素（家庭、学校、社会）和个体因素（感受、体验、领悟、觉醒）等。由于各种因素的介入时机与介入程度不一，因此不同个体的心理特点会各具特色。表现为认知倾向上的认知客观或认知偏差，情感倾向上的积极情感或消极情感，意志倾向上的意志坚定或意志薄弱，人格倾向（兴趣、爱好、价值观、理想）上的正向或负向驱动，个性特征（能力、气质、性格）方面的社会适应或不适应等，形成不同的心理水平。

个体的这些由认知、情绪、意志、人格等心理特点构成的心理健康水平，体现于个体的生活，影响着个体的生活。这就是心理与生活密切相关的依据所在。

1.1.2.2　人格发展理论

弗洛伊德的人格发展理论，是建立在他的性心理发展理论基础之上的。他认为，人格发展的基本动力是本能，尤其是性本能的驱动。

弗洛伊德是一个泛性论者，他所指的“性”除了与生殖活动有关外，还包括吸吮、排泄、皮肤触摸等能直接或间接引起机体快感的一切活动。

性本能也称为里比多（Libido）。里比多集中投放的身体部位称作“性感区”，以里比多发展经过不同的“性感区”为标准，将人格的发展划分为口唇期、肛门期、性器期、潜伏期和生殖期五个阶段。

1. 口唇期（0~1岁，人格发展阶段1）

这个时期的婴儿通过吸吮、咀嚼、吞咽、咬等口腔的刺激活动来获取快感。

这一阶段又可细分为两个时期：

在初期，孩子的牙还未长出，快感主要来自唇、舌的吸吮和吞咽活动。

在后期，体验快感的部位主要是牙齿、牙床和腭部，快感来自咬和吞嚼一类活动。

这一阶段心理——性欲的正常发展是该部位活动得到满足既不太少又不过度。太多太少都会使儿童“固结”在这一阶段。

如果在这个时期婴儿的口唇活动能得到适当满足，可使儿童产生安全感，有助于形成信任别人、自信而不依赖别人、易于与人和谐相处的个性特点。成年后他的人格就会表现出乐观、开放、慷慨等积极的特点。

如果儿童的口唇欲望不能满足或过度满足，则会形成不良个性特征——口部类型的人格。

（1）口欲综合型性格。发生于早期阶段的固结，会从事大量口唇活动或与口唇活动有象征联系的活动，如沉溺于吃喝、抽烟、接吻或者嗜好收集，当一名好听众（吸收知识）等。

（2）口欲施虐狂性格。而固结于晚期者可能表现出嗜好咬嚼及相关的活动，如贪吃、挖苦、嫉妒等。

一般来说，如吸吮、哺食过多，就可能发展成一种依赖或纠缠别人的人格；如口唇活动受到严格限制，有过严重断奶的经历，就会形成悲观、退缩、猜忌、紧张、不信任人的人格特征。

2. 肛门期（1~3岁，人格发展阶段2）

这个时期的儿童通过对肛门粪便的潴留与排泄获取性的愉悦，肛门一带成为快感的中心。肛门期是通过学习如何控制、驾驭自己的生理功能来适应现实世界的。

肛门期发展顺利，可形成有独立能力的性格，表现为自我决定行动，无过分的羞耻感，心理矛盾较少，容易合作等。如发生肛门期的固结，就容易形成所谓的肛门性格。肛门性格有三个特点：整洁、吝啬和固执。

之所以形成这样的性格，与孩子在追求肛门快感与父母的控制排便训练之间发生的矛盾情形有关。例如，儿童可能会憋着，等粪便积多了再拉出以增加快感，还可能以拉或不拉来与母亲作对等。此时的这些特定习惯性行为方式就成了其日后性格特征的原型。

3. 性器期（3～5岁，人格发展阶段3）

这个时期里比多集中在生殖器上，性器官成为儿童获得快感的中心。

儿童开始把性爱转向外界，产生了对异性父母的爱恋。按照弗洛伊德的说法，这个时期的男孩爱恋自己的母亲，妒忌父亲，可他又害怕父亲的惩罚，因而把对父亲的恨转为模仿父亲的行为和态度，以此来博得母亲对他的爱。女孩的情况则相反。这种幼年的性欲由于受到压抑就会形成恋母情结（男孩）和恋父情结（女孩）。

这一阶段决定了个体今后对异性的顺应，成年时期的各种性偏离都与这个时期的问题有关。

4. 潜伏期（5～12岁，人格发展阶段4）

儿童从五六岁后，性冲动开始进入暂时停止活动的时期。

这个时期的儿童对性缺乏兴趣，他们把兴趣转向学习、游戏、体育及同辈人团体活动等方面。男女儿童界线清楚，甚至互不往来。

但对前三个时期发展的经验记忆仍保持在内部并会对将来的人格发展产生影响。

5. 生殖期（12～20岁，人格发展阶段5）

这是发展的最后阶段，发生在青春期，可以持续很长的时间。

随着生理上的成熟，个体开始了一系列重大转变，总的趋势是向一个成熟的、社会化的成人转变。

此时期的活动包括异性吸引、社会化、团体活动、结婚成家以及职业发展。

然而，如果在前生殖器期的某个阶段发生了固结，它们就会在整个成年生活中表现出来，影响这一时期的发展，包括产生神经症和其他心理变态。

弗洛伊德人格发展理论还指出，里比多在发展过程中会遇到两种危机：固着和倒退。

固着是里比多停滞在早期发展阶段，倒退是里比多退至初期发展阶段。停滞固着的点越多，倒退的可能也就越大。由于固着和倒退作用的影响，真正具有生殖期人格的人是很少的。

所以，弗洛伊德尤其重视早期经验在人格发展中的作用。在他看来，一个人的人格早在5岁前后就已形成了，这个时期里比多的发展变化决定了其人格发展的特征和心理生活的正常与否。

1.2 异常心理类型

异常心理，指的是心理异常的各种表现类型，即广义的心理障碍，也就是人们平时概称的心理问题。常见心理障碍的主要症状包括：认知障碍（感觉、思维、记忆、注意、智能等障碍）、情绪情感障碍（情感淡漠、情绪低落、焦虑、情感脆弱等）、意向行为的障碍（意向缺乏、意向增强、意向倒错、强迫意向和强迫动作等）、自知力障碍（对自己躯体疾病和心理异常的辨认和判断能力丧失或不完整）、人格障碍（各种类型人格障碍）等方面。

《CCMD－3 中国精神障碍分类与诊断标准》（第三版）对异常心理有严格的分类诊断标准。参照《实用心理异常诊断矫治手册》（傅安球，2001）及《国家职业资格培训教程：心理咨询师》（郭念锋，2003）对心理异常及常见心理障碍的分类，心理障碍依其症状表现的程度不同可分为心理失调、心理失常、心理疾病、心身障碍与心身疾病、心理危机等一般异常心理表现类型。

1.2.1 常见心理障碍的临床疾病分类①

［详细内容请参照《CCMD－3 中国精神障碍分类与诊断标准》（第三版）］

1.2.1.1 精神病性障碍

精神病性障碍是一类严重的心理障碍。大多数患者在患病期间对自己的异常心理表现完全丧失自我辨认能力，不承认自己有病，当然也就不会主动求治。有些精神病是由躯体疾病引起的，如传染病、中毒、外伤及其他严重躯体病出现时的精神异常。在这种情况下，心理症状是整个躯体疾病临床表现的一部分，躯体疾病治好了，心理症状也会随之减轻或消失。这类障碍需要精神科和相应的内外科医生共同处理，不会求助于心理咨询医生。另一些精神病如精神分裂症、心境障碍，其真正的病因至今还不清楚，他们没有躯体疾病基础，需要精神科专科医生来研究和诊治，不是心理咨询的服务对象。

1. 精神分裂症

精神分裂症为最常见的一种精神病，约占精神病院住院患者的60%，患病率在我国为0.1%～0.3%。长期随访结果表明，41%处于显著衰退或仅有部分工作生活能力，痊愈者仅为26%，可见其危害性之大。病因、发病机制迄今尚未明确，虽有各种假设，但未被公认。一般认为与遗传有关，但非遗传性疾病，因仅有遗传素质与倾向。

主要临床表现是患者的思想情感和行为不同程度地与现实环境脱离，沉醉于自己的病态体验中。对外界事物情感反应淡漠甚至情感倒错或歪曲。意向减退，行为懒散。这是该病的基本症状。多数患者在发病后相当长的时期内还可能保持和别人交往。但人们会发现他们的有些表现使正常人不能理解。早期常有关系妄想、被害妄想或幻觉。这些症状常会使患者作出各种怪异行为。一旦发病，便逐步发展、加剧，自发缓解的极为少见。

本病症常见的类型有：（1）青春型，以愚蠢欢乐、性本能逸释为多见；（2）偏执型，以妄想、幻觉为主；（3）紧张型，以精神运动性抑制障碍为主；（4）单纯

① 郭念锋主编：《国家职业资格培训教程：心理咨询师》，民族出版社2003年版，第189～195页。

型，缓慢进展，后果极差。治疗方面，各种抗精神病药物均可选用，力争早期治疗，并长期随访服药。

2. 偏执性精神病

偏执性精神病又名妄想性精神病。这是以妄想为中心的一组精神病，属于内因性精神病范畴。除妄想外，人格常保持完整，并有一定的工作及社会适应能力。

偏执性精神病，临床上主要分偏执狂和类偏狂精神病。

偏执狂精神病者主要有不可动摇的、固定的系统性妄想，慢性演进，呈现出不易缓解的“持久性”。妄想发展逐渐完整，从而自成体系。若不了解这些情况，会误认为其人格结构完整，故很容易被蒙蔽。对妄想对象可能实施暴力伤害，因此带有一定的社会危害性。患者无幻觉。难以治疗，必要时应长期收容疗养。

类偏狂精神病者也是以妄想为主，一般可伴有幻觉（以幻听、幻触为多见），但妄想结构不如偏执狂紧密，系统化程度较弱；人格也较完整；可保持一定的工作和生活能力。如还有精神分裂症的基本症状，则属精神分裂症妄想型。如有明显精神因素，且因素消除后能较快缓解者，则属反应性类偏狂。偏执性精神病要与正常的猜疑相区别。猜疑有一定的客观依据，或有可以理解的原因，经分析解释后不再坚持。偏执性精神病发病年龄较晚。

3. 反应性精神病

反应性精神病又名应激性精神病，指的是一组由严重或持久的精神创伤所引起的精神障碍。这种精神创伤是超强度的急性刺激，或强度虽一般，但持续时间较久。精神创伤是发生疾病的主要诱因，而且与临床症状密切相关。精神因素一旦消除，精神症状也会随之消失。病前的人格多属情绪不稳定型。

临床表现围绕发病因素，有明显的紧张、恐惧、焦虑、抑郁等情绪障碍，有与所经历事件相关的不太荒诞离奇的妄想和幻听、幻视等，言语增多或沉默。急性发病者有轻度意识障碍及举止呆木。根据起病缓急分为急性与慢性两大类。患本病者不论起病缓急，病程长短，预后一般良好，甚至能不治自愈，部分会残留神经症症状。

4. 器质性精神病与症状性精神病

精神疾病历来分为器质性精神病和功能性精神病两大类。功能性精神病是指在目前科学水平下还未能发现脑部有明显的形态、结构或生化的改变者所患的精神疾病。器质性精神病分为两类：一类指原发于脑部疾病者；另一类为精神症状继发于除脑以外的躯体疾病者。现在习惯上把器质性精神病当作脑器质性精神障碍，而把躯体疾病伴发精神障碍者称为症状性精神病。当然，这个分类是相对的，随着科学的发展，越来越多的精神障碍被发现有器质性改变，最后必然会导致“功能性障碍”的诊断范围缩小。

脑器质性精神障碍可由于脑部炎症、寄生虫、梅毒、肿瘤、脑血管病、脑外伤及脑变性原因引起。其临床症状可分急、亚急和缓慢三种，如脑炎引起者起病急，而脑肿瘤引起者一般而言起病较缓。但还需根据病变部位而定。患者主要有意识模糊、遗忘及痴呆。前两者多见于起病之初，后者则是疾病的慢性表现。由于神经受损，常有神经系统损害的体征或有脑电图、CT、气脑检查的阳性发现。

症状性精神病的病因范围极广，内分泌、营养代谢及除脑部以外的各脏器疾病等均可引起。其临床表现中以谵妄等意识障碍最重要、最常见。也有部分表现为各种神经症症状与精神病性精神症状，以及类精神分裂症、类躁郁症等。

器质性精神病与症状性精神病的诊断与鉴别，主要根据病史、体格检查与神经系统检查（包括脑电图、CT 等）及仔细观察。

1.2.1.2　心境障碍

心境障碍，又称情感障碍，是以明显而持久的心境高涨或心境低落为主的一组精神障碍，并有相应的思维和行为改变，也称为情感性精神障碍。大多数患者有反复发作的倾向。

同心境高涨一起出现的症状有思维奔逸和精神运动性兴奋，故称“三高症状”。有时会出现易激惹、自负自傲、行为莽撞，这些症状表现持续一周以上，考虑为躁狂发作或躁狂症。同心境低落一起出现的症状有思维缓慢、语言动作减少和迟缓，故称“三低症状”。往往伴有失眠、乏力、食欲不振、工作效率低和内感性不适（精神运动性抑制），症状持续两周以上，称为抑郁发作，也常称为抑郁障碍或抑郁症。

心境障碍患者抑郁或躁狂的程度、其症状组合的形式有很大的差异，从极其轻微的心境波动至精神病性症状的出现都可见到。其中心境障碍目前属于躁狂发作或者抑郁发作，但是以前有相反的临床相或混合性发作，称之为双相障碍。

临床表现：

1. 躁狂发作

躁狂发作可分为轻型躁狂症、无精神病性症状躁狂症、有精神病性症状躁狂症、复发性躁狂症等几种类型。

2. 双相障碍

本病的特点是反复（至少两次）出现心境和活动水平明显紊乱，紊乱有时表现为心境高涨、精力和活动增加（躁狂发作），有时表现为心境低落、精力降低和活动减少（抑郁发作）。发作间期通常以完全缓解为特征。

3. 抑郁发作

抑郁发作以心境低落为主，可以从闷闷不乐到悲痛欲绝，甚至发生木僵。严重者可出现幻觉、妄想等精神病性症状。某些病例的焦虑与运动性激越很显著。

包括轻型抑郁症、无精神病性症状抑郁症、有精神病性症状抑郁症、复发性抑郁症四种类型。

4. 持续性心境障碍

本类障碍表现为持续性，并常有起伏的心境障碍，每次发作极少严重到足以描述为轻躁狂，甚至不足以达到轻度抑郁。其一次持续数年，有时甚至会占据个体一生中的大部分时间，因而造成相当程度的主观痛苦和功能残缺。主要包括环性心境障碍（反复出现心境高涨或低落）及恶劣心境（持续出现心境低落）两种类型。

1.2.1.3 神经症性障碍

神经症（neurosis），旧称神经官能症，是一组精神障碍的总称。其没有精神病性障碍，主要可表现为烦恼、紧张、焦虑、恐惧、强迫症状、疑病症状，或神经衰弱症状等，病前多有一定的素质和人格基础，起病常与心理社会因素有关。其症状无肯定的品质性病变基础。依其主要临床表现又可区分为若干类型。

1. 恐怖症

恐怖症又称恐怖性焦虑障碍，是一种以过分和不合理地惧怕外界客体或处境为主的神经症。对某些情境、场合产生不必要的十分恐惧的心情，不能自控地尽量回避，不但别人认为难于理解，全无必要，有时本人也知道这是不切实际、不合情理的，但不能摆脱，引为苦恼。患者采取回避行为，并有焦虑症状和植物神经功能障碍的一类心理障碍，简称恐怖症。

恐怖症主要分为三种类型：（1）场所恐怖这一名称最初用作描述对广场感到恐惧的综合征。目前已不仅指广场，还包括对人群拥挤场合、商店、剧院、车厢或机舱等感到恐惧，也包括害怕空旷的地方，害怕离家或独自一人在家。（2）社交恐怖常起病于少年，表现为害怕被人审视、回避社交的情境，如在公共场所吃饭、讲话或与异性交谈时感到紧张不安，害怕被人观看、注视。（3）特定恐怖指特殊物体或情境引起的不合理焦虑，如接近某些动物、登高、雷雨、黑暗、锐器、外伤或出血、害怕接触到某些疾病等。特定恐怖以儿童较为常见。

2. 焦虑症

焦虑是一种内心紧张不安，预感到似乎将要发生某种不利情况而又难于应付的不愉快情绪，主要分为惊恐障碍和广泛性焦虑两种。与恐惧不同，恐惧在面临危险时发生，而焦虑发生在危险或不利情况来临之前。

焦虑症可分为以下两种类型：

（1）惊恐障碍。其基本特征是反复发作的严重焦虑（惊恐发作），发作不限于某一特殊情境或特殊场合，因而难以预料。主要症状因人而异，但常有突发的心悸、胸闷、窒息感和眩晕感。几乎所有惊恐发作患者都继发出现对死亡的恐惧，或害怕失去控制，害怕发疯。部分患者有出冷汗、手抖、站立不稳的症状。

（2）广泛性焦虑症。其基本特征为广泛和持续的焦虑，表现为缺乏明确对象和具体内容的提心吊胆和紧张不安。除了焦虑心情，还有显著的植物神经症状和肌肉紧张，以及运动性不安。

3. 强迫性障碍

强迫性障碍是以不能为主观意志所克制，反复出现的观念、意向和行为为临床特征的一组心理障碍，简称强迫症。强迫症状的特点是有意识的自我强迫和自我反强迫同时存在，二者的尖锐冲突常使患者感到焦虑和痛苦。患者体验到，观念或冲动系来源于自我，但违反他的意愿，遂极力抵抗和排斥，但无法控制；患者认识到强迫症状是异常的，但无法摆脱。病程迁延的强迫可表现为以仪式化动作为主而精神痛苦显著减轻，但此时其社会功能会严重受损。

临床上根据其表现，大体可将强迫症划分为强迫思想和强迫行为两类。

（1）以强迫思想为主的临床相，包括强迫观念、强迫回忆、强迫表象、强迫性对立观念、强迫性穷思竭虑、强迫性害怕丧失自控能力等。

（2）以强迫动作为主的临床相，表现为反复洗涤、反复核对检查、反复询问或其他反复的仪式化动作等。

4. 躯体形式障碍

躯体形式障碍的主要特征是患者反复陈述躯体症状，不断要求给予医学检查，不视反复检查的阴性结果，不管医生关于其症状并无躯体基础的再三保证。患者有时有某种躯体障碍，但并不能解释其症状的性质和程度，不能解释患者的痛苦与先占观念。

列入这类障碍者，包括躯体化障碍、疑病症、躯体形式的植物神经功能失调和持续的躯体形式的疼痛障碍等。

（1）躯体化障碍。躯体化障碍是一种以多种多样、经常变化的躯体症状为主的神经症。

（2）疑病症。突出表现为对自身健康状况过多关切，有各种主观症状，但各种检查均不足以肯定其有任何器质性疾病的证据，也未发现这些主观症状的躯体原因。医生的解释不能消除其疑虑。

（3）躯体形式的植物神经功能失调。患者表现的症状似乎是由于植物神经支配的器官或系统的躯体障碍所致，最常见的情况是心血管、呼吸和胃肠道症状，但并无有关器官和系统存在躯体疾病的证据。

（4）持续的躯体形式的疼痛障碍。精神性疼痛、心因性背痛或头痛以及其他与情绪冲突有关的躯体形式的疼痛归入此类。持久、严重、令人痛苦的疼痛，又不能用生理过程或躯体障碍完全加以解释，是这类障碍的突出表现。心理社会问题常是疼痛发生的主要原因。

5. 神经衰弱

神经衰弱的主要临床相是与精神易兴奋相联系的精神易疲劳，心情紧张、烦恼和易激惹等情绪症状，以及肌肉紧张性疼痛和睡眠障碍等生理功能紊乱症状。

神经衰弱的临床表现主要为：（1）精神疲乏，注意力难集中，效率减低等衰弱症状；（2）回忆及联想增多且控制不住，对声、光敏感的兴奋症状；（3）易烦恼、易激惹的情绪症状；（4）紧张性疼痛；（5）入睡困难、多梦、易醒等睡眠障碍。

1.2.1.4　反应性精神障碍及其癔症

1. 反应性精神障碍

又称应激相关障碍，是指一组主要由心理、社会（环境）因素引起异常心理反应而导致的精神障碍。决定本组疾病精神障碍的发生发展因素有：①生活事件和生活处境，如剧烈的超强精神创伤或生活事件，或持续困难的处境，均可成为直接病因；②社会文化背景；③人格特点、教育程度、智力水平，以及生活态度和信念等。

反应性精神障碍包括急性应激障碍、创伤后应激障碍、适应障碍。

（1）急性应激障碍。是指以急剧、严重的精神打击作为直接原因，在受刺激后立刻（1小时之内）发病。表现为强烈恐惧体验的精神运动性兴奋，行为有一定的盲目性；或者为精神运动性抑制，甚至木僵。如果应激源被消除，症状往往历时短暂，通常在5个月内缓解。预后良好，缓解完全。

（2）创伤后应激障碍。由异乎寻常的威胁性或灾难性心理创伤导致延迟出现和长期持续的精神障碍。主要表现为：反复发生的创伤性体验重现、梦境，或因面临与刺激相似或有关的境遇而感到痛苦和不由自主地反复回想；持续的警觉性增高；持续的回避；对创伤性经历的选择性遗忘。

（3）适应障碍。因长期存在应激源或困难处境，加上患者有一定的人格缺陷，产生以烦恼、抑郁等情感障碍为主，同时有适应不良的行为障碍或生理功能障碍，并使社会功能受损。应激因素消除后，症状持续一般不超过6个月。

适应不良的行为障碍有退缩、不注意卫生、生活无规律等；生理功能障碍有睡眠不好、食欲不振等。

2. 癔症

癔症是指一种以解离症状和转换症状为主的精神障碍，这些症状没有可证实的器质性病变基础。癔症的起病常受心理社会（环境）因素的影响，常见于青年期和更年期，以女性较多。

癔症的解离症状是指部分或完全丧失对自我身份识别和过去的记忆，转换症状是指在遭遇无法解决的问题和冲突时产生的不快心情，以转化成躯体症状的方式出现。

1.2.1.5　人格障碍

人格障碍是指人格特征明显偏离正常，使患者形成了一贯的反映个人生活风格和人际关系的异常行为模式。这种模式显著偏离特定的文化背景和一般认知方式（尤其是在待人接物方面），明显影响其社会功能与职业功能，造成对社会环境的适应不良，患者为此感到痛苦，并已具有临床意义。患者虽然无智力障碍，但适应不良的行为模式难以矫正，仅少数患者在成年后程度上有所改善。通常开始于童年期或青少年期，并长期持续发展至成年或终生。

个人的内心体验与行为特征在整体上与其文化所期望和所接受的范围明显偏离，这种偏离是广泛、稳定和长期的，表现为：对人和事物的感知及解释即认知的异常偏离；情感反应的异常偏离；控制冲动及对满足个人需要的异常偏离；人际关系的异常偏离。考虑人格障碍须明确症状开始于少年期，现年18岁以上，至少已持续2年。

临床常见的人格障碍有：

（1）偏执型人格障碍：以猜疑和偏执为特点。

（2）分裂性人格障碍：以观念、行为、外貌装饰的奇特、情感冷漠、人际关系明显缺陷为特点。

（3）反社会性人格障碍：以行为不符合社会规范，经常违法乱纪，对人冷酷无情为特点。

（4）冲动性人格障碍：以阵发性情感爆发，伴明显冲动性行为为特征，又称攻击性人格障碍。

（5）表演性人格障碍：又称癔症性人格障碍，以过分感情用事或夸张言行以吸引他人注意为特点。

（6）强迫性人格障碍：以过分要求严格与完美无缺为特征。

（7）其他类型：如焦虑性人格障碍、依赖性人格障碍等。焦虑性人格障碍的特征是一贯感到紧张、提心吊胆、不安全和自卑，总是需要被人喜欢和接纳，对拒绝和批评过分敏感，因习惯性地夸大日常处境中的潜在危险，所以有回避某些活动的倾向。依赖性人格障碍的特征是依赖、不能独立解决问题，怕被人遗弃，常感到自己无助、无能和缺乏精力。

1.2.1.6　心理生理障碍

又称心理因素相关生理障碍，是指一组与心理社会因素有关的以进食、睡眠及性行为异常为主的精神障碍，包括进食障碍（神经性厌食、神经性贪食、神经性呕吐）、睡眠障碍（失眠症、嗜睡症和发作性睡眠障碍）、性功能障碍（性欲减退、阳痿、早泄、性高潮缺乏、阴道痉挛、性交疼痛）。

1. 进食障碍

进食障碍是一组以进食行为异常为主的精神障碍，主要包括神经性厌食、神经性贪食及神经性呕吐。

神经性厌食是一种多见于青少年女性的进食行为异常，特征为故意限制饮食，使体重降至明显低于正常的标准，为此采取过度运动、引吐、导泻等方法以减轻体重。神经性贪食是一种进食障碍，特征为反复发作和不可抗拒的摄食欲望及暴食行为，患者有担心发胖的恐惧心理，常采取引吐、导泻、禁食等方法以消除暴食引起发胖的极端措施。可与神经性厌食交替出现，两者具有相似的病理心理机制及性别、年龄分布。神经性呕吐是指一组以自发或故意诱发反复呕吐为特征的精神障碍，呕吐物为刚吃过的食物。

2. 睡眠障碍

睡眠障碍是指各种心理社会因素引起的非器质性睡眠与觉醒障碍，包括失眠症、嗜睡症和某些发作性睡眠异常情况（如睡行症、夜惊、梦魇等）。

失眠症是一种以失眠为主的睡眠质量不满意状况，其他症状均继发于失眠，包括难以入睡、睡眠不深、多梦、早醒、醒后不易再睡、醒后有不适感、疲乏，或白天困倦。失眠可引起患者焦虑、抑郁，或恐惧心理，并导致精神活动效率下降，妨碍社会功能。

嗜睡症指白天睡眠过多。不是由于睡眠不足、药物、酒精、躯体疾病所致，也不是某种精神障碍（如神经衰弱、抑郁症）症状的一部分。

3. 性功能障碍

性功能障碍是指一组与心理社会因素密切相关的性功能障碍。常见为性欲减退、阳痿、早泄、性高潮缺乏、阴道痉挛、性交疼痛等。

1.2.2 异常心理的一般分类

1.2.2.1 心理失调

心理失调，或称心理失衡，也称一般心理问题。也就是平时人们所说的“心理困惑”、“心理困扰”。是轻微的心理异常，通常不存在心理状态的病理性变化，是正常心理活动中的局部异常状态，具有明显的偶发性和暂时性，常与一定的情景相联系，即常为一定的情景所诱发。在脱离诱发情景的条件下，心理活动则可完全正常。一般心理问题如果脱离诱发情景而依然长期存在，具有明显的经常性和持续性，则有可能演变为心理失常。

1.2.2.2 心理失常

心理失常，是心理状态的病理性变化，即心理状态的变异和心理能量的衰退或丧失以及其心理能力下降的表现。与偶发性和暂时性的一般心理失调有质的区别，具有明显的持久性和特异性，与一定的情景无必然的联系，即心理失常并非由一定的情景直接诱发，但在一定的情景下会加重。通常是心理失调累积、迁延、演变的表现和结果。例如，过度兴奋，不能放松，感到不为他人所欣赏，无根据的焦虑，时时事事处处吹毛求疵等。心理失常通常以心理疾病的某种症状出现，当这种心理疾病症状单独出现时，就称为心理失常。

1.2.2.3 心理疾病

心理疾病是比较严重或严重的心理异常，是多种心理障碍集中或综合的表现。是心理状态病理性变化的突出表现，具有明显的稳固性和病态性。

轻性心理疾病是比较严重的心理异常，一般是指非精神病性的精神障碍，通常具有自知力或自知力稍有不足，能应付日常生活要求或保持和现实的恰当接触，其中包括神经症、人格障碍和性变异。

重性心理疾病是严重的心理异常，一般是指精神病性的精神障碍，通常自知力严重缺乏，不能应付日常生活要求或不能保持和现实的恰当接触，其中包括器质性精神病和功能性精神病。

1.2.2.4　心身障碍与心身疾病

心身障碍与心身疾病也称心理生理障碍与心理生理疾病。它们是心理异常导致生理异常的结果，属于心理异常的特殊类型。

心身障碍是指由心理因素引起的主要表现为功能失调，但无病理形态学变化（无器质性变化），也无明显精神活动障碍的躯体功能障碍。例如，睡眠障碍、饮食障碍、内脏器官功能障碍（神经性呕吐、过敏性腹泻、胃痉挛、心动过速等）以及性功能障碍等。

心身疾病是指主要或完全由心理因素引起，与情绪有关而主要表现为躯体症状，且有病理形态学变化（组织器官有病理性损害——器质性变化）的躯体疾病。实际上，凡是心理因素在疾病起因中占较大成分的躯体疾病，都可称为心身疾病。人体的各个器官系统都可能罹患心身疾病，但那些与情绪联系特别密切的，由植物神经支配的器官系统，如心脑血管、胃肠和泌尿生殖等器官系统更易于罹患心身疾病。例如，高血压、偏头痛、心绞痛、消化性溃疡、溃疡性结肠炎、尿频尿痛、荨麻疹、哮喘、关节疼痛等。

1.2.2.5　心理危机

心理危机，是指人们在生活中遇到自己不能解决或处理的严重应激事件时发生的严重心理失衡状态。美国的吉利兰认为，危机是一种认识，当事人认为某一事件或境遇是个人的资源和应对机制所无法解决的困难。除非及时缓解，否则危机会导致情感、认知和行为方面的功能失调。社区服刑人员遭遇生活中的挫折事件，致使情感、行为等功能失调，极有可能导致矫正对象发生心理危机，引发自伤、自杀、攻击他人、重新违法犯罪等行为。

1.3　异常心理干预与危机心理防范

1.3.1　异常心理干预的要点

1.3.1.1　异常心理识别标准与原则

认知、情绪、意志、人格正常与偏差

判断标准：

·医学标准：依据病理解剖或病理生理变化的根据来认定

·统计学标准：根据心理特征偏离平均值的程度来决定

·内省标准：一指个体的主观体验；二指就观察者而言

·社会适应标准：看能否依照社会生活的需要适应环境

心理学原则：

- 依据“心理是客观现实的反映，是脑的机能”
- 主观世界与客观世界的统一性原则
- 心理活动的内在一致性原则
- 人格的相对稳定性原则

1.3.1.2 健康心理破坏成因与机制

精神分析心理学派：

- 早年的创伤经历形成的情结
- “潜意识”被压抑的欲望或本能在“意识”中的表现
- “本我”和“超我”之间的冲突在“自我”中的表现

行为主义心理学派：

- 社会习得
- 观察学习、亲历学习

人本主义心理学派：

- 人的追求完善发展的“潜能”的发展受到了阻碍

认知心理学派：

- 错误的认知模式
- 非理性的思维信念
- 绝对化要求（必须、应该）、过度概括化（以偏概全）、自我贬低（一无是处）、灾难化（糟糕至极）

1.3.1.3 心理调适心理学派的技术

精神分析心理学派：精神分析疗法

- 自由联想、释梦、移情、阻抗、阐释、催眠、心理防卫机制
- 压抑、投射、内向投射、反向作用、抵消、固着、退行、认同、合理化、升华……

行为主义心理学派：行为训练疗法

- 放松法、系统脱敏法、厌恶疗法、冲击疗法、代币法、生物反馈法

人本主义心理学派：来访者中心疗法

- 来访者中心疗法、Q—分类法、交朋友小组、敏感性训练、真实疗法

认知心理学派：认知调整疗法

- “理性情绪疗法”（RET）
- 非理性信念的检出（提问聚焦追踪到底）
- 辩论（质疑、夸张反诘、辨析、去灾难化、语义精确法、替代性选择）

1.3.1.4 心理干预常用的基本方法

心理健康教育、心理评估、心理咨询、心理治疗、心理危机干预等是现代心理临床常用的心理问题解决的方法。

1. 心理健康教育

心理健康教育，指的是通过传授心理健康理念和知识、行为训练和实践指导等途径，提高干预对象的心理素质，促进其心理健康发展和适应社会化的一种教育活动。心理健康教育的方法和途径有：系统化的课堂教育、专题讲座、专栏宣传、自我教育等。

2. 心理评估

心理评估，是指运用心理学的原理和方法，对个体的心理特征与状态进行判断和评价的活动过程。评估的基本方法有：会谈评估法、行为评估法、问卷法、测验法、心理生理学方法、生活史调查法等。

3. 心理咨询

心理咨询，是咨询师协助求助者解决各类心理问题的过程。它是运用有关心理科学的理论和方法，通过解决咨询对象（来访者）的心理问题（包括发展性心理问题和障碍性心理问题）来维护和增进心理健康，促进个性发展和潜能开发的过程。

（1）发展性心理咨询的应用。

应用目的：帮助来访者了解心理发展的规律，重视自己在心理发展过程中可能会或已经出现的各种发展性心理问题，并提供处理方法，使其更好地认识自我，同时警惕自己在成长发展过程中可能会出现的心理异常表现，防患于未然；鼓励来访者最大限度地发挥自己已经具有的各种现实能力，充分挖掘潜在的能力，更好地适应环境，更健全地发展自我。

范围内容：不同年龄、不同性别、不同群体心理发展的特点与规律；早期智力开发的价值与手段；个性结构与健全人格的培养；学习困难及其影响因素；依赖性与独立性矛盾及其处理方法；性心理困惑；人际冲突的控制与社交能力的培养；个人与群体关系及其矛盾处理；直接和间接兴趣的培养；重大转折时期的环境适应与自我心理调节；升学时专业选择与择业的心理矛盾；失恋心理的调节以及成就动机的激发与自我价值的体现等。

（2）调适性心理咨询的应用。

应用目的：宣泄来访者的消极情绪，以缓解心理压力；改变来访者在认知上的错误观念，确立正确的思考方向和合理的思考方法；指导来访者进行有效的自我调控，提供自我调控的方法；激发来访者的自愈机制与潜能，鼓励其解决自己的问题；帮助来访者重建包括和谐的人际关系在内的良好的社会适应性行为。

范围内容：

心理失调（自卑、空虚、单相思痛苦、误解焦虑、怯场等）原因分析与调节；

心理失常（失眠、口吃、抑郁、恐惧、意志减退、性功能障碍等）可以自行调控和矫正的心理障碍；

心理疾病（强迫症、恐怖症、神经衰弱等神经症，爆发型人格障碍、偏执型人格障碍等人格障碍）；

心身疾病与心身障碍（异性装扮癖、窥阴癖、露阴癖等性变态以及偏头痛、神经性厌食、胃痉挛、神经性呕吐等）能适度缓解和控制的各类心理疾病等。

（3）心理咨询的基本技术方法。

心理咨询的基本技术方法

建立良好的咨询关系技术：调摄来访者情绪，共情式理解与交流，表里如一地真诚交流，无条件地积极关注，具体化，即时化，对质。

观察分析技术　面部微表情、身体微反应、副语言行为等。

倾听技术　封闭式询问、开放性询问、鼓励、释意、情感反映、概述。

影响技术　解释、指导、劝告与提供信息、自我揭示、反馈、逻辑推论、影响性概述。

（4）心理咨询的影响变量。

心理咨询的影响变量主要有咨询师、来访者及其二者之间建立的咨访关系。其要素有：

咨询师

- 成熟（人格的成熟）
- 技能（专业技能、创造性解决问题的能力、沟通能力：言语、非言语、适合特定来访者的方式）
- 敏感性（知觉和理解——情感和内在冲突）
- 职业操行（有自知之明，有助人为乐的价值取向，有责任心）

来访者

- 人际影响敏感性、在烦恼中、有应对能力、有求助愿望
- YAVIS：Y 年轻；A 有吸引力；V 善言谈；I 聪慧；S 成功

咨访关系

- 基本含义：需要心理帮助的人与能给予这种帮助的人之间结成的一种特殊人际关系，通过这种关系达到心理改善的效果
- 外部特征：明确的目的性（解决来访者的心理困难）
  非强制性（来访者有求助愿望）
  职业性（职业联系非利益、情感联系）
  人为性（有意识地控制、评估）
- 内部特征：信任和理解（最重要、最突出的特点）

情感交流（深层次、无障碍、自由表达情感）

理智性（目的性、角色感、分寸感、边界性）

作用意义：

· 咨访关系，有治疗作用（诱发多方面的积极反应：积极的情绪体验、提高自尊心、模仿和认同）

· 咨访关系，是其他改变因素的载体（问题的探索、目标的讨论、技术的应用）

4. 心理治疗

心理治疗，是临床心理医生运用专门的心理治疗技术，以规范的治疗顺序，解除心理异常患者的心理压力，消弭其精神症状，矫正其病态行为，重构正常人格的治疗性手段。在日常的心理干预中，心理咨询与心理治疗常常结合在一起。心理治疗的适应范围较广，心理创伤、行为适应不良以及各种心理疾病和心身障碍、心身疾病均可用心理治疗手段治疗，但无主动求治愿望、有偏执性素质、有冲动失控行为、对治疗完全丧失信心以及因各种原因无法与心理医生进行正常语言交流的病人，不宜实施心理治疗。

5. 心理危机干预

心理危机干预，是一种在简短心理治疗基础上发展起来的帮助处于危机状态下的个体度过危险的方法。在危机干预过程中，除了根据危机者的具体情况给予咨询、支持外，特别需要治疗者倾听个体的陈述，所以也有人称其为“倾听治疗”。心理危机干预，本质上就是一个短期的心理援助过程，是对处于心理困境或遭遇心理挫折而出现心理严重失衡的人予以关怀和支持，使之恢复心理平衡的过程。

1.3.2 危机心理防范视角

危机心理的防范，对异常心理的干预是后道防线。而前瞻性的防范应当是适时关注心理成长。

心理成长，从广义上而言，指的是任何对生命和自我的新的感受、体验和领悟。从狭义上讲，指的是一种自我的觉醒。心理成长，不是自动或偶然发生的，而是我们主动努力和追求的结果。心理成长是一个意识成长、灵魂进化的没有终点的旅程。人的一生必须面临许多重大的人生发展课题，由一个时期过渡到另一个时期，必须完成一些心理成长的学习或训练任务。心理成长是终生的课题。

在心理成长的过程中，适时识别出潜在心理危机的隐患，将它遏制在萌发或爆发之前，并得到有效化解，是对危机心理最有效的防范。

1.3.2.1 埃里克森心理社会发展阶段理论的启示

埃里克森的八阶段理论，将人的一生划分为八个阶段。埃里克森认为，人要经历八个阶段的心理社会演变，这些阶段包括四个童年阶段、一个青春期阶段和三个成年阶段。每个阶段都有这些阶段应完成的任务，并且每个阶段都建立在前一阶段之上，这八个阶段紧密相连。当一个阶段的任务得到恰当的解决时，就会获得较为完整的同一性。核心任务处理得不成功或者是失败，则会出现个人同一性残缺、不连贯的状态，处理的成功与失败即为两个极点。例如，婴儿时期的最优状态是基本信任的状态，最劣状态是基本不信任的状态。核心任务的处理结果会影响人的一生。

埃里克森心理社会发展八阶段：

以下属于童年阶段。

（1）婴儿期（0～1.5岁）：基本信任和不信任的心理冲突。此时不要认为婴儿是一个不懂事的小动物，只要吃饱不哭就行，这就大错特错了。此时是基本信任和不信任的心理冲突期，因为在此期间孩子开始认人，当孩子哭或饿时，父母是否出现则是建立信任感的重要问题。信任在人格中形成了“希望”这一品质，它起着增强自我的力量。具有信任感的儿童敢于希望，富有理想，具有强烈的未来定向。反之则不敢希望，时时担忧自己的需要得不到满足。埃里克森把希望定义为“对自己愿望的可实现性的持久信念，反抗黑暗势力、标志生命诞生的怒吼。”

（2）儿童期（1.5～3岁）：自主与害羞（或怀疑）的冲突。这一时期，儿童掌握了大量的技能，如爬、走、说话等。更重要的是他们学会了怎样坚持或放弃，也就是说儿童开始“有意志”地决定做什么或不做什么。这时候父母与子女的冲突很激烈，也就是第一个反抗期的出现，一方面父母必须承担起控制儿童行为使之符合社会规范的任务，即养成良好的习惯，如训练儿童大小便，使他们对肮脏的随地大小便感到羞耻，培养他们按时吃饭，节约粮食等；另一方面儿童开始有了自主感，他们坚持自己的进食、排泄方式，所以训练良好的习惯不是一件容易的事。这时孩子会反复应用“我”、“我们”、“不”来反抗外界的控制，而父母决不能听之任之、放任自流，因为这将不利于儿童的社会化。反之，若过分严厉，又会伤害儿童的自主感和自我控制能力。如果父母对儿童的保护或惩罚不当，儿童就会产生怀疑，并感到害羞。因此，只有把握住“度”的问题，才有利于在儿童人格内部形成意志品质。埃里克森把意志定义为“不顾不可避免的害羞和怀疑心理而坚定地自由选择或自我抑制的决心。”

（3）学龄初期（3～6岁）：主动与内疚的冲突。在这一时期如果幼儿表现出的主动探究行为受到鼓励，幼儿就会形成主动性，这为他将来成为一个有责任感、有创造力的人奠定了基础。如果成人讥笑幼儿的独创行为和想象力，那么幼儿就会逐渐失去自信心，这使他们更倾向于生活在别人为他们安排好的狭窄圈子里，缺乏自己开创幸福生活的主动性。

当儿童的主动感超过内疚感时，他们就有了“目的”的品质。埃里克森把目的定义为“一种正视和追求有价值目标的勇气，这种勇气不为幼儿想象的失利、罪疚感和惩罚的恐惧所限制。”

（4）学龄期（6～12岁）：勤奋与自卑的冲突。这一阶段的儿童都应在学校接受教育。学校是训练儿童适应社会、掌握今后生活所必需的知识和技能的地方。如果他们能顺利地完成学习课程，他们就会获得勤奋感，这会使他们在今后的独立生活和承担工作任务中充满信心。反之，他们就会产生自卑。另外，如果儿童养成了过分看重自己的工作的态度，而对其他方面漠然处之，这种人的生活就是可悲的。埃里克森说："如果他把工作当成他唯一的任务，把做什么工作看成是唯一的价值标准，那他就可能成为自己工作技能和老板们最驯服和最无思想的奴隶。"

当儿童的勤奋感大于自卑感时，他们就会获得有"能力"的品质。埃里克森说："能力是不受儿童自卑感削弱的，完成任务所需要的是自由操作的熟练技能和智慧。"

以下属于青春期阶段。

（5）青春期（12～18 岁）：自我同一性和角色混乱的冲突。

一方面，青少年本能冲动的高涨会带来问题；另一方面，更重要的是青少年面临新的社会要求和社会冲突而感到困扰和混乱。所以，青少年的主要任务是建立一个新的同一感或自己在别人眼中的形象，以及他在社会集体中所占的情感位置。这一阶段的危机是角色混乱。

"这种统一性的感觉也是一种不断增强的自信心，一种在过去的经历中形成的内在持续性和同一感（一个人心理上的自我）。如果这种自我感觉与一个人在他人心目中的感觉相称，很明显这将为一个人的生涯增添绚丽的色彩。"（埃里克森，1963）

埃里克森把同一性危机理论用于解释青少年对社会不满和犯罪等社会问题上，他说：如果一个儿童感到他所处的环境剥夺了他在未来发展中获得自我同一性的种种可能性，他就将以令人吃惊的力量抵抗社会环境。在人类社会的丛林中，没有同一性的感觉，就没有自身的存在，所以他宁愿做一个坏人，或干脆如死人般地活着，也不愿做不伦不类的人，他自由地选择这一切。

随着自我同一性形成了"忠诚"的品质。埃里克森把忠诚定义为"不顾价值系统的必然矛盾，而坚持自己确认的同一性的能力。"

以下属于成年阶段。

（6）成年早期（18～25 岁）：亲密与孤独的冲突。只有具有牢固的自我同一性的青年人，才敢于冒与他人发生亲密关系的风险。因为与他人发生爱的关系，就是把自己的同一性与他人的同一性融合为一体。这里有自我牺牲或损失，只有这样才能在恋爱中建立真正亲密无间的关系，从而获得亲密感，否则将产生孤独感。埃里克森把爱定义为"压制异性间遗传的对立性而永远相互奉献。"

（7）成年期（25～65 岁）：生育与自我专注的冲突。当一个人顺利地度过了自我同一性时期，以后的岁月中将过上幸福充实的生活，他将生儿育女，关心后代的繁殖和养育。他认为，生育感有生和育两层含义，一个人即使没生孩子，只要能关心孩子、教育指导孩子也可以具有生育感。反之没有生育感的人，其人格贫乏和停滞，是一个自我关注的人，他们只考虑自己的需要和利益，不关心他人（包括儿童）的需要和利益。

在这一时期，人们不仅要生育孩子，同时要承担社会工作，这是一个人对下一代的关心和创造力最旺盛的时期，人们将获得关心和创造力的品质。

（8）成熟期（65 岁以上）：自我调整与绝望期的冲突。由于衰老，老人的体力、心力和健康每况愈下，对此他们必须作出相应的调整和适应，所以被称为自我调整与绝望期的心理冲突。

当老人们回顾过去时，可能怀着充实的感情与世告别，也可能怀着绝望走向死亡。自我调整是一种接受自我、承认现实的感受；一种超脱的智慧之感。如果一个人的自我调整大于绝望，他将获得智慧的品质，埃里克森把它定义为“以超然的态度对待生活和死亡。”

老年人对死亡的态度直接影响下一代儿童时期信任感的形成。因此，第 8 阶段和第 1 阶段首尾相连，构成一个循环或生命的周期。

埃里克森认为，在每个心理社会发展阶段中，解决了核心问题之后所产生的人格特质都包括积极与消极两方面的品质，如果各个阶段都保持向积极品质发展，就算完成了这阶段的任务，逐渐实现了健全的人格，否则就会产生心理社会危机，出现情绪障碍，形成不健全的人格。

1.3.2.2　关注青年期的发展课题

有研究将青年期的发展课题归纳为十项：

第一，对身体的发育及其变化予以理解和适应。

第二，从精神上脱离家庭或成人而自立。

第三，学习并在学习过程中逐渐完善作为男性或女性的性别角色。

第四，对新的人际关系，特别是对异性关系的适应。

第五，学习如何认识自我和理解自我。

第六，学习如何认识社会和对待社会。

第七，学习并确立作为社会一员所必须具备的人生观和价值观。

第八，学习并掌握作为社会一员所必须具备的知识和技能。

第九，做选择职业和工作的准备。

第十，做结婚和过家庭生活的准备。

1.3.2.3　聚焦大学生心理成长主题

开设《心理访谈与健康成长》课程，针对大学生这个特殊群体，聚焦大学生的自我发展、情绪管理、情感培育、直面人生等心理成长问题；以认识自我、告别依赖、思考学业、择业准备、管理情绪、直面嫉妒、结交朋友、珍惜室友、初尝爱情、再视父母、化解压力、应对挫折、珍爱生命、走向未来等大学生心理成长的重要课题为主题；介绍心理成长的理论依据、典型案例，并启发学生敞开心扉，从自我心理成长探索切入，尝试运用心理学技术，排解心理困扰、学习问题解决方法、探索发展应对策略，达成学习成长、拥抱健康的学以致用的教学目标，实现自助、助人的心理危机有效防范的积极成效。

聚焦问题：

自我发展、情绪管理、情感培育、直面人生

成长主题：

认识自我、告别依赖、思考学业、择业准备、管理情绪、直面嫉妒、结交朋友、珍惜室友、再视父母、初尝爱情、化解压力、应对挫折、珍爱生命、走向未来

策略方法：

介绍理论依据、分析典型案例，启发学生从自我心理成长探索切入、学以致用

解决问题：

排解心理困扰、学习问题解决方法、探讨发展应对策略

教学目标：

敞开心扉，学习成长，拥抱健康；自助，助人，危机心理防范

自我探索：我期待的心理成长

请根据以下命题，进行自我心理成长探索。

自我探索：我期待的心理成长

意义：思想有多远，就能走多远。

要求：1. 澄清需要成长的心理问题；

2. 探索希望达成的目标及策略。

心声分享：心向成长

以下心声分享内容，是学生在经历本专题的主题案例导入、成长理论解析、自我成长探索等心理成长引导后，进行自我心理成长探索及感悟的成长分析报告。虽然探索及成长的点和程度不尽一致，但见证成长，启迪他人的寓意尽在其中（其后各专题的心声分享意同）。

【敞开心扉，拥抱世界】①

每当我听到这些句子："让生活失去色彩的，不是伤痛，而是内心世界的困惑；让脸上失去笑容的，不是磨难，而是禁闭心灵的缄默。没有谁的心灵，永远一尘不染；战胜自我，拥抱健康。沟通，消除隔膜；交流，敞开心扉；真诚，融化壁垒；心理访谈，健康人生，从心开始。"我就觉得好美好美，仿佛她就是对我说的，似乎她能透过我的身体看到我内心深处深深的自闭和自卑，正在拉我走出黑暗，心里是那么舒畅、自在、安逸。

我生长在农村，在那片优美清静的土地上有世世代代干不完的活，吃不完的苦。从小看着父母那么辛苦劳作，总想着我要长大、长大，帮他们干活，替他们分担点苦和累。但是每个孩子都是父母的心头肉，哪个父母愿意让自己的孩子受一点点苦？于是，好好学习，拿上期末考试奖状是能够让他们高兴的事情，也是我走出大山的唯一出路。说来也巧，从一年级到小学毕业，每年两张奖状志在必得，因此我也一直被村子里的其他人和父母看好。但是上初中之后，由于身在外地、人生地不熟等诸多因素导致我不再是班里的第一名。那一学期奖状与我擦肩而过，之后，村里就有人议论说我学习怎样怎样。好长一段时间，爸爸都没有再理我，他对我没有骂，没有打，而是躲避，这让我陷入了极度郁闷和悲伤之中。还记得那次我哭得那么伤心，只记得当时只有一个念头：我要好好读书，我要当好学生。之后，我变成了一个"学霸"，下课看书、音乐课看书、体育课看书，只要有时间就看书。在我的人生中似乎除了吃饭和睡觉就是看书，既不跟老师和同学沟通，也不主动跟别人说话。回到家，父母不问就不说，话真的少了，而且不太喜欢跟别人说话，总是沉浸在自己的世界里，我的人生变得灰暗。原来，我得了自闭症。

一直到目前为止，我还是那么自卑和自闭，我觉得原因有：一是自身的心理素质。承受挫折的能力较差。二是村里人的嘲讽和爸爸的冷漠。对于小孩子的考试失败，我觉得应该是鼓励和理解，有可能一个小小的举动或者一句简单的话就会让他终生难忘。三是没有选择正确走出阴影的方法。对于问题的出现，如果选择错误的方法去解决，想想那有多么可怕。针对这种情况，我认为可以通过如下几个方面走出困境：1. 认识自我，直面他人。在当前的社会中，要想出类拔萃，就必须主动调整心态，展现自我，加强与他人的沟通，因为这个社会多的是人才，只有性格活泼开朗，高度自信，前途才会一片光明。2. 广交朋友，参加活动。这两个方面都能使自己接触到更多的人和交流的机会。比如去年我加入生活部，一开始好多东西都不会，于是自己必须一遍又一遍地问别人，在这期间，我觉得我跟别人说话的时间增加了，学到了许多东西，为学院服务。当看到自己的成果时，我就有一丝成就感。

---

① 本文根据《心理访谈与健康成长》课程班14－15秋No. 090李贵平自我成长分析改编。

3. 坚持自己的爱好，全面发展。尤其是当自己的爱好是一项体育运动，完全投入不仅是身体的放松，更是心理的放松。每当我打乒乓球时，我不会再有自卑和自闭情绪，而更多的是积极主动并乐此不疲，那时我的自信又回来了。4. 参加心理咨询。当自己说出内心真实的想法后，就不会那么紧张、自卑，甚至痛苦。沟通消除隔膜，交流敞开心扉。当我咨询过一位心理医生后，才如梦方醒，觉得自己轻松了不少。面对人生，笑也是一生，痛苦也是一生，为什么不让自己过得开心点呢？试着交流，原来人生别有一番风味。

当我写完这篇文章的时候，我已经清楚地认识到了自己的心理问题，并且尝试着改变。我相信，人生路漫长，我一定会在将来改变自己，使自己变得自信、积极主动、阳光和活泼。因为范老师您是我的偶像，您在讲台上活泼自信地讲课、在舞台上年轻有力的风姿、在人生路上追逐梦想的执着永远激励着我，我要向您学习，不畏改变，做个勇敢、自信、有为的人。

【老师，想和您说说话】①

范海鹰老师，您好！您应该是第一个知道我内心世界的人。我觉得我真的有点累了，我毕竟还是人，我总该把我的内心世界告诉一个值得我信赖的人，这样或许我会好受一些。我的问题，是我太孤僻了。在大学这一年里，我总是一个人，一个人。或许您曾经看到过我一次，那是在早晨的食堂，我天天背着一个 40 多斤重的大书包，学习，拼命地学习。您或许会觉得我很虚伪，但是已经到了这个层面上，我也顾不了这么多了，一切都是为了它，插班生考试。读到这里您或许会认为我把它看得比我的生命还重要，这好像是一件必定成功的事，但是我认为我肯定考不上插班生，我现在才有点体会到孔子的“知其不可而为之”的意义了。但是这不是结束，我认为这只是一个开始，胜利的开始，我坚信，总有一天我会胜利。总有一天！但是，金无足赤，人无完人。我舍弃了大学生活中很多美好的东西。我与同寝室同学的关系处理得很不好，同学们都讨厌我，我长得又胖又难看。您还记得有一个很热的中午，我看见您打着伞很急的样子吗？其实很多人看我的眼神和您那时很像。我曾经也期待过寝室里四个人一起打电脑，一起逃课，但一次也没有，还是为了它——插班生考试。我觉得我做得有点过分了，其实我一直在逃避，逃避他们，因为我怕被他们同化了。他们长得好看，家里又有钱，读书对他们来说只是一个点缀罢了。而我什么也没有，直到有一天我的一个室友让我去帮他做“枪手”（代替考试），我才明白，他们其实都是好人，他们也都看到了我的努力。其实造成这一切的一个主要原因是我实在是太缺乏自信了。

考上大学对我来说实在是太不容易了，其实我复读过两年。一次是中考，那时

① 本文根据《心理访谈与健康成长》课程班 10－11 春 No. 039 史骏自我成长分析改编。

我离当地最差的高中分数线有65分，复读一年后，我考上了一所很差的高中，三年后高考差二本线20分，其实我和您的儿子一样大，您的儿子真的很优秀，我和他比连垃圾也不如！不要说否。其实我也挺佩服您的儿子，他有复旦大学不去，去财大。您的儿子就像树叶永远沐浴在阳光下，在鲜花和掌声中，而我就像一条树根，一生都黑暗。我渴望荣耀，我渴望荣耀，我渴望荣耀！我要改变我的命运，之后我又复读了。结果第二年我高出二本线35分，来到了这里，我做梦都没有想到我会来到这里。为了实现我自己的人生理想，我甚至背着父母花了40多块钱伪造了志愿，为了考西北工业大学！可是事与愿违，我本想投身国防事业的，可是竟然去学了我恨到极点的法律。对不起老师我有点动真情了。毕竟我还是一个人，我还是一个人！就算再穷苦的父母都会让自己的孩子穿得好看一点……因为他们毕竟都还是人，人人生而平等。他们虽然难看，虽然丑陋，甚至有些时候很无知，但是他们每天都在奋斗着，不是吗？这短短几个字又能说明什么呢？什么是成功，什么是失败？沉浮随浪只记今朝。我渴望一次彻彻底底的成功，因为我充满了失败。我需要胜利。

人是一个很有趣的动物，有时一个看似很不起眼的细节都会产生意想不到的结果。记得有一次我从图书馆回来很累了，洗完衣服就趴在床上睡了，后来寝室里的一个室友弹吉他把我吵醒了。那时熄灯了，我也不生气，他的琴声很有意境，我对他说：“你能以后多谈两首给我听吗？”他说：“你早点回来吧。”老师，您不知道那时我有多感动。其实，改变往往只在一瞬间。后来，我也有事没事地和他多聊两句，路上偶然碰见了，也打招呼。最让我感动的是那次我哥结婚，我的课没法上，我打算请假，问了其他几个同学都不肯，最后还是我的室友帮了我。后来我把我哥结婚的喜糖带给他们吃，我问他们好吃不好吃，他们说挺好吃。我有了一次做回人的感觉，这让我感到其实我错了，我真的错了，我应该张开我的手，去感受阳光，去吹吹河风，去和我的朋友一起逃一次课，一起打一次通宵电脑，搓一场麻将。其实老师，我以前解决人际关系问题的时候用的是泯灭人性的方法，我看了很多道教的书，以神性来代替人性。杀动物，看死人。现在想想我真的可以去我们学校的隔壁（监狱）好好改造了。现在，我渐渐地认识到我错了，我是人，我是人！我不是动物，我不是鬼，我不是机器，我不是影子，我是人！

最后，我想说一声，谢谢您，老师，让我说出了我一直都不愿说的话。我心里现在好受多了。老师能允许我用英语写下我喜欢的一段话吗？（对于人生的思考）谢谢！

It is a journey, and not the specific sign posts or land markets get along the way the process is not the road itself but the feelings and attitudes people have . In this process the journey never really end , they are always have the new ways to experience , new idea to try new challenge to accept.

老师，想和您说说话，听听您的故事，也听听我的。

【我想走出自卑的阴影】①

在我的成长过程中，有快乐有难过，有开心有伤心，但是有的伤心，有的难过是经历时间可以忘却的、可以变淡的，但是有的阴影却总是在你的脑海里挥之不去，当你向前跨出一步的时候，那些阴影却像是脚链一样束缚着你，不让你前进。人生短短几十年，如果我们一直在这样的状态下生活，那么等我们老了时，回想自己的一生，必定会为自己叹息。

我的小姨让我陷入了深深的自卑。外婆有三个孩子，妈妈是家中的老大，小的时候很照顾小姨和舅舅，所以小姨、舅舅成家之后也都很照顾我妈妈。尤其是小姨，每次来我们家都会带很多好吃的，小姨对我们家的好我一直是很感激的，但是小姨对我的一些贬低，在我心里一直留下了很深的阴影，直到现在，这个阴影也一直束缚着我。

小姨说的话第一次让我感到伤心是在我上小学的时候，那天天气很好，小姨打电话给外婆，说要过来看望外婆。因为我们家和外婆家住得很近，我和哥哥知道小姨要来很兴奋，知道小姨肯定会给我们带很多好吃的，我让妈妈给我找我最好看的花裙子，要穿去见小姨，收拾好了之后，我和哥哥兴高采烈地跑去外婆家，看到小姨正坐在沙发上休息，我和哥哥赶紧跑过去，小姨看到我之后说："过来给我看看，看看变样了没有。"小姨就拉我过去，眼睛直愣愣地看着我，很感叹地说了句："都那么大了，还那么丑，要是长的能有你哥一半就好了。"听了这话之后，我很伤心，那天大团圆的晚饭我吃得也心不在焉。之后去小姨家或小姨来我家的时候，小姨都会很近距离地盯着我看，看看我有没有变样，但是每次我得到的都不是夸赞。后来，我很害怕别人近距离地看我，每次别人近距离地看我，我都会不自觉地闪开；害怕近距离地照镜子，每次照镜子之前就觉得自己丑。之前在学校的朗读比赛中我得了第三名，可以有机会报名参加学校的国旗下讲话，但是我一想到当时小姨近距离看我时的那种表情，我就不敢报名去参加竞选了，我害怕到时候选上了站在那么多同学面前讲话，害怕同学会在背后说我很丑。包括现在我都很害怕和别人面对面地交流，害怕和别人有眼神的交流，害怕别人近距离地看我后会不会说我丑。

小姨对我影响最大的事情还有一件发生在我中考结束之后。中考结束之后，我考试的成绩还不错，可以去市里的重点中学读书。舅舅家的表哥和我是同一届的，中考的成绩没有我好，但是舅舅要送表哥去市里的重点中学读书。因为小姨家住在市里，对市里的情况比较了解，恰巧出成绩的那天，小姨打电话过来问我考得怎么样，我妈妈说我考得挺好的，可以去市里上重点中学，还可以和表哥一起，有个照应。小姨听说我要去上重点中学，就劝我妈妈不要送我去上，说一个原因是市里中

① 本文根据《心理访谈与健康成长》课程班 13－14 春 No. 063 张思思自我成长分析改编。

学花费比较大，我们家的经济条件不好，到时候我去上学了，看别人穿得好、吃得好，会嫉妒的；另外一个就是市里的小孩穿得都很好、很漂亮，我到时候会自卑的。就这样，妈妈听了小姨的话，觉得小姨说的也挺有道理的，后来我就在我们镇上的中学读了初中。但是这件事情给我留下的影响是很深刻的，我觉得自己的努力白白浪费了，表哥比我考得差都可以上重点中学，我考得好却不能去上，自己那么认真地学习却没有换来应得的结果。从此之后，我总是带着一种不如人的心理成长。中学及以后的每次考试我考得都很好，学校也有很多英语比赛、朗读比赛，老师都推荐我去参加，同学们也都看好我，但是我始终是自己不看好自己，觉得自己的水平还是很差，去比赛肯定不会有什么好的结果。结果就是我看到那些同学在比赛中拿到好的成绩我又会很后悔，心想如果当初我去参加比赛的话，肯定会比他们做得好，也会拿到很好的名次。但是当下一个机会摆在我面前的时候，我还是不敢去争取，还是会向后缩，能缩多远就缩多远。

现在的我已经是一名大学生了，而且是一名即将毕业走上工作岗位的大学生了，我不能再带着这种自卑、这种不如人的心理走下去了，如果我一直带着这种心理的话，好多事情都会毁在这种心理上。所以现在的我必须积极地将这些消极的因素排出我的世界。

当上次心理课大家都谈到自己小时候受到的挫折和别人的贬低时，我看到别人都能够坦然应对那些挫折，我觉得我应该重新审视自己小时候遇到的那些挫折，可能是我自己一直看到的是事情的负面，没有积极地去看事情的正面。在小姨说我丑这件事情上，至少现在她不会说我了，在上一次和她打电话的时候，我们彼此敞开心扉，谈谈对对方的真实想法，她说之前说我丑都是自家人说自家人的，其实我并不丑，现在是越长越漂亮了。现在想想，小姨说我丑，造成我自卑内向的性格其实也给我带来了很多好处。每每想到自己丑的时候，就想好好学习，让自己有闪光点。所以不管是初中、高中还是大学我的成绩都是比较好的，现在想想要是没有小时候的那些挫折，或许我现在会是一个比较叛逆的孩子，性格不会那么沉稳，心理也不会比一般孩子成熟。

毕淑敏老师说得很对，人的创造和毁灭都是由自己完成的，人永远都是自己的主人。什么样的观念决定什么样的人。我必须克服那些不会帮助自己成长的缺点。为此，我进行了以下的尝试，我觉得我的改变很明显。

①多照照镜子，对自己微笑。以前我很害怕照镜子，现在我会多照照镜子，对镜子微笑，对自己微笑，会发现自己长得根本就没有我想的那么丑，之前一直都是我想多了。

②多参加集体活动。现在我会积极参加集体活动，和同学、朋友出去逛逛街、吃吃饭、唱唱歌，心情也不像之前那样压抑了。

③时常列出自己的优缺点，优点积极保持，缺点积极改正。这个方法是老师在

课堂上分享的，之前觉得不会有什么效果，但是我觉得要想改变就要积极实践，所以现在我就以一个星期为一个周期，将自己的优缺点写在便利贴上，放在文具袋里，这样每天都能看到自己的优缺点，也就能一直提醒我要去改变。事实是这个方法真的很有效，这个方法让我有一个领悟就是所有的方法在你去尝试之前，没有资格评论它好不好。

【我一直在期待着不简单的未来】①

本文的开始，我先做一个自我认识吧。我是一个相对开朗的人，在外面蛮喜欢社交，几乎每周末都要和朋友聚餐一次。喜欢幽默，也喜欢音乐，所以一直拿着把吉他写一些搞笑的歌曲发到网上。我也有许多缺点，有时太过于考虑别人的感受，总是犹豫不决。这就是我。

我想我之所以来上心理课，是因为我觉得我也有些心理问题。其中最大的问题就是压力。我很不懂得缓解压力。比如高考前我连着几天没睡着，结果最后一天考英语走了神。比如上台演出，虽然每次勉勉强强都能演完，但是每次都很怕，而且很不好意思地说，我的腿会不断地抖，所以我上台基本都是坐着。不重要的话，基本不在比较大的场合唱歌。经过这次学习，我发现我要克服自己的心理障碍，不断地给自己鼓气，告诉自己我能行，我想在这次期末考试结束后，会尝试着去克服，并且寻找机会锻炼一下自己。

我有着那么大压力的原因，还有一点就是我怕挫折。我记得以前的我遇到挫折总是会一蹶不振。比如高考，我有好几天没能吃下去饭。但是到现在听了心理课想想还是蛮好的，至少以后还能努力圆自己未完成的梦。我现在可以告诉自己，一次失败不能代表什么，只要我还活着，怕什么呢？

接着一个在考虑的问题就是人际沟通。本人在外面社交面比较广泛，也喜欢社交，基本不太受这些问题影响。但是最近自己寝室俩人在吵架，只是为了一些生活琐事。这让我觉得很心烦，左右两边都沟通不了。我觉得，处理这种事情作为男的不应该婆婆妈妈，要么轰轰烈烈地解决一下，把想说的都骂出来，这样也能解决。但是两个室友每天都在冷战，这事情最近让我很烦躁。希望周一到学校能够妥善解决。

最后一个问题，也是最需要重视的，就是走向未来。现在这个年龄必须得想明白，未来的我应该做什么，关于择业，关于学习，关于家庭等。按照现在的状态来看，我不适合做一些高压力的工作。但是人生不能逃避，所以我必须锻炼自己的抗压能力。从小到大就业的理想是做一名会计师，现在学的是经济法，所以必须让自己多学一点会计的知识，来改善某些方面的欠缺。在大学的学习方面，必须加强重

---

① 本文根据《心理访谈与健康成长》课程班 11－12 秋 No. 050 汪泽任自我成长分析改编。

视，这一点也做到了，在外面也读一些书来弥补自己的不足，把必要的证都考出来，为自己的未来打下基础。

这就是我，简简单单的一个学生。但我一直在期待着不简单的未来。

【“95后”期待的心理成长】①

让自己“走出眼光的枷锁”，即让我可以摆脱他人眼光的枷锁，活出真正的自己；让我可以帮助自己身边的朋友和亲人。（No. 025）

对自己能有一个全面的了解，善于发现自我，克服一些心理问题，能很好地接纳自己、完善自己，有一个健康、积极、自信的心理。（No. 012）

希望遇见更好的自己。（No. 022）

希望更加全面、客观、深入地了解自己的内心，能够学习到一些有效调整心理的方法。（No. 024）

能正确地认识自己并悦纳自己，建立良好的人际关系，在不违背社会标准的前提下，能够保持自己的个性，既不过分阿谀，也不过分追求赞许，有自己独立的意见，有自己的主见，拥有判断是非的标准。克服自己的自卑心理，不卑不亢，积极乐观地生活，让自己变得更加有信心。与他人融洽相处，能够通过运用课堂知识解决自己的心理问题，同时帮助他人克服心理问题等。（No. 033）

我能变成一个有主见，做事果断，不再害怕选择，能勇敢面对的人。（No. 034）

想使自己变得更加自信，更加独立一点。（No. 031，No. 032）

希望自己可以变得更加坚强和独立，能够主动打碎自己的玻璃心。（No. 010）

彻底摆脱依赖心理，当然还要戒骄戒躁。（No. 026）

能使自己的内心变得稍微更独立一点，心理更强大一点，希望在以后一个人的时候能坚定地说道：“我是独立的独，而不是孤独的独。”（No. 038）

是“独立与守护”。（No. 013）

我的心理能够变得更加独立，不再依赖别人，遇到困难能够独立解决，能够真正获得成长。（No. 016）

希望我能够更加真诚地对待自己，更加宽容地对待他人。（No. 021）

希望自己能正确认识自己，找到前进的方向。（No. 019）

希望能够逐渐沉淀下来，用平静的心态，而非浮躁的状态，去慢慢地找到最适合自己的那条路。（No. 009）

---

① 本文根据《心理访谈与健康成长》课程班16－17秋季学期部分同学自我探索改编：No. 025蒋欣汝，No. 012高枝梅，No. 022黎欣欣，No. 024徐子弦，No. 033代慧敏，No. 034雷小芳，No. 031芮佳玮，No. 032王媛，No. 010全会，No. 026杨荟康，No. 038龙小艳，No. 013玄文琳，No. 016郭羽霏，No. 021王天凌，No. 019肖姝，No. 009陈颖君、冷韵祝，No. 041罗馥鸿，No. 030姚诗缘，No. 045熊恩芬，No. 011薛莉，No. 029庞铃霏，No. 040柏朝玲。

让自己变得更加坚强、更加勇敢。(No. 028)

敢于忽视他人的目光。(No. 041，No. 030，No. 045)

让自己的内心强大到无须在意别人的闲言碎语，勇敢做自己。并成为一个做事谨慎稳妥的人（No. 011)

希望可以学会控制自己的情绪，调节自己内心的压力，不要对同学们说过分的话，能够更好地和同学们相处。(No. 029)

让我获得足够的自信和安全感，让我觉得自己其实很棒，即使发生了以上的事情，我仍然可以活得很好，不至于被一些挫折所打败，也不会被生活压力所打垮。开开心心、健健康康地活到自然死。(No. 040)

专题2　认识自我　发展自我

成长引导

引导主题：认识自我　发展自我

教学内容：自我意识发展缺陷及成因，健全自我意识培养及训练

引导环节：

- 案例导入：大鼻子的烦恼
- 理论概要：知识点解析
- 自我探索：怎样变成理想中的我
- 心声分享：审视自我

引导目的：了解自我发展的基本理论；探索自我发展的有效方法。

案例导入：大鼻子的烦恼

【案情概要】《心理访谈·大鼻子的烦恼》

小峰小的时候，经常用手指掏鼻子，父母对他说，你别摸你自己的鼻子，你越摸就会越大。然后他就觉得鼻子被自己摸大了，很不好看，心里有了一个阴影。

随后，小峰开始觉得自己的鼻子长得很大很丑，给自己带来了很多麻烦。

“一天有一个女生问我一个问题，我一转过去，她就在那使劲地笑，我就很不理解，我说你笑什么，她没说，就走远了，在那继续笑，我就心里感到困惑，很难受，一直解不开这个结。”认为是在笑自己鼻子大和丑。

“还有一次去商店买衣服，要去面对一个女生，我就心里好紧张，然后我一进去的时候，那个女生就笑我。因为当时我很紧张，就联想到她在笑我紧张的样子。”

上初二的时候，小峰突然要求转学，还要停学，爸爸一再逼问，他就说，学校不好处，人缘关系不好，他并不愿意和同学接触。他选择最后一排座位，不愿意让人看他，如果别人看他，如果同学们在一起说笑，他就认为在笑自己，他很痛苦。痛苦的原因是“鼻子大，怕人家笑他，认为自己长得丑”。

后来痛苦到不愿意去读书，叫他去，他就哭；不转学就哭，不读书。高二休学了一年。

跟爸爸去商场买衣服，看到服务员面带笑容的样子，他就说，服务员在笑他；走到街上，看到别人在说笑，他也认为在笑他的鼻子；学校里，因为怕同学笑而感觉与同学走到一起很困难，所以跟同学关系不是很好。

小峰自己摸着、从镜子里照着，都觉得自己鼻子挺高。为了不让同学们笑话，曾有过将鼻子做矮一点的念头。

去看医生，诊断说是精神分裂，开了药，吃了三个月，但没有一点效果。

还是那个样子，不愿意上学，和别人交流困难。只得再次休学。

小峰说自己的状况是“性格很灰暗，一天主要在家里看电视，就没有出去过。”自己的愿望，也想考一个好的大学。

现场主持人问他，如果从难看到好看以 0~10 分计，你给自己的鼻子打几分？小峰的回答是“大概 10 分吧”。

现场专家分析发现，小峰实际上是以鼻子不好看，不愿意让大家看为借口，为自己找休学的理由。而他休学的真正原因是父母在学习上给他的压力太大，他无法达成父母的期待。

【评析要点】鼻子高大，怎么会让小峰觉得很丑？鼻子丑又怎么成为了休学的理由？自我认知的误导，自我否认的假托，社会退缩的借口？

理论概要：知识点解析

2.1　自我的心理学流派观点

2.1.1　詹姆斯的“经验自我”和“纯粹自我”①

美国实用主义哲学家的先驱詹姆斯（美国心理学家，自我概念的创始人）认为“自我是个体所拥有的身体、特质、能力、抱负、家庭、工作、财产、朋友等的总和”，把自我分为经验自我和纯粹自我。

“经验自我”指人们可能体验到的一种对象，即与世界的其他对象共存的存在物。詹姆斯认为：“每个人的经验自我，就是他试图用‘我’（me）来称呼的一切”。“我”与“我的”很难区分。他反对将“从属于我的”东西与“真正的我”区别开，自我与世界之间没有明显的界限，我的身体、服饰、妻子儿女及财产都是自我本身的各种关系，参与了自我的构成。经验自我又分为物质自我、社会自我和精神自我三种成分。物质自我的核心部分是身体，因为人一生中总是通过身体与周围的事物发生关系，并依据身体提出各种需求。社会自我指一个人“从同伴那得到的承认”，即他在别人心目中的形象，最特殊的社会自我是他的恋人的态度。精神

---

① http://baike.baidu.com/link?url=qir1ehukekphluhvjol1jaLusw8qxa_gnh_tjmhh-mir9jgqfzjbekqve6dg4afnsekjpsfqoyerh9idcraudhyh2nbm0vkt-r6jlonmm3.

自我就它属于“经验自我”而言，意味着一个人内心的或主观的存在。具体地说，是指一个人的心理能力或性情。社会自我高于物质自我，精神自我又高于社会自我。

“纯粹自我”指一个人知晓一切东西，包括自我的那些东西，所以又称为能动自我或主动自我。詹姆斯在论述纯粹自我时，是以“个人同一性”理论为依据的。个人同一性就是“现在的自我与它想起的那些过去的自我相同”。纯粹自我是由不断更迭和传递其内容的当下思想所构成的。詹姆斯把作为对象的个人称为经验自我（me），把当下思想看作纯粹自我（I）。他认为纯粹自我接受不同的感觉并影响感觉所唤起的动作；它是兴奋的中心，接受不同情绪的震荡；它是努力和意志的来源，意志似乎从此发出命令。

2.1.2 弗洛伊德的“本我”、“自我”和“超我”

精神分析学派的创始人弗洛伊德阐述了他的自我概念。他设想一个人的人格是由本我、自我和超我三部分构成的。

本我，又称“小鬼”。来自人的本能，是与生俱来的、来自躯体组织的本能，是人的生物性本能，它包含了个体的一切原始的冲动和本能欲望，按“快乐原则”行事，它不知道道德、外在的行为规范，它唯一的要求是获得快乐，避免痛苦。在社会生活中表现出追求各种个人欲望的满足和追求个人利益实现的特征。弗洛伊德认为婴儿的人格结构以本我为主。当婴儿感到饥饿时，本我要求即时的满足。如果得不到满足就产生挫折。

超我，又称“判官”。来自社会文化，是个体在成长经历中已经内化为自身价值观念的种种文化信念，其中以道德、信仰为主要内容，由父母和社会的标准内化而成，与心理上的奖惩有关。它按“至善原则”行动，代表道德、理想，评判善恶好坏，追求完美。抑制本我的冲动，说服自我合乎道德。这些社会文化与道德信念对个体的要求，往往以牺牲个人服从整体为主，甚至要求个体行为完全道德化，因而与本我相对立。

自我，又称“行政主管”。是人的理性部分，往往处于社会生活的现实要求、超我的道德追求与本我的利益追求之间，按照现实原则协调矛盾，尽可能地寻找权宜之计，是个体最终行为表现的决策者。它按“现实原则”行事，“一主三仆”，在本我、现实、超我之间折中平衡，寻找满足本我欲望的做法。

2.1.3 罗杰斯的“现实自我”和“理想自我”①

美国人本主义心理学家罗杰斯认为自我概念是个人现象场中与个人自身有关的内容，是个人自我知觉的组织系统和看待自身的方式。罗杰斯继承了詹姆斯的观点，认为自我包括主格我（I）和宾格我（me）两个方面。他认为宾格我是自我意识的

---

① http://baike.baidu.com/link? url = qir1ehukekphluhvjol1jalusw8qxa_gnh_tjmhh - mir9jgqfzjbekqve6dg4afnsekjpsfqoyerh9idcraudhyh2nbm0vkt - r6jlonmm3.

对象，同时也是自我意识的本体，它是通过接受别人（社会）对自我的有意识的态度系统而形成的；主格我是自我的动力部分，是自我活动的过程，虽然它在宾格我的框架范围内活动，但它具有面向未来的特征，使人可能超出现有的宾格我的框架，使人的行为具有自由意志性、创造性和新异性。

罗杰斯还根据临床实践，提出了与现实自我相对应的理想自我。理想自我代表个体最希望拥有的自我概念、理想概念，即他人为我们设定的或我们为自己设定的特征。它包括潜在的与自我有关的且被个人高度评价的感知和意义。而现实自我包括对自己存在的感知、对自己意识流的意识。通过对自己体验的无偏见的反映及对自我的客观观察和评价，个人可以认识现实自我。罗杰斯认为，对于一个人的个性和行为具有重要意义的是他的自我概念，而不只是现实自我。他在临床实践中发现，现实自我和理想自我之间的不一致是导致神经症的原因之一。

总的来说，罗杰斯认为自我的认知方面、情感方面，以及意识和潜意识方面都很重要。他既强调自我一致性的需要，又强调正面关注自我的需要。

2.2 自我的现代心理学认识

自我，亦称自我意识或自我概念，主要是指个体对自己存在状态的认知，是个体对其社会角色进行自我评价的结果。在我们的经验中，觉察到自己的一切而区别于周围其他的物与其他的人，这就是自我，就是自我意识。这里所说的自己的一切指我们的躯体，我们的生理与心理活动。

2.2.1 自我意识的内涵

2.2.1.1 自我意识的含义

自我意识，是心理学家用来描述自我的术语，是指个体对自己的认识。即个体对自身的认识和对自身周围世界关系的认识，就是对自己存在的觉察。是一个人对自己，包括自己的思想认识、情感行为、个性特点以及人际关系等各方面的认识、感受、评价和调控。是一个包含认知、情感、意志等多种心理机能，完整的、多维度的、多层次的心理系统。

自我意识一般包含自我认识、自我体验、自我控制三层意义。

一是自我认识。即自己对自己的认识，包括自我认知和自我评价。一个人需要了解自己什么？概括地讲，有三个方面：（1）生理自我。即你对自身这样一个生物个体的基本认识，如性别、年龄、体重、身高、身材、容貌、发育状况、生理特征等体貌和性别方面的认识，以及对身体的痛苦、饥饿、疲倦等感觉。（2）心理自我。就是对自身心理状况的了解。包括对自己的认知、情绪情感、意志、个性倾向（兴趣、爱好、价值观、理想）、个性特征（能力、气质、性格）等全面的认识和评价。（3）社会自我。即指对自身社会性要素的认识，如身份、地位、名誉、群体中的作用等的认识和评价。自我认知和自我评价就是包含生理自我、社会自我、心理自我的全方位我的描述。

二是自我体验。是在自我认识基础上的一种情绪体验，即自己对自己是否满意的问题，是一种自我感受。它有“满意”和“否定”两种结果，导致很多表现，如自信、自卑、自恃、自傲、自责、自足、责任感、优越感等。自我体验常常以“我感觉……”出现。

三是自我控制。就是自己对自己的控制，自我表现的问题。包含两层含义：一是自己对自己的设计，即我应该做什么？我不应该做什么？二是自己对自己的指导，即我可以怎样做？它以自制力（自我控制的能力）强弱的形式表现出来。控制的对象涉及情绪和行为的诸多表现。自我控制常常以“我打算……、我要……”出现。

2.2.1.2　自我意识的特性①

自我意识是人类特有的心理系统，它具有意识性、社会性、能动性、同一性等特点。

一是意识性。意识性是指个体对自己以及自己与周围世界的关系有着清晰、明确的理解和自觉的态度，而不是无意识或潜意识。

二是社会性。自我意识是个体长期社会化的产物。它在社会实践中产生，主要内容是对个体社会属性的反映。对自我本质的意识，不是意识到个体的生理特性，而是意识到个体的社会特性，意识到个体的社会角色，意识到个体在一定的社会关系和人际关系中的地位和作用，这是自我意识发展到成熟的重要标志。

三是能动性。自我意识的能动性不仅表现在个体能根据社会或他人的评价、态度和自己的实践所反馈的信息来形成自我意识，而且还能根据自我意识调控自己的心理和行为。

四是同一性。心理学研究表明，自我意识一般需要经过20多年的发展，直到青年中后期才能形成比较稳定、成熟的自我意识。虽然这种自我意识有可能因个体实践的成败和他人的评价的改变而发生变化，但到青年期以后，个体会对自己的基本认识和态度保持同一性。正因为自我意识的同一性，才会使个体表现出前后一致的心理面貌，从而使自己与其他人的个性区别开来。

2.2.1.3　自我意识的功能②

个体的自我意识与个体的成长发展息息相关。自我意识在个体的成长和发展中具有导向、激励、自我控制、内省调节等功能。

一是导向激励功能。目标是人才发展的导航机制。一个人要想成就一番事业，就必须从自身的实际出发，制定明确的目标，只有如此才会调动自身的潜能，激发强大的动力。人通过正确的自我认识，确立较为合理的“理想自我”，为个人将来

---

① http://baike.baidu.com/link?url=qir1ehukekphluhvjol1jalusw8qxa_gnh_tjmhh-mir9jgqfzjbekqve6dg4afnsekjpsfqoyerh9idcraudhyh2nbm0vkt-r6jlonmm3.

② http://dazhouwang.blog.163.com/blog/static/6990449720123196532910З/.

的发展确定了目标，对个人的认知、情感、意志、行动会产生很大影响，是个体活动的动力。自我意识健全的个体，在从事一项活动之前，活动的目的和结果就以观念的形式存在于头脑之中了，并依此制订计划，指导自己的活动，从而激发强大的动力，达到预期的目标。

二是自我控制功能。一个人如果有了发展目标而不付诸行动，其结果仍然是一无所获。个体要想将来有所建树，首先要有科学的目标，同时还要有自立、自主、自信、自制的意识，并对自己偏离目标的情感和行动加以调节和控制。在通往成功的大道上，很多人与成功失之交臂，并不是因为缺乏机会和才华，而是因为缺乏自我控制的意识和能力。自我控制是自我意识发挥能动作用的一个重要表现，它是目标的保护神，是成功的卫士，是自我意识的一项很重要的功能。缺乏自我控制的意识和能力的人，是一个盲动、情绪化的人，是一个缺乏恒心与毅力的人，终将一事无成。

三是内省调节功能。自我意识健全的个体，不仅能够确立符合个体的"理想自我"，而且能够通过自我控制来实现预期目标。而由于主客观条件的制约，"理想自我"的实现常常会遇到各种障碍，致使个体产生不同程度的挫折感。这时，自我意识就会对自己的认识、情感、意志、行为等进行反省，找到受挫折的主客观原因，并重新调整认识，形成新的"理想自我"，使其与"现实自我"趋于统一。内省和调节就是个体成长中所进行的自我监督和自我教育，每个人要想使自己成为自我实现的人，就需要有积极的自我意识，随时对自我的认识、情感、意志和行为加以反省和调节。

2.2.2 自我意识的形成①

心理学研究表明，个体自我意识从发生、发展到相对稳定，要经过 20 多年时间，纵观自我意识的形成过程，可以把它分成四个阶段。

2.2.2.1 自我意识萌生时期（生理自我形成发展期）

在生命降生之初，婴儿是没有自我意识的。他们甚至不能意识到自己和外界事物的区别。他经常吮吸自己的手指头，就像吮吸自己母亲的乳头一样津津有味，因为他把母亲当作自己的一部分。可见，他还生活在主体和客体尚未分化的状态之中。婴儿一般在 8 个月左右，生理自我开始萌生，这是自我意识的最初形态。

到 1 岁左右，儿童开始能把自己的动作和动作对象区别开来，初步意识到自己是动作的主体。例如，当他手里抓着玩具的时候，他不再把玩具当作自己身体的一部分了。1 周岁以后，儿童逐步认识了自己的身体，也开始意识到自己身体的感觉。不过，他只是把自己作为客体来认识，他从成人那里学会使用自己的名字，并且像称呼其他东西一样称呼自己。

---

① http://wenku.baidu.com/view/fe4ca76df5335a8102d2206b.html.

一般到2岁左右，儿童逐渐学会用代词“我”来代表自己。

3岁左右的儿童，自我意识有了新的发展，主要表现在：出现了羞愧感与疑虑感。当做错了事时，会感到羞愧；当碰到矛盾时，会感到疑虑。出现了占有欲和嫉妒感。儿童看到自己喜欢的东西，就想独自占有，不愿与人共享；如果母亲对其他儿童表现出关心和喜爱，他会产生强烈的嫉妒感。第一人称“我”使用频率提高，许多事情都要求“我自己来”，开始有了自我独立的要求。应该说，3岁儿童的自我意识已经有了一定的发展，但其行为仍然是以自我为中心的，即以自己的想法解释外部世界，并把自己的想法和情感投射到外界事物上去。

2.2.2.2　自我意识形成时期（社会自我形成发展期）

3岁到青春期这个时期，是个体接受社会化影响最深的时期，也是学习角色的重要时期。个体在家庭、幼儿园、学校中游戏、学习、劳动，通过模仿、认同、练习等方式，逐步形成各种角色观念，如性别角色、家庭角色、伙伴角色、学生角色等。这一时期也是获得社会自我的时期，他们开始能意识到自己在人际关系、社会关系中的作用和地位，能意识到自己所承担的社会义务和享有的社会权利等。

青春期以前，个体的眼光是向外的，引起他们兴趣和注意的是外部世界，他们对自己的内心世界视而不见。他们虽然已经意识到自己是一个主体，可以充分认识到自己的行为，但不了解自己的下列状态：他们常常把自己的情绪视为某种客观上伴随行动而产生的东西，不懂得情绪是自己的主观感受；他们还不善于应用自己的眼光去认识世界，只是照搬成人的观点作为对外部世界的认识。

2.2.2.3　自我意识的发展时期（心理自我形成发展期）

从青春发育期到青春后期大约10年时间，是心理自我的发展时期，自我观念渐趋成熟。青春期，个人无论在生理、认识或情绪等方面，都有很大变化，如性的成熟、逻辑思维和想象力的发展、感受性的敏感，都是造成自我意识发展的基础。这一时期，个人的自我意识具有以下特点：一是自我意识分裂为观察者的我（I）和被观察的我（me），因而个人就能从自己的观点出发，认识和考量自己的心理活动。二是个体能够通过自我去认识客观世界，即由自我的观点来认识事物而不是从他人的观点出发去考量事物。三是个体价值体系的发展和理想自我的活动总是与自我观念的发展相联系。这时，个体常常强调自己所具有的个性特征的重要性，以及认为自己追求的目标对于自己的重要性。由于自我意识的发展，到了青春期，青年要求独立、自治的意识强烈，更想摆脱成年人的影响束缚。

一般地讲，青年自我意识的发展经历着一个特别明显的、典型的分化、矛盾和统一的过程。自我明显的分化意味着自我矛盾冲突的加剧，即主体我与客体我的矛盾斗争，理想的我与现实的我矛盾斗争的加剧。两个我不能统一，自我形象便不能确立，自我概念也不能形成。于是青年表现出明显的内心冲突，甚至有一定的内心痛苦和激烈的不安感。他们对自我的评价常常是矛盾的，对自我的态度常常是波动的，对自我的控制常常是不自觉、不果断的。他们可能忽而只看到自己的这一方面，忽而只看到自己的那一方面；时而能较客观地评价自己，时而又不能这样做；时而肯定自己，时而又否定自己；时而感到自己什么都行，时而又感到自己特别幼稚；时而步入憧憬境界，对自己的现实缺乏意识，时而又厌恶自己长大而津津乐道那令人留恋的童年；时而对自己充满自信，时而又感到自己无能，对自己不满；等等。

2.2.2.4　自我意识完善时期（自我意识同一期）

如果说青春期自我意识是迅速发展并趋向成熟的阶段，那么青年期之后个体的自我意识则是完善和提高阶段，即主体我与客体我、理想我与现实我经过激烈的矛盾和斗争，重新实现统一的时期。这种统一是在新的水平与方向上的协调一致，使现实我努力符合理想我的要求。当然，矛盾斗争的同一结果有两种可能性，积极的结果是形成新的真实的自我统一，使人增强自信，努力奋斗，有利于自身发展；消极的结果是形成歪曲的自我统一，或自卑，或自负，影响自身的成长和发展。

自我意识的形成和发展的过程正是一个人人格成长的过程，忽视了每一阶段的健康成长，都会给人带来终生的遗憾。

2.3　健全自我意识的养成

2.3.1　大学生自我意识发展缺陷及成因

2.3.1.1　大学生自我意识偏差的表现

过多的自我中心或从众心理，过强的自尊、自卑或虚荣心，过度的自我接受或自我拒绝，过分的独立意向和逆反心理是大学生自我意识偏差比较典型的表现。

过多的自我中心意识表现在习惯于把注意力投向自己，考虑问题总是注重以自我为视角，而忽视他人或者实际情况，不能比较客观、全面地分析问题。

过多的从众意识表现在不善于独立思考，缺乏主见，缺乏自信，不敢自己下判断；害怕孤立，为求得小团体的认同而选择随大流，在群体的作用下，放弃个人意见而采取与群体相一致的自我保护行为。

过强的自尊意识表现在行事以个人喜恶为动机，不懂得顾及他人感受；以自身需要及个人利益为出发点，不顾他人的需要及利益得失。常易导致不能得到他人信任、人际关系不和谐、易受挫折。

过强的自卑意识表现在平时缺乏自信，遭遇不利时容易陷入怀疑和否定自己的状态。

过强的虚荣心表现在追求虚表荣誉，以期望获得大家尊重。甚至不通过自己实实在在的努力，而是利用吹牛、作假、撒谎、投机等非正常手段来沽名钓誉、自欺欺人。导致失去他人的尊重和友谊，失去诚信。

过度的自我接受意识表现在自以为是、自命不凡，听不进他人的教诲，也不听同伴的意见，骄傲自负。

过度的自我拒绝意识表现在不能正确认识自我和悦纳自我，包括对自己的外貌形象、群体中的地位、个性心理特点等存在自我不满、自我否认的倾向。

过分的独立意向表现在将独立理解为万事不求人，不听别人的意见，不要别人的帮助；独来独往，我行我素，甚至不顾社会规范，而轻视社会支持系统的作用。

过分的逆反心理表现在对外部的规范和要求充满抵触和反抗心理，老师和家长的期待常被理解为是对自己的约束和羁绊，道德或社会规范常被认为是对个体的限制和扼杀，容易导致反社会人格形成。

2.3.1.2 大学生自我意识偏差的成因

大学阶段是个体自我意识急剧增长、迅速发展和趋于完善的重要时期，这个阶段大学生的自我意识发展表现出偏差倾向的内在原因，多源于内心需要的冲突。[①]

一是理想自我与现实自我的冲突。理想自我与现实自我存在一定的差距。合理的差距能够使人不断进步、奋发有为，但是如果差距过大，则有可能引起自我的分裂，形成强烈的心理冲突。

二是渴望交往与心灵闭锁的冲突。渴望爱与友谊，渴望交往与分享，渴望自我价值实现，希望成为群体中受尊敬与欢迎的人；然而，大学生总是不经意地将自己的心灵深藏起来，与同学有意无意地保持着一定的距离，存在戒备心理，不能完全敞开心扉与对方交流。

三是理智与情感的冲突。渐渐成熟的心智使大学生在遇到客观问题时，既想满足自己情绪与情感的要求，又想服从于社会及他人的需求。但情绪的一个显著特点是容易两极分化，或高或低，波动性大，易冲动，不易控制。

四是独立与依附的冲突。一方面，大学生生理与心理的成熟使他们渴望独立，作为独立的个体面对生活、学习与工作中遇到的问题，但由于他们的社会阅历与经验相对匮乏，当应急事件出现时，却又盼望亲人、老师和同学能够替自己分忧。另一方面，大学生心理上的独立与经济上的不独立也形成了明显的反差。在他们迫切希望摆脱约束、追求独立的同时，却又不可能真正摆脱家长和老师的支持和帮助。

2.3.2 健全自我意识的塑造和培养

健全自我意识的培养具有重要的意义。因为自我意识在人格形成和人格结构中占有极其重要的地位，人的认知、情感、意志都受到自我意识的影响。因此，健全的自我意识是人全面发展的重要条件，也是促进人的心理健康的有效途径。

健全的自我意识没有统一标准，但可从以下方面衡量：自我意识积极统一、自我意识水平良好、正确的自我认识（主动性、自觉性、准确性）、良好的自我体验（丰富、积极、健康）、有效的自我控制（自觉性、坚持性、自制性）、自我意识协调均衡（自我结构与外界）、自我发展具有灵活性、心理健康促进社会文明。

---

① http://wenku.baidu.com/view/a794e40ade80d4d8d15a4fc9.html.

健全自我意识塑造的途径一般有三个：正确认识自我、积极悦纳自我、不断完善自我。

2.3.2.1　正确认识自我

正确认识自我，指的是正确地认识和评价自我。对生理自我、心理自我、社会自我有全面的了解，了解和分析自身的长处和短处，认清自己与团体的关系，了解自己在社会实践中所处的位置，并对自我作出不偏不倚的评价。正确认识自我是个体形成正确自我意识的基础，这是调适现在的我与理想的我的有力保障。

正确认识自我的方法有多种：（1）从我与人的关系中认识自我。从与家庭、社会成员的交往中，或是通过他人的评价来修正对自我的认识；或是通过与他人的对比，寻找到自己的特点，去规划和发展自己。但要注意选择恰当的参照系（对象、标准）。（2）从我与事的关系认识自我。对自己经历过的事，通过自省，在不断地检查自身行为是否正确的过程中发现自身的不足；从事件的结果中，获得经验和教训；在不断自省中发现长短得失，这样才能有的放矢地完善自我。所谓“吃一堑，长一智”即如此。（3）从我与己的关系中认识自我。就自我眼中的我及别人眼中的我（me）、自己心中的我（I）进行客观、全面的审视，作出调整与整合。力求客观、全面和实际地朝理想的自我发展。

2.3.2.2　积极悦纳自我

自我悦纳，是指个体能正确评价自己、接受自己，并在此基础上使自我得到良好的发展。

自我悦纳，不仅指接纳自己生理自我、心理自我、社会自我中的优点、长处，更要接受自己的缺点与不足。在接受不足的基础上，努力改进自己、完善自己，而不是妄自菲薄、失去信心。

悦纳自我是心理健康的表现。当你快乐地接受了自己，你的整个心胸便会舒展和开阔，同时你会发现你也更加容易接受他人。

良好的自我悦纳可以有效缓解发展中的矛盾冲突，使个体得到健康发展。马斯洛的需要理论认为，人有自尊的需要，这是仅次于自我实现需要的第二高层次的需要。自我悦纳即产生高自尊。

悦纳自我是发展健康的自我体验的关键和核心。

悦纳自我的实现途经可以从以下方面进行：平静而又理智地看待自己的长处与短处，冷静地对待自己的得与失；确定目标并以此激励自己；既不以虚幻的自我补偿内心的空虚，也不消极回避漠视自己的现实，更不以怨恨、自责以至厌恶来否定自己。积极乐观，克服困难和消极情绪，对生活、对未来充满憧憬；让自己充满愉快感和满足感。

2.3.2.3　不断完善自我

不断完善自我，是认识自我、悦纳自我、发展自我的目标，也是个体向善发展的终生目标。

不断设计调整自我发展的目标，并努力控制自己去实现自我发展的目标。

努力修身养性、不断发展自我，逐步达成和实现自我的需要，从生理的需要（饮食、空气、性和睡眠等）、安全的需要（生活有保障，环境没有危险，免除恐惧和焦虑）、爱和归属的需要（与他人亲近、被接纳，有依归/隶属群体享有地位）、尊重的需要（得到赞许与认可、体验力量和价值/自卑和失去信心）、认知需要（判断、信念）、审美需要（欣赏、品位），到自我实现的需要（实现个人的潜在能力）——最高层次的需要。

自我探索：怎样变成理想中的我

请根据所列命题，进行自我心理成长探索。

自我探索：怎样变成理想中的我
　　意义：认识自我、发展自我
　　要求：1. 描述对现实中的我的认识；
　　　　　2. 描绘对理想中的我的期待；
　　　　　3. 探索实现理想的成长策略。

心声分享：审视自我

【蜕变】①

这学期，有幸选到了范老师的《心理访谈与健康成长》。可以说，我大概是教室里面岁数最大的学生了，由于入伍两年的关系，身边的同学朋友已经从学校毕业进入社会，一部分成家生子，一部分继续深造，还有一部分也事业稳定，大概很少有27岁还在大学里读本科的高龄生了。那天无意中看到有些等着献血的同学的单子上登记的几乎都是1993年、1994年的，一瞬间觉得自己跟他们比真的老了，但随着年龄的增长，人生的阅历也是愈加丰富多彩，回想他们这个年龄时候的我，已然经历过了一次一次的蜕变和成长。

记得2007年进入大学的时候，以为自己终于可以从繁重的学习中“解脱”了。早在读高中的时候，就曾听过只要考进大学，就会变得很轻松，大学就是用来“玩”的。事实是，我真的在大专疯玩了3年！3年里，我们翘课打游戏，逃夜出去疯，熬夜通宵达旦地泡网吧等。回想起我的3年大专生活，几乎荒废了学业。付出

① 本文根据《心理访谈与健康成长》课程班13－14春No. 061范晓峰自我成长分析改编。

才有回报，到了2010年毕业了，找工作时心慌了，因为我没学到东西，悔不该当初，但已枉然。

毕业那年，父母希望我有个好工作，而这份压力也使我深深地感到了自责。而后我静下心来，开始思索，不是我想做什么，而是我能做什么，以先就业再择业的心态投递了相当多的简历，面试也屡屡碰壁，也一度想放弃，但是那个时候的我已经没有退路。做一份兼职与一份全职工作的心态是完全不一样的，兼职的时候想着不开心太累太苦大不了就不做了，反正也就1～2个月的时间，可是毕业之后的全职工作则意味着今后要以此谋生，没有退路可以走，加之父母的期待，对于我来说就是压力，让我更加需要一份工作。而后，我在一家单位谋得了一份文员的岗位。

阴差阳错间，国家对于大学生征兵的年龄放宽，我因为毕业而参加了那年的应征入伍。从军入伍，或许是很多青年的梦想，无论他们是抱着保家卫国的想法，还是为了一己之私的愿望，他们至少是想去当兵的。就如同范老师班上一位同学所说，哪怕是披着国旗被抬回来他也觉得是光荣的。可是，至少那年的我，真的一点都不想去当兵。或许命中注定，即便我不想去、不配合，但是我依然通过了3次体检，在2010年12月“被”光荣入伍。大二的时候，我想过去当兵，但那年是世博兵，竞争激烈，没有轮上，直到毕业，我再也没想过去当兵。但是，当我拿到入伍通知书的那刻，我害怕了，退缩了。对于去不去，爸妈尊重我的意见，而且我也相信天底下的父母其实都是一样的，爱子、护子心切都是一样的，但是通知书拿到手时，退兵已经是不可能的了，我只有去面对。入伍前一个月我非常沮丧，严重影响到了我的身体，时常半夜惊醒，觉得世界抛弃了我，工作不顺，连起码的自由都要丧失，那个月我瘦了10斤。

送兵的那天，我用手机与亲戚朋友们一一告别，爸妈送我到武装部，出家门的时候，奶奶哭得跟泪人似的，我知道她舍不得孙子，同样我也是。送兵车关门的一瞬间我看到爸的眼睛是红的，妈似笑着送我，可我知道她心里肯定也不好受。火车开动，上海慢慢地从我身后消失，我就这样开始了我2年的军营生活，内心里可能更多的是无奈。

初到新兵连的那天，大家都很新奇，可能大家是因为自愿从军的关系吧，都对未来充满了期待。走过欢迎队伍后面的训练塔，那上面写着“当兵不习武不算尽义务、武艺学不精不算合格兵”。看过我是特种兵系列电视剧的同学或许对部队生活了解点，但是电视剧始终是电视剧，如同电视剧标题之后紧接的就是“本故事纯属虚构，如有雷同纯属巧合”一样，想真地体验军营生活，除了去当兵或许真的没有其他方法了。真实的军营生活绝对不是电视剧里这么轻松诙谐，可能因为我是隶属于消防部队的关系，我们的训练相当严苛，后来我才知道我们的体能关系着自己与别人的安危。消防部队作为实战部队，抢险救援、灭火救灾都是首当其冲的。只有通过严苛的训练加强自己的体能才能真的不会将自己置身于危险之中，才能将群众从危险之中解救出来，当然那是后话了。3个月封闭的新兵连训练生活，我们完全与外界断绝了一切联系。第一个星期包括我自己已经有很多战友开始退缩了，加之真的离开家之后的那种思念，有好几个战友开始哭喊着要回家。我没有表露出我想回家，我知道爸妈送我出来他们的不舍得，我也知道他们希望我好好度过这两年，不指望建功立业，只要安全地回家就行。

在新兵连的3个月是非常漫长的，时间似乎就在这放大了，每天训练的时间格外长，老兵们虽然严格，但也希望我们尽快从地方青年转变为合格军人，其间还是有些战友忍受不了做了逃兵，我没有逃，但我了解他们的心情，只是逃了会让自己的父母一起受罪，为自己、为家人，逃兵是千万做不得的。

入伍后让我第一次觉得光荣的是授衔仪式，举起右手握拳，说出中国人民解放军誓言的时候我们都很兴奋，那一刻意味着我们已经成为了一名正式的军人，也意味着我们的责任。那一刻我多少觉得当兵是一件光荣的事情，或许没有对错，但是这是一件有意义的事。

新兵连训练结束后我们被陆续分到自己的中队，我则来到了台州，一个我从未听说过的城市。在特勤中队的日子并不好过，我的身体素质其实并不好，也曾一度认为我比这些同批的战友年龄大，所以体能跟不上他们是非常正常的，想着即使拼死拼活训练也不可能追上他们，更别提超越他们了。但是男孩子或许都是不服输的“动物”，无论经历过多少次的挫折都会爬起来，慢慢地我发现自己不会退缩也不会害怕，在部队学会了坚强。

生命是非常宝贵的，无论是谁的生命。在部队我经历了许多生命的拯救与逝去，火场中我们救出过被困的群众，也抬出过不幸的遇难者，灾害现场我们遇见了太多生命的脆弱，但也见证了生命的顽强。在当兵的第一年，我的外婆不幸被检测出癌症晚期，为了让我安心服役全家上下都瞒着我，直至外婆去世一周后妈妈才在我的追问下向我道出。外婆在去世前都在念叨我，而我却不能在她身边看她最后一眼，经历了那种感受我才知道生命的重量，那种无能为力的感觉让人很无助，就像我们面对着遇难者家属那样，虽然不是我们的错，但是我们像犯了错一样，不敢去安慰他们。

2年里，我知道父母很担心，特别是我每次出警救火的时候，他们更是格外担心。2012年我参与了一次台州历史上最大的火灾，我在火灾现场灭火作业20多个小时，在救援快结束之际，我原本只是想让我爸知道他儿子参加了一次重大的救援活动，但事后妈妈告诉我说我爸那夜没有睡，辗转反侧。所以在那之后我再也没有跟家里说过救火的事情。

在终于可以踏上回家的旅程时，竟也不舍得这个待了2年的城市！铁打的营盘流水的兵，跟一起吃苦、一起哭、一起笑的战友分别不得不说是件伤心的事情。带着每个战友的祝福，我回到了家。爸来接我的时候我看到他的头发白了不少，我有点心疼。我知道他们这两年也不易，总是在担心我。

在部队的时候，曾以为退伍后不会让他们再为我担忧、为我操心，但爸妈眼中的我始终是个孩子，哪怕是我快30岁了也还是个孩子，对我总是有操不完的心。

看着爸妈的白发慢慢地多起来，我知道他们也在日益老去，我也知道自己的责任越发重大，所以我知道我要做什么。每个人都是一本书，但我们都是凡人，虽然没有干过惊天动地的大事，但一件又一件平淡而又平凡的小事磨炼着我们，每经历一件事，必然会产生影响，或多或少地改变着我们的一点一滴，当转变累积后，则是蜕变，虽不及脱胎换骨这么彻底，但是在精神上、意志上都是一次成熟，这个过程相信大多数人必然会经历。

今天有这么一个机会让我彻底地审视自己，感谢范老师的授课，帮助我更加了解自己。

【“断臂”也是一种美】①

从小到大，我都是一个追求十全十美的人，不管在学习、工作，抑或是生活中我都以“高要求、高标准”来衡量自己，仿佛追求完美已经成为我的一种习惯。有时因为一点小小的破绽，我都不能容忍，宁可从头再来。但是正是这种完美主义有时也会让我感到窒息，完美背后的那股压力有时候会让我措手不及。

还记得以前写作文的时候，一不小心写错作文的标题，就会把整张空白的文稿纸撕掉，重新开始写，心里总是觉得题目写错不舒服，整篇文章看起来就不完美。还有去书店买书的时候，总喜欢挑一本既干净又平整的新书，要是稍有一个角皱了或是封面破了，就不停地找新的。

就是这样一个个小习惯造就了我的“完美主义”，以至于在学习、工作中都会花大量的时间和精力，目的只有一个：就是我的作品必须是完美的。然而当一件事情没有达到自己的要求时，就会责怪自己没有尽全力，没有达到理想的境地，那种无形的压力就会时不时地涌现出来。

自从上了“自我认识”这节课后，我对自己有了更加深刻的认识和了解，夜深人静的时候对自己也进行了全面的剖析：我明白了有时候人不必事事都过于追求完美的境界，其实不完美也是一种完美，正如断臂的维纳斯，如果为她加上一个臂膀，就不能称为“断臂女神”了。人的一生中有太多的时间被用去奋斗，有追求、有目标地向着完美奋斗。总是说“学海无涯”、“学无止境”，那又从何来谈“完美”呢？

以前的我总是觉得不断地改善就能不断地接近完美，总认为最好的总是在后面，殊不知那些好的已经在手上了。一味地追求完美，对自己的心理也会造成很大的压

① 本文根据《心理访谈与健康成长》课程班11－12春No. 108王颖雯自我成长分析改编。

力，而以前的我就常常活在这样的压力下，会造成心理困惑；而现在的我学会了放平心态，正确看待现实生活中的“完美”，不再力争事事完美无缺，懂得在取与舍中作出抉择。有时想想月亮都有阴晴圆缺的时候，更何况是我平凡的生活呢！

【我是一个男人】①

一个有活力的男人。喜欢打篮球、游泳……用体育锻炼来磨炼自己的体格与心智，让自己更强壮健康。通过各种运动锻炼出来的强健体魄以及明显的肌肉线条，在心理上也满足了我小小的虚荣心。我喜欢在运动的时候大汗淋漓的那种感觉，它让我觉得舒畅，特别是在遇到挫折的时候，我把锻炼身体当作我宣泄不良情绪的方式。当我锻炼完之后，冲一个热水澡，烦恼也仿佛会像流水一般渐渐流走。

一个热情开朗的男人。很容易和他人交往，合作和适应的能力特别强。喜欢和别人共同工作，乐于参加或组织各种社团活动。不会斤斤计较，对于别人的批评也能欣然接受。和陌生人初次见面时，也很能和对方聊得来。在集体中倾向于承担责任和担任领导者。思维敏捷，头脑灵活。情绪比较稳定，对于生活中的变化和各种问题，一般都能比较沉着地应对，但遇到重大挫折时，或在紧急情况下，也可能会有一些情绪波动。能较好地协调自己的想法和别人的想法，一方面，对事物有自己的判断和想法，不会人云亦云；另一方面，也听得进别人的意见，不会固执己见。通常活泼任性，轻松愉快，在集体中比较受人欢迎，对人对事非常热心。有时也可能过分冲动，自我约束力比较差。有自己的目标和理想，虽然不是特别远大，但会持续地去追求。客观理智，注重现实，独立坚强，处事果断、自信。能坚持完成自己计划的事情，少数情况下，也可能会情绪失控或有所懈怠，但一般都能保持心情平和，在遇到重大挑战或紧急情况时，也可能比较紧张。

一个善于观察的男人。我发现我很喜欢观察别人的言行举止、眼神和语言等，喜欢对别人做一种客观的评价和比较，这可能算是察言观色吧。

一个“三分钟热度”与锲而不舍有点矛盾的男人，我对自己不热衷的事情没有什么毅力，但对自己喜欢的东西就很有冲劲，可是往往我喜欢的东西都是比较不务正业的。个人感觉自己是个挺聪明的人，不管是学习还是运动很快就上手了，也不错，可是就是缺少一份钻研下去的决心，所以老是半途而废。即使是感情上，我也没有能一直保持一份浪漫的、事事为对方着想的心，这是我到现在一直意识到却没改掉的坏毛病。我对自己不太负责任，对于自己的事情也不太上心，不爱学习（课本上的专业知识），对考研考证什么的，目的很功利的可以说是完全没心思。可是非常讲究诚信，答应别人的事情一定全力做到，如果没有做好心里也会相当不舒服。对于出现了紧急问题时，我也比较能冷静下来解决它，也许是我自己还没遇到什么

---

① 本文根据《心理访谈与健康成长》课程班 10－11 秋 No. 027 汤佳骅自我成长分析改编。

特别大的事情吧，基本上对自己的能力还是挺满意的，就是对自己的态度不太满意。自己心里面暂时还没有很明确的目标，也没有什么特别高尚的品德，只要能过得“不错”就可以了……

一个对中国古代很感兴趣的男人。我没事喜欢看看古文古诗之类的，尤其是对春秋战国百家争鸣时候的著作特别感兴趣，像《孙子兵法》、《鬼谷子》、《老子》……《孙子兵法》里的避实击虚，老子主张的无为，鬼谷子的合纵连横……总让我有一种似乎是明白但又没明白的感觉。没事在家，也会听听百家讲坛什么的讲讲《三字经》、《三国》、《易经》……偶尔也会看着夜晚的星空作首打油诗什么的。

一个有一身艺术“细菌”的男人。我喜欢唱歌、跳舞、弹吉他。但是歌唱得不怎么好听，舞跳得也不怎么好看，吉他弹得也只是入门水平。闲来没事也会在寝室的阳台上弹个吉他，吹个口琴，唱个歌。但这也仅仅是在不影响别人的情况下才干的事。虽然也有过几次机会在我们学校的舞台上展示过自己，幸好做足了准备工作才没有太坍台，也算试过在舞台上的那种“明星”的感觉了。但总的来说我更喜欢一个人鼓捣我的这身艺术“细菌”，也不用担心出丑啥的，自娱自乐有时候也是蛮享受的。当然有时候也会在特殊的人面前显摆显摆，如老爸老妈、心仪的女生。

一个有担当的男人。托尔斯泰说过：“一个人若没有热情，他将一事无成，而热情的基点正是责任心。”人是社会的人，人必须依赖社会而生活。一个美好的社会是由许许多多有社会责任感的人创造的。作为一个负责任的人，要勇于承担社会所赋予的责任，关心社会，以良好的行为促进社会的发展，同时要培养自己对社会、对祖国、对人民的深厚感情，当社会需要时，要挺身而出，舍生忘死，为国献身，这是对社会负责的高度体现。或许我还没有达到舍生忘死的精神高度，或许我永远都到不了这样的高度。因为我觉得在危机来临之前，所有的假设与口号都是苍白无力的。活着，尽我所能，让我在乎的人不用为我担心，甚至说让在乎我的人为我自豪，那便足够了。

【从浮躁到宁静】①

在我的成长过程中出现过很多大大小小的转折点。我是一个热情开朗，很容易和他人交往，适应能力特别强的人。从高中到大学是重要的转折点之一，那年刚刚高考完，我很放纵自己，觉得终于能够自由地做自己的事了。可慢慢地发觉身边的朋友渐渐离我远去。许多高中时候的朋友，上了大学之后就再也不联系了。我很苦恼，一直认为是别人在改变，因为环境的改变而改变，我依然是我行我素，标榜着自己所谓的个性和放纵。直到毕业半年后的同学聚会上，好多同学依旧是谈笑风生，

① 本文根据《心理访谈与健康成长》课程班 12－13 春 No. 094 杨洁自我成长分析改编。

感情好的如高中上学那会一样。我突然意识到，真正变了的是我自己，显得与他们格格不入。

我开始慢慢回忆，高考后的那个暑假，我挥霍着那仅有的3个月的自由，每天到处玩，花钱如流水，有时候甚至不和父母说一声就出门，晚上很晚才回家。我就是安静不下来，希望有一种刺激和忙碌，能让我释放压抑已久的情绪。我变得不在乎别人的感受，不在意父母的关心，觉得只要我放松了、开心了就好。当朋友需要我帮助的时候，我往往在享受我当下的快乐和刺激，避而不见。我始终没有感觉到，我的朋友们不再是跟我无话不说，我的父母也总是紧锁眉头。这种放纵，渐渐变成了不成熟和自私。整个人显得特别浮躁和脾气大。

在那段时间我很孤独，总是以一些极端的话、极端的方式去吸引别人的注意，往往适得其反。越来越多的人对我变得淡漠，我觉得不能再这样下去了。突然有一盏警示灯亮起，我觉得在渐渐地迷失自我，我不知道我想要什么，不清楚我前进的目标，更是远远地甩开了陪着我一起赶路的人。于是我振作起来，开始慢慢地规划我自己的生活，把那些失去的慢慢补回来。首先，我觉得一个人的改变，应该从自身开始，懂得爱自己才能爱别人。我把头发重新扎起干净的马尾，换一身朴素的衣服，让自己变回最淳朴的样子。

接着，我开始帮父母做一些家务，每天按时打电话问候，让他们感受到女儿的关心，父母是最亲近我的人，让他们感觉到我的变化，从心底感到欣慰。

然后，我渐渐开始与身边的同学增加交流，在平时的学习生活中，给他们一些帮助，虽然很多都是微不足道的，但日积月累，同学们也会感受到。周末一起出去做公益活动，让那种从活动中感受到的感动变成相互感染的纽带。

其实付出了，是真的有回报的，我深切地感受到了这一点。一个人很认真地在改变，努力地让身边的人重新去认识，重新去接受，虽然不是一帆风顺，也有碰壁委屈的时候。但我相信将心比心，人都是在慢慢相处中培养出感情的。最终渐渐被身边的人认可，这种过程很奇妙，自己慢慢地见证了自己成熟起来的过程。

另一个转折点就是在我大学三年级的时候去部队当兵。在部队的日子是对我的另一种升华，我的意志力、忍耐力、价值观都有了很大的变化。从一个地方大学生、娇娇女变成了一名合格的武警军人。这种磨炼虽然不是我主动去接受的，是部队给我的。但它让我受益匪浅。在部队与外界隔绝，我通过给家人、朋友写信的方式来表达我的思念和关心，文字是最有表达力的东西。两年后，我退伍。重新回到校园和家庭，我发觉和朋友家人没有一点陌生感，就好像他们一起参与和经历了我的部队生活一样。朋友说我变得更加有责任心了，无论大忙小忙都会积极地去帮，因此还多了个“管家婆”的绰号。

我从心里感谢我所经历的，正是因为我不断地在改变自己、反思自己，才让我重新获得了我曾经失去的东西。人生是需要勇敢地闯荡的，在这个过程中获得的经历就是成长的资本。我现在的内心平和，是通过不断完善所获得的；我现在的自信也不是与生俱来的。我做到了，成为了一个内心平静、强大的人。

【自我剖析为时已晚?】①

“在哭泣中出生，在杂声中成长，在微笑中仙逝。”

这是非常好的心态，特别欣赏中间的一句“在杂声中成长”。的确，我们成长的环境就是嘈杂的，所以摆正心态，不高估和看低自己，不眼高手低，用好的心情与心态去对待生活。

大学生活里我们要面对很多问题。开学时我们会思考要学什么，快到毕业时我们又有择业的压力，考虑自己以后在何处工作。诸如此类的问题让我们烦恼、让我们忧虑。这时朋友父母的关心会给我们很大的帮助与启发，我们自己也要看清自己，好好做一次自我分析是有必要的，了解自己是个怎样的人，有什么特点或缺点，从而能更好地规划一下自己的未来。因此我所要做的第一步就是自我分析。

1. 生理自我

我长得比较大众化，身体健康，是一个热爱运动的人。我觉得适当的运动可以使身体得到一定的放松休息，而且也可以缓解我平时学习的压力。多运动也让我变得活泼开朗，让人觉得我很有活力，不会觉得我是一个弱者，平时没有精神的感觉。在各种活动中，我的热情也会对周围的人有所带动，也会让大家乐于与我亲近。

2. 心理自我

我是一个独立、自信、乐观的人，但我不是一个会轻易宽容别人的人。这只是我心理自我的一部分，但我觉得这是最具有代表性的一部分。正如前面所提的，我爱运动，我很开朗活泼，待人处事我很自信，觉得没什么事情是解决不了的，虽然在成长的过程中，知道有些事自己是做错了，而且看到的牛人越来越多，感觉心中对自己的肯定慢慢有些动摇，好想找回年轻时的意气风发，但是好汉不提当年勇，必须向前看，活在当下，活在可以重新把握的每一天，我想只有认真生活的人才能够自信。

我不会轻易宽容别人，特别是那种背叛我的人。在外人看来我或许是一个刻薄的人，虽然大家都会觉得何必拿别人的错误折磨自己，人非圣贤孰能无过，但是对于我，如果别人伤害了我，我就不会再轻易相信他。我是个心灵脆弱的人，受过伤害之后就不会轻易忘记。我受到了伤害会愤怒，也会伤心，甚至会吃不下饭，但在外人面前我不会落泪。然而我觉得有的时候我也该为别人设身处地地想一下，既然他会这么做肯定有他的难处，然后收拾起自己的委屈，给对方也给自己一个重新开始的机会。以前不懂，不过现在觉得其实宽容也可以让自己减轻负担。有的时候我

① 本文根据《心理访谈与健康成长》课程班 10 – 11 秋 No. 058 王宇峰自我成长分析改编。

给别人一个小小的微笑，一个小小的拥抱或是一句温暖的问候都可以让别人感受到我的宽容，让别人更愿意和我亲近，为此我也在不懈地奋斗。

有一种美叫知性美。我喜欢张艾嘉，喜欢她莞尔一笑的模样，那是洞悉人生的睿智之笑吧。浅淡，一切了然于心，是书香熏陶出的集理性与感性于一身的美丽，这种女人的存在绝对是对智慧的注解。她们的魅力不用张扬，你只要静静地走进她们的心灵世界，就会领略到。显然我还达不到这一点。知性女子需要时间与经历的积淀。我觉得我们这个年龄段要的是率性，没必要刻意地去追求。慢慢地，随着我们年龄与处事经验的丰富，知性也是会慢慢显露出来的。我正在积累我的智慧，现在的我还需要等待，但终有一天我会在别人的眼中看到我知性的笑容。

我还没有知性美，但是我认真，在我眼中，工作着是美丽的，生活着也是美丽的，面对这无处不在的美丽，我无法不平心静气、一丝不苟。我也许有时会很随和、很活泼，玩的忘乎所以，但是涉及原则时却会寸步不让。回想起那些让我肃然起敬的人，必定都是对工作极其负责的人，这样的人对感情对生活又怎么会含糊？我喜欢所有认真中的人，无论男女。认真中的人，是在思考着的人，我总认为，思考着就不会腐化，就是健康运转的肌体。

3. 社会自我

我和大多数人一样出生在一个普通的家庭，现在通过大学慢慢地踏上社会，在大学里认识了很多好朋友，并且得到了他们不少的帮助，而在家里也总是有父母的呵护。一直以来，总觉得自己是个很负责任的人，自己该做的事情都会去做，其他事情做不好，不是自己的问题，而是其他人不够负责任，导致了整件事情的不顺利。现在想通了，无论什么事情，我都可以负起自己的责任，其实每件事情，我都是负责任的一方，当朋友遇到困难时，我就应该帮助他们解决困难；当家人有困难，我更应该挺身而出，让事情妥善解决；而社会上的问题，我虽然不能直接解决，但可以从自身做起，以个人的改变来影响周围的人，让我的行为去鼓舞、去带动别人，这就是我们应该去做而且能够做好的。对于每个人都不要过多地去责备，我应该为他们设想一下，毕竟每个人的立场是不一样的。

人，在一个自以为稳定的环境里面生活、学习了一段时间后，无论心理还是生理上都会处于一个习惯性的模式，无论遇到什么问题都会困入自己那习惯性的模式里面，这时候就很容易钻牛角尖，把很多简单的问题复杂化。

经过自我分析后突然发现很多问题不是靠老师发现的，而是由我自己去发现并毫无保留地面对的。这样的感触很深，第一次直面自己一直无视的问题原来具有这么大的震撼力，心好像被锤子猛地一下撞击，颤抖，然后平静，再后来就是接受。

一直以来，总觉得自己的反应很快，有点小聪明，以为会使自己获得很大的利益，现在醒悟了，反而是自己的这点小聪明让自己在自以为是的误区里面越陷越深，束缚了其他优点的发展。

虽然会感叹觉得为时已晚，但我能够说出这样的话那就说明还不晚，立刻行动，重新调整自己的方向，相信我会活得很好。

【走出自卑的阴霾】①

在父母和亲戚的眼中我一直是个懂事、听话、不让父母操心的好孩子，在平时父母和别人的谈话中，父母也经常夸奖我，以我为骄傲；在同学眼中，我成绩好、性格好、人缘好、有理想、有追求、有拼劲；在朋友眼中，我乐于助人、爱干净、爱整洁、有理想、学习刻苦努力。但是这些别人的夸奖永远也打不败我自己内心的自卑感，只有我自己知道，在他们心目中优秀的我其实是一个很自卑的人。选读这个学期的心理课，给了我心灵上很大的帮助，快要毕业的我一定不能再带着这种自卑的心理去面对以后的工作和生活了，我必须正视自己目前存在的问题，及时解决它，给自己的未来一片蓝天。

一直以来我都是在外表方面很自卑的一个人，自卑到不敢去理发店理发，因为理发店都是男生，让我觉得很不好意思；自卑到不敢照相，经常看朋友的空间里都有很多自己的照片，但是我却不敢照相，每次朋友说合照，我都默默地跑开，总是担心自己照出来的照片不好看；自卑到路上别人多看我两眼，都会在想别人是不是在说那个女生很丑；自卑到走路一直低着头；自卑到面对男生的追求不敢去答应……

为什么我会有那么强烈的自卑感，我仔细思考了很久，我觉得不仅有外因，也有内因。外因之一是小的时候家里的人都说我丑，尤其是我的小姨老是对着我的脸叹气，说怎么就不和他哥倒过来长呢，看她哥长的，再看她长的。每次去小姨家我都会穿着新买的花裙子，头发也都是刚洗的，收拾得干干净净的，但是一到小姨家，小姨不会说穿这衣服挺漂亮的嘛，反而会说这个头发扎的是什么呀，一点都不好看，就不应该留刘海，留刘海更丑。每次都是很高兴地穿着新衣服去小姨家，但是每次听到的都不是自己内心想要的夸赞而是极度的贬低，这种心理落差让我对自己失去了信心。

外因之二是家庭经济条件的悬殊。小的时候家里的经济条件很差，住的房子都是旧式的老房子，因为在爸爸很小的时候，我的爷爷就去世了，所以我爸爸也没读过什么书，家庭经济条件也不是很好，爸妈结婚后住的地方距离外婆家比较近，所以那时候我们全家去外婆家的次数比较多。外婆一共 3 个孩子，我妈妈、我舅舅还有我小姨，我妈妈是老大，但是我们家的经济条件相对于我舅舅家还有我小姨家差很多，舅舅家住在商业街的楼房里，小姨家住在市区的商品房里，我们家住的还是老式的旧房子。其实我不是一个爱比较的人，但是小孩子的自尊心都还是挺强的。

① 本文根据《心理访谈与健康成长》课程班 13－14 春 No. 063 张思思自我成长分析改编。

小时候，小姨穿旧的衣服都给我妈妈穿，我妈妈从来都不买新衣服，我和哥哥的衣服基本上也都是妈妈做的，还有就是外婆家的一个亲戚穿旧的给我们的，我和哥哥几乎都不买新衣服，但是舅舅家的表哥、小姨家的表弟都是去专卖店买衣服，去学琴、学跳舞，早餐都订牛奶，而我小时候很喜欢弹琴，一直让妈妈给我买琴妈妈都不答应，所以小的时候真的是很羡慕表哥和表弟，这种家庭条件的悬殊，家长之间的比较，一直让我有种不如人的自卑感。

这种自卑感的形成，我自己也有很大的原因。

原因之一就是内心不够强大。在课堂上听到大家关于小时候美丑问题的谈论，像我这样小时候家里亲戚朋友说丑的同学也有很多，但是别的同学也没有像我这样自卑感那么严重，以前的我老是将这些问题埋在心里，当成是自己的秘密，觉得和别人说会很不好意思，现在听听别人说的，觉得自己内心真的是不够强大，对信息没有过滤能力。虽然我小姨说我丑，但是一路上学过来，夸我漂亮的也有很多人，也有很多男生主动追求我，我应该过滤掉那些对我产生消极影响的片段，多想那些积极的片段，如果人一直沉浸在消极里面的话，只会更消极。

原因之二是书读得太少。一直以来我成绩都是很好的，在班级中都是名列前茅。但是我课外书读得真的是很少，尤其是人文类的，一直读的都是学习类的工具书，这样思想不可避免地都拘泥在条条框框里，思想不够开阔，想法自然跳不出怪圈。

为了更积极地对待自己，我也积极进行了很多尝试。

一、列出自己的优缺点进行比较，发现自己的闪光点

在我列出的优缺点中，我发现我的优点还是比较多的，缺点还是比较少的，我不能老是用那么几个小缺点就全面否定自己的优点。

二、和周围的朋友谈心

以前的我一直将自己的自卑埋藏在自己的内心深处，不愿和别人交流这个问题，现在我积极地和周围的朋友讲述自己的这种自卑心理，听听他们的想法，在我说出自己内心问题的时候，同学先是很诧异，你怎么会有这种思想呢，你又不丑，皮肤白，个子高，又不胖，又有那么好的男朋友，我们羡慕都来不及呢，经过和朋友的交流，我发现自己一直担心的问题其实并不存在，我一直都在杞人忧天。

三、和小姨交流

我的这种自卑心理一方面是受小姨的影响，我主动给小姨打电话，跟小姨说我的心理问题，小姨也很诧异，她不知道自己的无心之语给我带来了那么大的影响，她说说我丑那都是自家人贬低的说法，自家人说自家人，都是闹着玩的，并不是真的。那天和小姨聊了一个多小时，让我释然了很多。

四、看心理书籍、人文类书籍

多看书，人的思想会更加开阔。看了毕淑敏老师的书，还有一些心理类的杂志等书籍，让我的思想更开阔了，人生不如意之事十有八九，没有必要老是揪着一个

问题过不去，什么样的想法决定什么样的生活。

经过这些尝试，我真的改变了很多，思想不再那么消极了，也会多去想想那些积极的、正面的、赞美的话，而不是想那些消极的话，走路不再低着头，而是昂头挺胸。虽然有时候那种自卑感还是会袭来，因为这种自卑感是长期形成的，一下也不能得到根本改变，但是我会积极乐观地面对自己存在的问题，不断地改进，相信我会一步步地走得很好，未来会是一片蓝天。感谢这个让我受益终生的心理课堂。

【想做个真实的我】①

我是一个悲观严谨又不失诙谐的人。我喜欢与人幽默地交往，喜欢在别人面前留下潇洒不羁的印象。但是，别人眼里的我和真实的我却大相径庭。

我从小生长在一个争吵不断的家庭里，14 岁时，父母就分居了。我跟着母亲来到上海，学着融入全新的环境，学会与人交往。母亲一个人带着我生活，把我嘱托给了学校的老师，老师既是师父，也是父亲，在学校，我学会了做个简单快乐的人。

后来，我考上了上海最好的高中，身边的人的夸奖让我满足于现状。高中的我自满于创作诗文，被老师和同学赞许有语言天赋。但是，我所在的高中是个人才济济的地方，每个人都是天才，我的成绩一直在中下游。直到后来，我高考不甚理想。我才知道过去的自己是多么自负，多么愚蠢。渐渐地，我不敢再跟校友接触，每天在恐惧中不知所措地活着。

在那之后，我不会主动表现，不会出风头，也再没有人说我是天才。渐渐地，我将自己封闭在自己的空间里。表现给别人无所谓的样子，其实自尊心极强的我，不希望看到别人的非议，甚至说生怕别人提起我的过去，不知不觉中，我变得过度洒脱，不会理会别人的教诲与指责，变得一意孤行。

经过深刻的反省后，我发现了自身心理上的不足。我告诉自己，我还年轻，可以犯错。重要的是，人生之后的路，要一步一个脚印慎重地走。我那时迷上了心理学，反复地看 *LIE TO ME*、《犯罪心理学》等，同时也把微表情相关书籍都找来阅读。我发现了从未有过的充实和自信。掌握一门特长，不管你的年龄有多大，不管你错过些什么，这门特长都会重铸你的灵魂，让你充满活力。

我变得和别人相处时无话不说、侃侃而谈，享受着和别人分享知识的快乐。

后来，我在范老师的课上找到了归属感，尽管已经大四了，但我觉得依旧不晚，在课上我可以和同学们平等地交流意见和看法。我不会害怕别人嘲笑我的过去，因为大家都愿意把自己失败的经历拿出来交流。这些过程，我和每个人一样，学会了真诚地面对自己。以前我一直不敢直视自己的失败，只是不断地找借口，总是告诉别人，我只是考试失利而已。

---

① 本文根据《心理访谈与健康成长》课程班 12－13 秋 No. 001 郭宇超自我成长分析改编。

而当我勇敢地去面对问题时，用科学的方法去总结时，我发现没有失败是凭空产生的，没有错误是随机出现的。美国航天飞船的坠毁，一定是因为技术检查不过关；刘翔的摔倒，一定和背后的利益驱动有关；官员的落马，一定和政治斗争脱不了关系。而我高考的失败，则在于我自身性格的缺陷。

认真总结了我的性格，因为盲目自信，沉迷于别人的赞赏，于是乎忘记了自己的初衷。高中几年，在学习之余，我都沉迷于文学作品，创作诗文，并且因为别人的几句赞许就以为自己很了不起。后来学习慢慢就跟不上了，才导致了我最后的考试失利。

我终于明白，人要懂得时刻自省，而与有智慧的老师或前辈交流，才会明白应该自我反省的地方，同时还会明白：人的一生不只一扇门，要懂得在一扇门关闭的时候去找另一扇门，每一扇门背后都是另一片广阔的天地。

（附：在这门课上，我感到了一个温暖的氛围，我觉得在交流学习知识的过程中，也深深感受到了一种大家在一起的温馨。

上课第一天，我就看到了范老师自信满满的样子，我抱着怀疑的心态，认真地观察老师的一言一行，用微表情的知识去分析她。大多数年轻人都自恃清高，怀疑任何权威、任何长辈，我就属于其中之一。我看到老师的自信，心里表示不屑。

明明视力不好却经常把眼镜抬起来，主动寻求眼神交流，手脚经常作出反重力动作。这些常人一般不会在意的微动作，在我眼里却意义非凡。人的语言可以作假，微表情却会说实话。一般戴眼镜的人，在对别人表示怀疑或敌意的时候，会将眼镜压低；而范老师却作出相反的动作，她在主动寻找与学生的交流，发自内心地想让同学们加入讨论。

反重力动作是我在一本FBI写的书里看到的，人在意志消沉的时候，会四肢下垂，有时候甚至脸上的肌肉皮肤也会下垂，它们都任由力的作用自然下垂，这是一个人内心失落、消极的表现；而反重力行为则表示人的心理状态异常开心，是积极心态的表现。范老师每节课都会作出反重力行为，代表着她正将热情和积极的心态带给同学们。

我逐渐地改变了自己的看法，不由得觉得这是一位值得尊敬的老师，真正将所学的开心乐观的心理言传身教给同学。我觉得获益匪浅。）

【重拾自我】①

在这个学期选修的大学生心理访谈课程上，我无数次思考自己的人生，我发现自己从未认真思考过这个问题。即使曾经因为自己的生活没有了意义而反省过，但是总是得过且过的性格让我的生活变得浑浑噩噩，失去了目标。不管对于别人而言

① 本文根据《心理访谈与健康成长》课程班11－12春No. 123田怡然自我成长分析改编。

怎样，选择这门课对我的意义相信比其他学生更加重要。之所以标题是重拾自我，是因为我曾经弄丢了自己，迷失了自我。

我的生活一直处于灰色地带，外表看上去很开朗，好像很风趣，但是了解我的人都知道，我对于人生的意义很迷茫，因为我一直认为我的人生最重要的意义已经失去了。

升高三的时候爸爸去世，我的生活中、我的眼里只有妈妈，只要可以，我一定会陪着她，只要她快乐，我都愿意听她的。家里一直没有办法平静下来，那个时候我就下定决心要好好保护妈妈。可是就在我还没有让妈妈过上幸福生活的时候，她就突然离开了。我一直觉得这不是真的，甚至到现在我都会认为这不是真的。从那个时候开始，我不知道应该怎样去生活，我只知道我没有活着的意义了。我失去了一切动力，我努力的目标，我的信心满满全都不见了。我每天都觉得活下去是种折磨，但也没有死的勇气。我只好浑浑噩噩地苟且偷生。我就借着考专升本，继续上学，不想改变也不想面对目前的生活状态。

直到走入心理访谈课堂，每次上课，站在我们学生面前的是一个充满自信，充满笑容的人。每次看到这个人就会被感染到，觉得人生可以这么灿烂、这么成功。我听了很多关于她的故事，或者关于她的朋友、她的学生。她让我觉得，人的一生有好多事情需要去做，要让自己忙碌一点，要让自己活得有价值。对于“活得有价值”老师举了很多例子，如杨澜，如老师自己。老师的这些例子让我相信，没有什么是不可能的，只要坚持，只要有理想，我们都应该去奋斗，让自己发光发亮。

我开始根据老师说的，对自己的生活进行规划，原来还有好多自己想做的事情，我需要让自己的生活更丰富、更有价值。我不善于交际，与陌生人相处不来，又不善言词。我想要从现在开始培养自己的能力，我找了几份兼职，不仅可以让自己的生活更舒服一些，也可以锻炼自己。我尝试发传单，尝试做客服，尝试与人交流。发传单的时候要留下客户的手机号和姓名，于是我努力达到目标，之前害怕与人交流的我，现在发现在与他人交流的过程中有很多乐趣。做客服的时候，你往往不知道电话那头的人是什么脾气性格，现在的他正在做什么，或者心情怎样，我努力坚持用微笑着的语气和电话的那头交流，培训人员说得很对，语言是有表情的。在这些尝试下，我的生活更加丰富，甚至连我觉得最困难的与人交流也有了很大进步，即使偶尔还是会胆怯。我也计划用赚来的钱去旅行，让自己见识得多一些。这对一个人来说很重要。我也开始为以后的自己打算，虽然现在还没有完全把自己定位下来，但是我已经有了自己的想法，我会从打工开始，然后找到一份稳定的工作，一直到自己有能力开自己的小店。这是我的梦想，一家 cafe，我不知道梦想能不能达成，但是我必须为了它而努力，即使我知道这是一个遥远的梦想。现在我正在为梦想而努力，正在锻炼自己、磨炼自己。我希望以后可以看见不同客人的笑容，不同自信或者暂时并不自信的人们，在我的 cafe 里做着想做的事情，享受美好时光。人生不过如此。

“人的一生可能燃烧也可能腐朽，我不能腐朽，我愿意燃烧起来！”——奥斯特洛夫斯基。现在的我愿意燃烧起来，不再腐朽。也许我还没有足够的自信，但是我相信将来的我一定会自信满满，无论生活好坏，我想做一个自己喜欢的人，我想做一个充满自信并且快乐的人。

就在前两天，我看见范老师在操场上与学生边走边聊，我想她的一席话也许又能改变一个人的一生，看见她充满自信的神态和身影，让我相信生活可以通过努力变得美好丰富。

专题3　告别依赖　发展自我

成长引导

引导主题：告别依赖　发展自我

引导内容：人格依赖的表现及成因、独立人格的培养及训练

引导环节：

- 案例导入：特别狠心特别的爱
- 理论概要：知识点解析
- 自我探索：怎样变成独立的我
- 心声分享：走向独立

引导目的：了解人格依赖的常见表现；领会人格独立的意义及养成方法。

案例导入：特别狠心特别的爱

【案情概要】《心理访谈·特别狠心特别的爱》

沙拉生长在上海，她的父亲是“二战”时逃亡到上海避难的犹太人。

1992年，沙拉结束了一段不愉快的婚姻，带着三个孩子开始新的生活。

作为“二战”犹太遗孤，沙拉每个月都能收到1680港元的生活补助。在20世纪90年代初的上海，用这笔钱，沙拉和三个孩子足以过上衣食无忧的安逸生活。但是为了给孩子们创造一个相对艰苦的生活环境，沙拉在1992年孤身一人来到了以色列的一座边境小城。一年后，已经站稳脚跟的沙拉，把三个孩子接到了身边。

躲避开炮弹的轰炸，只是沙拉和孩子们习惯以色列生活的第一步。

那时，正是巴以冲突最为剧烈的一段时间，以色列境内笼罩在战争的硝烟之中。

孩子们从大都市一下子到了边境小城，炸弹就啪啪啪地掉下来，孩子们都躲进防空洞，上面是炸弹啪啪啪地在扔，沙拉一直是笑嘻嘻的。

一次，沙拉和孩子们在房间里亲眼目睹了黎巴嫩边境以色列飞机相撞，70多位以色列的精英突击队员被炸死的场景，那黑烟，那红光，母亲不恐惧不焦虑，孩子们很坦然。

维持一家四口的开销，则是沙拉和孩子们天天要面对的现实问题。

沙拉几乎尝试过所有能找到的工作。而最让她得心应手的还是她从上海带来的一门手艺——炸春卷。每天孩子们去上学，沙拉就在家里做春卷，然后联系顾客把春卷卖出去。一个春卷只有一块钱左右的盈利，虽然每天做得十分辛苦，但沙拉并没有让三个孩子插手。直到有一天，邻居的一句话让沙拉的想法有了很大的转变。

住在下面的那个邻居，她的丈夫是一名长途汽车司机，她母亲在家辛勤劳动，他们的孩子一到十四五岁的时候，就会自己主动地去找活。她说你的孩子怎么不帮你呀。你叫他们晚上也到那个酒吧去卖春卷，那边喝酒的人，会吃点春卷，你最起码能够赚到一点钱。沙拉就跟儿子们说："儿子们今天晚上去酒吧。"同时告诉孩子们，带一个小本，把白天老师教过的，没有学懂的，晚上在旁边问那些喝酒的老头，你尊重他，他挺乐意教你。结果，孩子们自从问别人以后，他们的进步很快。春卷也卖得非常好，两个儿子帮沙拉卖春卷的时候，还只是十二三岁的小男孩。

十二三岁，正是很多家长疼也疼不过来的年纪。很多人无法想象，沙拉会让两个孩子穿大街走小巷地去卖春卷挣钱。这么小就挑起生活的重担，对孩子们会不会是一种伤害。会不会觉得妈妈挺狠心的。

时隔十多年，他们又会如何看待自己的这段童年经历。

沙拉的二儿子杰瑞说，因为我看到整个家庭的情况，然后一个客观的环境（就是家里将没有钱花了）告诉我，这是必须做的事情。你必须去劳动，以你的双手去换来自己家里日常的开销，就很自觉地出去了，第一次我去一家商店，一家卖儿童用品的商店，我去商店推销，然后人家不太愿意买，因为他目前不需要，这是比较尴尬的，我想办法说服他怎么样去买。我是等他闲下来之后，他不愿意买我说你什么时候有需要，或者你周末有朋友有活动的话我可以帮你送，你可以订，你现在不买没有关系，但是给我一个机会，你有需要的时候我可以给你提供。最终春卷卖出去了。后来这个卖儿童用品的老板一直跟我买春卷，到后来我才知道，他其实并不喜欢吃，他是送给别人吃的。我很感激他，他是为了帮助我。

沙拉说，那也是杰瑞的魅力。就是不气馁，非常文静，然后等客人都走了，告诉别人，这也是我以前教他的，你不要担心，我今天做的就是让别人尝尝，你觉得好吃你就给我钱，你觉得不好吃就不给钱。不要图眼前利益，可以建立一个很好的人脉关系。

在大半年的时间里，做春卷、卖春卷是杰瑞和哥哥最为重要的生活内容之一。仅仅靠卖春卷，一家人一个月就能有两三千元的收入。虽然孩子们卖的春卷只是一两块钱的小玩意，但是妈妈沙拉却发现，两个性格很不相同的孩子在卖春卷的过程中都有了极大的变化。

杰瑞说，现在想起来非常有意义。我觉得那个时候让我完全体会到了生活的压力。

【评析要点】为了孩子，沙拉选择到动荡的异国他乡吃苦。为了孩子，她一次次地让他们体会生活的艰辛与磨难。作为母亲，她是否太过狠心？十年海外生活，究竟会给孩子带来什么样的心灵历练?

理论概要：知识点解析

3.1 依赖是什么

3.1.1 依赖的含义及表现

什么是依赖?

《现代汉语词典》的解释是“依靠别的人或事物而不能自立自给”。

心理学认为，依赖是指一种特定的需求状态。个体处于自己无法选择的关系之中，需要依靠别的人或事物来帮助自己作出选择。

依赖心理的主要特征是在自立、自信、自主方面发展不成熟，过分地依赖他人，经常需要他人的帮助和指导，遇事往往犹豫不决，缺乏自信，很难单独实施自己的计划或做自己的事，总是依赖他人为自己作出决策或指出方向。

一旦所需要的人不如己意，就会有被抛弃感，茫然不知所措，精神极为痛苦，甚至崩溃。依赖别人如父母、师长、领导、朋友等的人，会把别人看的比自己重要，期待着别人的安抚与赞许，会自觉不自觉地迎合别人的意愿说话、做事，以取悦对方，而将自己置于依附的地位，这样就丧失了自我，事后会感到怨恨，心中不平，而不如此又感到内疚和不安。

儿童期的依赖心理的常见表现为：害羞、缠人、恐惧、不合群、重复行为。

大学生的依赖心理的表现集中在以下几个方面：不会独立生活（洗衣、处理日常事务、花钱）、不会自主学习（选择、复习、挂课）、不会与人相处（室友、同学、老师、其他）、不能自主决策（处事、择业、择友）。

3.1.2 依赖型人格及特征

依赖型人格，是指缺乏独立意识的人格。自主精神比较弱，独立意识比较缺少。表现为依恋他人，敏感多思，控制情绪的能力较差，偏向于感性，不太注意自己参与决策的能力，社会参与程度较低，有一定程度的选择障碍。

依赖型人格对亲近与归属有过分的渴求，这种渴求是强迫的、盲目的、非理性的，与真实的感情无关。依赖型人格的人宁愿放弃自己的个人趣味、人生观，只要他能找到一座靠山，时刻得到别人对他的温情就心满意足了。依赖型人格的这种处世方式使得他越来越懒惰、脆弱，缺乏自主性和创造性。由于处处委曲求全，依赖型人格障碍患者会产生越来越多的压抑感，这种压抑感阻止着他为自己干点什么或有什么个人爱好。

心理学家霍妮在分析依赖型人格时，指出这种类型的人具有以下几个特点：

（1）深感自己软弱无助，有一种“我知砂小可怜”的感觉。当要自己拿主意时，便感到一筹莫展，像一只迷失了港湾的小船，又像失去了教母的灰姑娘。

（2）理所当然地认为别人比自己优秀，比自己有吸引力，比自己能干。

（3）无意识地倾向于以别人的看法来评价自己。

依赖型人格的判断，美国《精神障碍的诊断与统计手册》中将依赖型人格的特征定义为：

（1）在没有从他人处得到大量的建议和保证之前，对日常事物不能作出决策。

（2）无助感，让别人为自己做大多数的重要决定，如在何处生活，该选择什么职业等。

（3）被遗弃感。明知他人错了，也随声附和，因为害怕被别人遗弃。

（4）无独立性，很难单独展开计划或做事。

（5）过度容忍，为讨好他人甘愿做低下的或自己不愿做的事。

（6）独处时有不适和无助感，或竭尽全力以逃避孤独。

（7）当亲密的关系中止时感到无助或崩溃。

（8）经常被遭人遗弃的念头所折磨。

（9）很容易因未得到赞许或遭到批评而受到伤害。

只要满足上述特征中的五项，即可诊断为依赖型人格。

3.2　依赖形成的原因

依赖心理的形成是一个长期的过程，是多种因素相互作用的结果。父母过度保护控制、自我独立意识缺失、“心理断乳”没有完成被认为是主要原因。

3.2.1　父母过度保护控制

依赖心理源于人类发展的早期。幼年时期儿童离开父母就不能生存，在儿童印象中保护他、养育他、满足他一切需要的父母是万能的，他必须依赖他们，总怕失去了这个保护神。这时如果父母过分溺爱，鼓励子女依赖父母，不让他们有长大和自立的机会，剥夺他们独立成长的空间，久而久之，在子女的心目中就会逐渐产生对父母或权威的依赖心理，以致成年以后依然不能自主。缺乏自信心，总是依靠他人来做决定，终身不能担负起选择采纳各项任务、工作的责任，形成依赖型人格。

3.2.2　自我独立意识缺失

从小受到父母的过度溺爱和娇纵惯养，自己生活的一切均由父母包揽，生活中从没有为自己的事情考虑过，全部听从父母的摆布，使得自己不懂生活的艰难，养成了做事靠父母的依赖心理，对自己独立生活和处事能力缺乏自信，甚至陷入深深的自卑之中。认为自己不如他人，如知识贫乏、能力不强、笨嘴拙舌，因此在日常交往中，不自觉地把自己放在配角的位置，心甘情愿地受他人的支配。

3.2.3　“心理断乳”没有完成

心理断乳期，是指青春期到青年初期这一年龄阶段，是孩子从幼稚走向成熟的转折时期，是指青少年由于他们身心的发展逐渐试图摆脱成人的监督，成为自己考虑判断和解决问题的独立的人的过程。

儿童一般在1岁左右首先实现了他们在生理上的断乳。随着儿童的成长，他们的自我意识也开始萌芽发展，到青少年时期形成了“成人感”、“独立感”。在心理上想摆脱对父母的依赖，要以独立的人格出现。但常呈现出难以应付的危机感，又希望在精神上得到父母的支持和保护（依赖）。自我意识与心理能力不平衡。

这一时期的具体表现有：不愿与父母同行外出，许多事情不愿与父母商量，常常为小事与家长顶撞争执，不再依赖父母来维持自己的安定感，开始寻求伙伴朋友关系，扩大社会交往等。这些都是正常的心理特征，它是以自我意识为中心的个体化心理发展的标志，有助于青少年自我意识、独立人格的发展和完善，以更好地适应人际关系和社会生活。

“心理断乳”不是突变的过程，而是青少年与父母的关系从依赖到独立的较长变化过程。由于这一时期青少年心理的复杂性和矛盾性，很容易出现问题。

在这个时期，如若父母能给予理解、尊重、支持、空间和积极的引导，孩子就能逐步学习独立成长，顺利完成“心理断乳”，养成自立自给的独立人格，顺利适应社会；反之“心理断乳”不能顺利完成，就可能会固结在依赖与独立的矛盾冲突与纠结之中，甚至退缩到完全依赖的状态，独立人格难以养成，甚至形成“依赖型人格障碍”。

3.3 告别依赖的策略

依赖心理是一种消极的心理状态，影响个人独立人格的完善，制约着人的自主性、积极性和创造力。

“从精神上脱离家庭或成人而自立”是青年期十大发展课题之二①。

克服依赖心理的策略，有父母家庭的责任，更有孩子的自我成长。

3.3.1 父母家庭的责任

父母家庭的责任是不要过度保护和控制孩子，从小帮助孩子克服依赖心理并鼓励孩子独立成长。

1. 激发独立成长意识

1岁的孩子就有了独立意识的萌芽，他们什么都要来一个“我自己”，自己拿小勺吃饭，自己搬小凳子。随着年龄的增长，他们不仅要独立地穿脱衣服、洗脸洗手，而且还要自己洗手绢、洗袜子，自己修理或者制作一些玩具，甚至还想自己上街买东西，自己洗碗。对于孩子正在增长的独立意识，家长一定要予以重视，并支持鼓励他们：“你只要好好学，一定能做好！”千万不能泼冷水：“你还小，干不了！”

2. 鼓励尝试错误的勇气

当孩子自己动手尝试解决问题出现差错或结果不尽如人意的时候，不要当众指

① 参阅本书1.3.2.2青年期的发展课题。

责孩子“笨”、“干不好”，而要找出合乎实际的理由去表扬或鼓励孩子，让他们在强化的过程中得到独立尝试的奖赏，从而会增加孩子独立行为的意识和尝试。

3. 避免过度保护孩子

为了培养孩子的独立性，必须解放孩子的手脚，放手让他们去做那些应该做而且是力所能及的事情，即使孩子做得不好、处理得不圆满也没关系。而不要总怕孩子做不好，习惯于包办代替，习惯于指手画脚，总以担忧的目光注视和提醒孩子，或者干脆替孩子扫除障碍、铺平道路。这种态度和做法有意无意地束缚了孩子的手脚，阻碍了他们独立性的发展。

4. 引导孩子自己决策

自己决策是独立决策发展的一个非常重要的方面，我们要从小培养孩子自己决策的能力。孩子的事应该由孩子自己去思考，自己去决定。玩具放在什么地方？游戏应该怎样布置？和谁玩？玩什么？这些孩子的事，家长不要做决定，要让孩子自己去动脑筋，想办法，作出决策。家长可以帮助孩子分析，引导孩子判断，但不要干涉，更不要包办、代孩子决策。

5. 传授独立做事的技能

孩子不仅要有独立意识，而且还要有相应的知识和技能，即不仅愿意自己做事，而且还会自己做事。例如，怎样择菜、洗菜，怎样扫地、擦桌子，这些教育是在日常生活中自然而然进行的。独立性还表现在孩子学习、交往等各个方面。家长要教孩子自己完成游戏和学习任务，自己去和同伴交往，当孩子和同伴发生纠纷时，还要教他们用各种有效的方式自行解决矛盾。

3.3.2　自我成长的策略

要克服自己的依赖心理，养成独立的人格，并非朝夕之事，更需要科学的策略和方法。

独立人格养成与训练可采用“调整认知三步曲、行为训练四任务”的方法。

独立人格养成与训练：调整认知三步曲、行为训练四任务

调整认知三步曲：

1. 认识认知对行为及人格发展的影响
2. 识别影响独立人格养成的认知（意识与经验）
3. 重建激励自我积极行为的认知方式

行为训练四任务：

1. 建立自我成长的信念
2. 养成自我内省的习惯
3. 构建自我成长的行为模式
4. 培养自我成长的意识和能力

1. 调整认知三步曲

第一步，认识认知对行为及人格发展的影响。

认知，是人们看待事物的方式。它包括一个人的思想观点、阐释事物的思维模式、评价是非的标准、对人对事的基本信念等。

认知影响人们的行为，有一个表达其基本思想工作的公式：S－C－R。

S（Stimulus）代表刺激，指整个外部世界中可以引起刺激的成分，包括外部事件、情境、他人、人际关系以及自己的行为表现等；C（Consciousness）指意识、经验因素；R（Response）代表反应。

它认为刺激与反应之间不是简单的S－R关系，而是通过意识、经验因素作为中介。不同的意识与经验会带来不同的反应。

如果你认为自己能独立选择、独立处事，你就可能充满自信，敢于独自尝试错误，能够获得学习独立成长的体验；如果你认为自己不能独立选择、不能独立处事，你就可能满怀自卑，得不到他人帮助就畏手畏足、唯唯诺诺，错失独立成长的良机。

总之，要认识到，你认为自己独立，你就可能独立；你认为自己依赖，你就可能依赖。

第二步，识别影响独立人格养成的认知（意识与经验）。

有依赖心理的人通常都带有一种惯性认知，即认为自己不能独立选择，必须依靠信得过的人来帮助决策；自己没有能力独立处事，可能会把事情弄糟。

而在这些惯性认知背后，一定有许多潜台词。例如，“你真笨，什么也不会做”、“瞧你笨手笨脚的，让我来帮你做”、“我不行，什么也不会做”、“我不行，你来帮帮我吧”。

这些潜台词，或许来自过往的很多生活情景，或许源于一些创伤事件，是自己在不知不觉中接受了他人的语言和行为的影响所形成的“认同”而产生的消极暗示。但都需要把它们清理出来，因为它是影响自己独立人格养成的认知（意识与经验）。

第三步，重建激励自我积极行为的认知方式。

重建激励自我积极行为的认知方式，指的是针对那些清理出来的影响自己独立人格养成的认知（意识与经验），将它进行认知重新构建，变自卑、消极、退缩的自我暗示为自信、积极、进取的自我暗示。例如，“让我试一试，也许我行”、“第一次没做好，下次就有经验了”、“如果不试，永远就不行了”等。

这种积极的心理暗示会产生积极的成长效应——罗森塔尔效应（美国心理学家罗森塔尔和他的助手做了一个实验，他们来到一所学校，“认真”测定了某些孩子有远大前途。谁知几个月后，被随意指定为有前途的孩子精神焕发。学习成绩明显进步，原因何在？原来是心理学家运用自己的权威有意暗示了老师，老师流露出的兴奋和积极性又不知不觉地暗示了孩子及其父母，孩子的心里接受了来自心理学家、老师和父母的赞美、肯定和期待，他的上进心、理想和信心像注入了“激素”一样，情绪饱满，愉快活泼，积极勤奋，这就是“罗森塔尔效应”，即信任和期待的效应，积极暗示的效应）。

2. 行为训练四任务

任务之一，建立自我成长的信念。

信念，是个体对事物确信的看法。换句话说，就是你相信的是非曲直的道理。

信念是意志行为的基础，是个体动机目标与其整体长远目标的相互统一，没有信念人们就不会有意志，更不会有积极主动性的行为。信念是一种心理动能，其行为上的作用在于通过士气激发人们潜在的精力、体力、智力和其他各种能力，以实现与基本需求、欲望和信仰相应的行为志向。

如果你有成长必须有压力的信念，面对压力时，你就能不气馁，顽强应对，激发你的潜能；如果你有成长必须经历痛苦的信念，面对痛苦磨难，你就能不被悲伤压垮，磨炼你的意志；如果你有成长必须付出代价的信念，遇事你就能敢于尝试错误，不惧失败，积累经验。

任务之二，养成自我内省的习惯。

自我内省，也即自我观察，是指个人凭着非感官的知觉审视其自身的某些状态和活动以认识自己。通过内省来认识自己的内心世界。通过内省，能使个人清楚地了解自己的观念，让个人可以用一面“镜子”照出自己对世界的看法。

当你面对“家里将要没钱了怎么办”的拷问时，就可能激发你的责任感；当你面对“父母不能再帮助我怎么办”的拷问时，就可能起到鞭策你自立的效能；当你面对“我的人生到底要什么”的拷问时，就可能激励你认真思考自己的人生目标；当你面对“三年后我该成什么样”的拷问时，就可能启发你需要描绘你的人生阶段目标；当你面对“现在应该怎样做”的拷问时，就可能催促你需要拟定行动策略……

任务之三，构建自我成长的行为模式。

行为模式，是行为的基本框架或标准。有利于自我成长的行为模式是积极的行为模式。

积极的行为模式是一个有自主思考、自主行动，也有智囊参谋、系统支持的行为模式。

遇事有“让我来想一想”的意识，就会在第一时间启动自己的能动性，调动自己内存的所有相关资源来支持自己的自主思考；

遇事有“让我来试一试”的意念，就会在第一时间开启自己的行动力，激发自己身心的正能量来支撑自己的独立尝试行为；

遇事有“听听别人的意见”的想法，就会让自己有集思广益，借鉴经验，站在巨人的肩膀上前行的机会，让自己的行动少走很多弯路；

遇事有“必要时再找人帮助”的意识，就会让自己能借助社会支持系统的力量，不陷入孤军作战的无助心境。

任务之四，培养自我成长的意识和能力。

意识是人脑对大脑内外表象的觉察。意识是一种生命的能量，是顺利完成某一活动所必需的主观条件。能力是直接影响活动效率，并使活动顺利完成的个性心理特征。

培养自我成长的意识和能力可从以下几个方面入手：养成自我承担的意识，对自己的行为负责，对自己的未来负责；培养有效思考的习惯、前瞻性思考能力、整合性思考能力；培养“尝试错误”的勇气，敢于尝试，并坦然面对各种结果；培养自我控制及发展的意志，自我控制，培养自主决策、学习、行为能力；培养寻求社会支持的能力，借助成功经验、站在巨人的肩膀上前行。

自我探索：怎样变成独立的我

请根据所列命题，进行自我心理探索。

自我探索：怎样变成独立的我

意义：告别依赖、发展自我

要求：1. 分析“我的依赖表现”种种；

2. 探索告别依赖、走向独立的成长策略。

心声分享：走向独立

【我的自立旅程】[①]

这件事情还要从小学说起。作为独生子女，几乎是衣来伸手、饭来张口。小学语文老师也常常让大家写类似自己的一天的那种作文，听别的同学写到自己早上起床爸妈给穿好衣服、爸妈给挤好牙膏、爸妈把早饭送到嘴边然后去上学这样的作文，发现自己特别牛：我会穿衣服，自己挤牙膏，自己吃早饭，吃完饭把所有的碗都洗了（5 毛钱一顿，父母的奖励机制，大概从小学四年级起），平时放学后还可以用自己的小金库存的钱买零食吃。当时觉得自己也算是小大人一个了，可以有自己的想法，一个人也可以做很多事情。

我们那时候的小学是国企自己的职工子弟学校，厂区里有小学、初中和高中，所以算是直升一体式的学校，于是我们小学五年级就安排了军训，将来初中不安排

① 本文根据《心理访谈与健康成长》课程班 13 – 14 春 No. 054 万昳自我成长分析改编。

军训，然后高中之前的几周会有第二次军训。我上五年级的时候，我现在都记得特别清楚，是第十周提前期末考试，第十一周安排所有五年级学生军训一整周。以前，那些师兄师姐们军训回来，会有一个专门的节目表演他们在军训中所学到的东西，像列队、叠被子、打包被子，扑倒之类的，当看到人气颇高的几名师姐在台上帅气地打包被子，我还会在自己班级的方阵里拉着小伙伴们默默地为她们加油，一定要打包得最快啊。但是，当我五年级拎着一条被子、一袋衣服和两个脸盆站在操场上集合时，远远地看着爸妈站在校门口，一想到自己要那么快扑倒，那么快叠被子，那么快打包被子，那么快做任何事情的时候，眼泪差点就要涌出眼眶。早上 7 点，11 月中旬的四川特别凉，同学们都站在操场上听着校长临行前的叮嘱："不能带钱，不能带零食，注意安全，不能出训练基地玩耍。"这些早在前一周的通知单上就明确列出来了。可是在起床妈妈给我收拾衣服时，她还是用德芙巧克力的盒子装了一些零食，还有我最爱的葡萄榛子味的巧克力，还给了我十块钱，她说："虽然妈妈知道这些都不能带，钱你能不用就不用，零食悄悄吃吧。"我当时特别惊讶我妈妈会给我这一小盒东西，因为那会父母唱红白脸，妈妈什么都不给买，只能找爸爸，更别提零花钱了。妈妈当时的眼神中透露出那种依依不舍，想说什么但是又没说。所以这一小盒东西，就变成了我军训中的一个小秘密（我和一个我的死党一起吃光了）。校长讲话完毕，我们就被两辆大巴车载走了，载去一个好远的叫作德育基地的地方，专门用来给学生军训的。军训什么都还好，只是第二天起床之后只有 15 分钟洗漱时间，我发现我根本不会梳头、不会扎小辫，我提前十分钟起来，鼓捣了好半天，完全不能扎出妈妈给我扎的样子，最后看同学们都拿着杯子、毛巾出去刷牙洗脸了，我慌慌张张扎了一个歪七扭八、松松垮垮的马尾辫就急急忙忙去刷牙洗脸。于是集合列队我迟到了，被严厉的军人教官罚跑了 20 圈，以致我后面的每一天都胡乱扎着小辫子去军训了。军训吃饭也只有 15 分钟，错过了就不能吃饭，有一天拿着饭盒去舀汤的时候，前面一个同学将滚烫的汤泼了我一身，可是我只有一身换洗衣服，而且我不会洗衣服，并且只有 15 分钟时间吃饭，于是连续两天我都穿着这一套被番茄蛋花汤泼过的衣服军训、吃饭。由于叠被子叠不好还被罚跑了好几次。有一天晚上紧急集合，要所有学生 5 分钟内穿好衣服，抱着被子到楼下集合跑步（我觉得抱着被子跑步这一点特别奇葩，于是变成我们向学弟学妹编造各种传闻的其中一个引申点），我旁边床的女生突然狂流鼻血，被子上、衣服上全是血，我拿卫生纸给她塞上结果一会就给浸湿了完全止不住，当时我慌得不行，好想叫爸爸妈妈可是没有，于是让别的同学去外面叫老师，最终她免去了这一次紧急集合，然后我们众多学生在或朦胧或清醒中抱着被子在操场上跑啊跑啊……艰苦的军训结束后，虽然对教官的严厉心存各种不满，但离开的时候还是哭成了泪人。大巴送我们回到家里，我高高兴兴地拎着被子，抱着衣服，还拿着一个盆，梳着歪七扭八的马尾辫，带去的袋子什么的好像都不见了，还没走到家门口，我家的狗就在狂吠了，一种幸福的感觉涌了上来，我终于回家了！敲开门我爸的第一句话就是："怎么像打了败仗回来了。"妈妈看见我，眼泪刷刷地流下来了，我照照镜子，头发乱七八糟，脸黑不溜秋，衣服也皱皱巴巴没理好。但是过去的这一段没有父母照顾的军训时光，我觉得自己好像知道了应该做什么。

后来到了高中，是个全封闭的住宿学校，除了礼拜天能回家，其余六天都在学校上学。第一天晚上，我辗转难眠，宿舍新刷的墙的味道，其他室友的呼噜声，蚊子的嗡嗡声和莫名的潮湿感，而且墙上的风扇还吹不到我。夏天真的好热好热，我都不知道我是怎么睡着的。第二天起来我发现我还是不会梳头发，依然扎了个歪七扭八的马尾辫，而且八个人一间宿舍，一间宿舍一个厕所，早上争得不可开交，食堂的饭菜各种难吃，高中排的课，上午五节、下午四节、晚上三节，一天十二节课，早上7：20上课，晚上10：30下课，还要做作业，第一周我完全处于崩溃的边缘。礼拜六晚上回到家我就开始哭，压力特别大，还没人照顾。我想了很多，毕竟高考是自己的事情，学习也是自己的事情，当下只能在这样的环境里，而且好多人都和我一样，第一次离开家离开父母的照顾，而且自己已经15岁也不是很小了，难道还要爸爸妈妈天天帮你穿衣服、帮你挤牙膏吗？哭了一晚上，礼拜天我就起了个大早，去理发店把头发剪了，特别短，用推子推的那种，回来就把作业都做完，下午收拾好东西去学校了，礼拜天晚上还有晚自习（现在想想课真的好满啊，没人性啊）。后来我不用扎头发，头发短洗头发特别方便，而且干得很快，不用吹风机吹。自己洗衣服，在食堂找了几个有好吃的菜的窗口，就排那几个窗口，要是觉得压力大我下了晚自习就去操场跑几圈，不然就是和小伙伴去打乒乓球，原本只是乒乓球发球只能弹在球桌上再打过去的水平，后来也会削球带旋的了，哈哈！所以后来到了上政，我也不会因为离家远而不能照顾自己，也不会像很多大学生一样，衣服堆到学期末打包带回家，我想都是从那会积累起来的，逐渐脱离了对父母的依赖，渐渐自立起来。

【告别依赖，重塑自我】①

我一直是一个很依赖家人、朋友的人。有什么困难自己也不想面对，总会跑到亲人、朋友那里去倾诉。爸爸妈妈、朋友们对我很好，总是力所能及地帮助我渡过难关。就连生活中的小事，缝袜子、整理卷子什么的我也常常不愿意自己去做，让爸爸妈妈、朋友们帮我弄。

到了大学以后，突然觉得自己好像突然缺少了好多帮助。每个人都是独立的个体，没人有义务帮我完成什么。什么都只有靠自己。一开始真的很迷茫，为什么自己要来这么远的地方读书，甚至觉得自己像被抛弃的孩子一样。

---

① 本文根据《心理访谈与健康成长》课程班10－11春No.047陈安妮自我成长分析改编。

上了《心理访谈与健康成长》这门课，课程很生动，老师和学生的互动很多，让我积极地参与其中，慢慢开始体会老师教授的内容。于是我开始学会和爸爸妈妈沟通，让他们告诉我他们的成长历程，我该怎么做？该怎么认识自我？让朋友告诉我，他们这半年多的进步。自己也开始认识自我，发现自己还是个不能离开父母的小孩，什么都不懂，自理能力差，面对五湖四海的同学也让我不知所措，甚至交不到什么朋友。学习也像没有了弹性的皮球一样整个软塌了下来。每天都在做着各种各样的思想斗争。自己既然能认识到自己的不足，为什么不能想想办法让自己去跨越它们？既然这些问题让自己每天都过得不开心，为什么我还要继续下去？发发狠心努力地改变自己，试着每天努力地学习，试着微笑面对每一个人，试着尝试自己以为做不到的事情会不会有所改变呢？既然原来的方式让自己不开心，那就换种方式试试。

1. 我改掉了爱睡懒觉的毛病，几乎每天在8点前就会起床，锻炼锻炼身体，学习学习。收拾自己的书桌，打扫一下卫生什么的。晚上会抽空上网和朋友家人聊聊天。和同学相约去吃饭、散步。这样过完的每一天都感觉很充实，每晚睡觉都觉得自己不愧于这一天。很安心，很快乐。

2. 和爸爸妈妈打电话的时候不再抱怨学校怎么不好，同学怎么合不来。而是每一天都给他们讲讲今天遇到的开心事，讲讲今天自己是怎么过的。什么事情都有两面，为什么不把轻松快乐的展现出来，除了让爸妈安心，也是给自己极好的心理暗示啊。

3. 遇到困难或者没做过的事情会选择多次尝试，才发现原来能攻破一件自己长期不能完成的事情是多么快乐。

4. 面对室友、同学面带微笑，人和人之间都是一面镜子，你的微笑让别人感到开心，别人自然也会对你微笑，那自己不也就开心了吗？

5. 给自己制定了短期以及长期的目标，并踏实地完成它们。这是我从不曾做到的事情。

6. 不要只会享受生活而不去吃苦，原来可能只会一味地去追求名牌衣服，经常向爸妈要求去旅游，却忽略了原来自己的爸妈其实并不富有，甚至还没我过得好。这学期也开始去找各种各样的兼职，锻炼自己。衣服只要干净好看，旅游用自己赚的钱减轻父母的负担，又能意识到父母赚钱不易。可怜天下父母心！

【告别依赖，走向独立】①

一直以来，我都是在父母的安排下成长，上父母希望我上的学校，读父母希望我读的专业，做父母希望我做的选择。我一直渴望独立，却是一直在受父母的影响。我

① 本文根据《心理访谈与健康成长》课程班14－15春No.058姜蓓自我成长分析改编。

想我最大的问题就是依赖父母。就像老师上课所讲的，在心理上想摆脱对父母的依赖，要以独立人格出现，但常呈现出难以应付的危机感，又希望在精神上得到父母的支持和保护。我就是常常如此，一方面，我迫切地希望摆脱父母的掌控，想要获得独立自主权；另一方面，我在遇到问题时又习惯性地找父母拿主意。其实很多时候，一些并不是很大的事，当我纠结时我也会找父母，让他们帮我决定。这个问题困扰了我很久，找出解决问题的方法对我来说十分重要。

我认为造成我这个问题的原因主要有两个方面：一是来自父母；二是来自我本身。首先，在父母眼中我一直是个长不大的孩子，他们担心如果让我自己做决定，难免会有考虑不周的地方。而他们觉得自己的社会阅历比我丰富，自然可以替我作出对我有益的决定。父母这么做，不过是因为他们爱我，他们希望可以给我最好的。但是，父母过度的关心使得他们难以放手，使我少了很多独立自主的机会。其次，是我自己自立意识的缺失。长久以来，习惯了身边有人替我做主，遇到问题习惯性地向父母请教，在我的内心深处，我是认可父母的决定并希望他们能一直替我做主的。归根结底，是我自己独立意识还不够强烈，还有依赖父母的想法。

要想改变现状，我觉得我有以下几个方面要做：首先，我要转变自己的认知，我需要重新定位自己和父母。我要明白，我才是生活的主导，自己的未来应该由自己把握，而不是依靠父母。父母只是参与者，我可以接受他们的意见，但还是以参考为主，主要还是以自己的想法作为重点。其次，由认知提升到行动，加强自我的训练。在遇到事情时，不要第一时间找父母解决，要先自己思考对策，要加强自我意识的暗示，告诉自己“我可以做到”，以此来激励自己独立解决问题。最后，多和父母沟通，将自己的想法告诉他们，让他们理解我，知道我是可以独立做主的，促使他们适当地放手，不要过于担心我。

我一直相信，世上无难事，只怕有心人。凡事只要尽力去做，就一定可以得到我想要的结果。我相信，只要我做到正确的自我认知，并付诸实践，同时和父母建立良好的沟通关系，那么我就一定可以摆脱依赖，做一个真正独立自主的人，规划属于我的未来。人生之路很长，现在的我们还很年轻，或许确实经验不足，但岁月是最好的老师，它会告诉我们如何走向未来。

告别依赖，走向未来，这是我需要解决的问题，也是我一定会达到的目标。

【我的依赖与告别】①

问题识别：过度依赖他人，不仅是父母，还有周围的人。

具体表现：①初入大学的那天，校园里随处可见学生家长，但是没有哪个学生的家长像我一样多，那天爸爸、妈妈、哥哥、叔叔全都陪着我来报到，真可谓是阵

① 本文根据《心理访谈与健康成长》课程班 12 – 13 春 No. 043 王珊珊自我成长分析改编。

容强大。可以说那天我什么都没干，包是他们提的，床是老妈给铺的，蚊帐是哥给弄的，连打扫桌子、柜子都是老爸弄的，而我就在旁边玩手机。②上大学将近一年的时间里，我平均每个星期跟爸妈视频一次，除了叮嘱他们一些事情，就是向他们抱怨我遇到的困扰，譬如哪不舒服，饭菜吃不惯……幻想着能像以前一样，只要我不舒服，爸妈就会无微不至地照顾我，即使现在相距甚远，也要把自己的不如意向他们倾诉，让他们为我而担心。③对我周围的人也很依赖，譬如每天都要问室友今天吃什么，去哪吃这类的小事。虽然是小事，自己却做不了决定。甚者对于与自己切身利益相关的事也要问别人的意见，久而久之形成了选择恐惧症。④初来这里，可谓是人生地不熟，对任何事情都谨小慎微，总觉得来这里只能靠朋友，所以对周围的人很是迁就，即使我认为他们不对的事情也不会提出，因为我害怕被孤立。⑤就连上课回答问题都得依赖于周围的人，只要他们不回答，就是知道答案也不会主动回答。

成因剖析：①从小在爸爸妈妈及一大群亲人的呵护下长大，上大学以前从来没有过离开爸爸妈妈独立生活的经历，习惯了衣来伸手饭来张口的生活，因此过度依赖于父母的呵护。上大学是我第一次出远门，脱离了爸妈的呵护，突然会觉得无所适从。②从小除了学习，自己的生活被爸妈安排得井井有条，久而久之缺少了独立生活的能力，乃至独立生活、独立思考的意识也消磨殆尽。③在对一件事作出选择时，往往会大肆地权衡利弊，很想达到完美的效果，但事实上往往不能如意，因此总是犹豫不决，必须得听从他人的意见。④父母不在身边，少了完全可以信赖的人，因此依赖转移到了周围人的身上，极度缺乏安全感的我便对周围的人言听计从，生怕别人孤立我、远离我。总而言之，我过度依赖心理的养成是因为还没有完成“心理断乳”。

策略方法探讨：去年，由于我每天过多地给父母打电话，以至于老爸的手机都没电了。就在这时意外发生了，老爸被一辆闯红灯的车撞了，但是却联系不上家人，还好老爸被及时地送到了医院，伤势已无大碍。但这件事对我的触动极大，我对父母的过度依赖差点使我失去我最亲爱的爸爸，从此我下定决心要改掉过度依赖的毛病，让父母少为我担心。

①明确自己的依赖表现在哪些方面，然后对症下药。例如，过度依赖父母，总是不定时地想给他们打电话倾诉一番，此后我就刻意地减少与他们通话的次数和时间，在通话、视频聊天时尽量回避自己的抱怨与烦恼，和他们聊一些近期周围发生的有趣的事，避免让他们担心。②培养独立生活、独立思考的意识。先要有尝试的勇气，淡化对事情利弊的考量，之所以会犹豫就是怕这个决定可能导致不好的后果，因此之后每件事无论大小都先经过理智思考后，自己做决定，无论是否达到理想的预期都要勇于承担责任。③提高独立生活的能力，以前自己的衣服都不会洗，有时干脆拿到洗衣房了事。之后，虚心向室友学习洗衣服的技巧，还有其他一些独立生

活的技能。同时也包括对自己生活的规划，每天规划自己的生活，使自己的生活变得很充实，这样就会慢慢地减少自己依赖心理作祟的时间。④学会享受独立生活及一人独处的时光。因此，我经常让自己钻入书的海洋，对书的依赖是一种不错的选择，可以让自己忘却对父母的思念，慢慢地减少自己对他们的依赖。

效果分析：①通过近一个学期的培养锻炼，给爸妈打电话、视频聊天的次数减少为一周一次，而且谈话的内容从倾诉苦闷转移到分享趣闻、乐事，同时也会时常提醒爸妈多注意身体，让他们对我放心；②吃饭时，不会只听从别人的意见，更多地听从自己的想法；尤其是在与自己切身相关的事情上，少了犹豫，敢于自己下决定，并且无论结局好坏都能勇敢地去接受，而不再畏首畏尾；③学会了如何洗衣服、缝衣服等，可以自己照顾自己的生活，而不是什么都要靠别人来帮助。④去图书馆涉略书籍，让我逐渐适应一个人的时光，减少了一个人的恐惧，也让我有了一定知识的积淀。

还需改进：①对别人的意见还是很在意；②尽管对周围的人不再言听计从，但还是不敢指出别人的错误之处。

【上海，家】①

离家千里初入社会，来到上海上大学，和最初殷切之极的盼望有所不同的是，真切地踏足到这片土地上时更多的感受是迷茫。从来没有离开过家独自生活，连高中都是走读生的我，很难适应在上海的独自学习生活。于是浑浑噩噩，日复一日，只盼望着第一个寒假的到来。寒假如期而至，坐在回家的火车上心里空空的，近乡情更怯。回到家中，虽然还是熟悉的样子，可是看到自己的房间里早已在上学时搬得空空的，突然觉得连日夜思念的家、温暖的小屋也不再有温馨的模样。假期飞快地过去了，再次回到校园，却还是念念不忘假期中在家乡和朋友们、家人们度过的愉快时光，无法投入到学习中。于是我发现，我在学校和家中扮演了两个完全不同的角色，有着两种截然不同的人格。

在家时，没有压力没有不快，因为总有家的庇护，总有朋友们的包容，我可以做很多自己喜欢做的事。在学校中凡事都要亲力亲为，都要隐忍，同学交往也是淡淡的，无人说话无人谈心，计划着每一分钱的去处，生活平淡。

这样一来，无论是在学校还是在家中，我都没有“归属感”，甚至没有“存在感”。不停的心理态度转变，“这山望着那山高”，在学校时想家，回到家中又渴望在外面闯出一片天地。我无法适应自己给自己创设的“两难选择”，无法找到平衡。

细想一下，就是自己的依赖感无法克服，还包含一些自卑，使我不能融入这个地方。总觉得这个城市再繁华也与我无关，我无法参与、无法感受。

---

① 本文根据《心理访谈与健康成长》课程班 11－12 春 No. 018 范存橙自我成长分析改编。

其实如果不是写下这篇心理感受，我一直以为自己只是依赖性太强，越深想就越觉得似乎无法在这边按照想象的样子生活，因此才会有“挫败感”，写的过程也让我不断思考着，反思着一年来的种种，大一生活即将结束，总是以“无聊”为由逃离各种活动和节目，因此自己将自己隔离起来，自然也就无法融入其中，自然就“思乡情切”。

写下这篇心理报告也帮助我认识到了“想家”的根源所在，既来之则安之。找喜欢的事来做吧，走出依赖，找到自己合适的位置，一步步，踏实又坚决的。不能总是以不适应和不习惯、不能够为理由止步不前。时间一长自然就“望而生畏”，开始想要回家，想要逃避，自然难以安定下来。

最后是给自己的话——且行且珍惜。

【男子汉也要告别依赖】①

记得2009年9月11日来学校的时候，由于我是第一次出远门，是在上海的表姐夫开车把我们送到学校的。爸和堂哥上午把我送到学校，安顿好后，中午吃过饭他们就回去了。还记得当时我爸在学校新校门口跟我说了一句，“小兵，我们回去了。”我极力地控制着自己的情绪说了一句，“好，你们注意安全。”说完，爸和堂哥关上了车门，我也瞬间转身向学校走去。记得刚刚迈出第一步的时候，我的眼泪差点流出来，我急忙用充满泪水的双眼寻找我爸坐的那辆车，映入我眼帘的是即将消失的影子。我深深地吸了一口气，就回宿舍了。

在回宿舍的路上，我爸打电话过来，当时我爸一直劝我，我实在控制不住，真地哭出声来。我从小就没离开过爸妈，就是上高中的时候，最多也就是四周回家一次。换句话说，就是从小没离开过父母，当然更不用说出远门了。

我从小生活很幸福，爸妈和两个姐姐一向对我疼爱有加。突然自己到一个陌生的地方，可谓是“叫天天不应，叫地地不灵”，就不知如何是好了，那种感觉只可意会。这种事情也许在别人听来，我这堂堂男子汉，也太……所以说，这种事情从来都是埋藏在心里的。

从小对爸妈的依赖，让我感觉内心的情感压力太大，一直闷闷不乐，在同学面前也都是碍于面子，表现得很乐观。说句实在话，很少有人愿意在别人面前显示出软弱的一面，更何况我这来自北方，大男子气概比较重，敢为兄弟两肋插刀的好汉（常常以此自居）。

就这样过了一段时间，我认识了一些好朋友、好兄弟，在和他们的聊天中我才了解到，有此感受的并不是我一个人，大家都在努力地去克服。随着朋友的增多，在老师和同学们的帮助之下，我又重新找回了自己。

① 本文根据《心理访谈与健康成长》课程班12－13春No.066王金兵自我成长分析改编。

通过诉说自己的往事，我想要表达的是，告别依赖是每个人都会经历的事。我们的父母不可能陪伴我们一生。我们要学会独立，无论在生活上还是事业上，要回报父母，学会独立，这也是让父母感到欣慰的一种方式。

自力更生，不要总是想着什么事张张嘴就行，而是要亲自完成它。因为一旦被拒绝，不但事情完成不了，而且还会使自己的心情变得更加糟糕，甚至会影响朋友、同学之间的关系。

经过在学校四年的学习，我体会到小事情尽量不要麻烦别人，大的事情实在自己不能做的时候，向朋友寻求帮助。

学会独立，告别依赖，不仅能使我们对父母有所回报，而且还能使自己的各方面能力切实得到提高！

【人生必修课——告别依赖】①

一直觉得自己仍然是个小孩子，直到高考结束，进入大学，才开始意识到自己已经成长为一个成年人，一个拥有完全民事行为能力的人。可是进入大学后，就如同绝大部分人认为的那样，大学的生活和从前完全是两码事。在这将近一年的学习生活中我也逐渐从与过去相比的不成熟成长了许多。

进入大学后最显著的一个问题就是不能像过去那样依赖父母了。从前就像大部分独生子女一样，平时我只要负责好学习，别的事情都不用操心。吃饭时会有一桌子的好菜，平时饿了的时候也会有零食或水果准备好，换下的衣服也不用自己去洗。但在这个需要一切自己动手的环境里一下子就不那么习惯了。但是我是幸运的，因为我是上海本地生，每个周末还能回家，不像外地的同学，只有在节假日才能回家一次，所以相对于他们，我已经知足了。尽管事情都要自己亲自动手，但是我无疑还是暗暗地高兴。因为从前在家我也试着去分担一些我力所能及的家务活，一些本应属于自己范畴的事，但是都被父母给“拦阻”了。他们不是怕我做不好就是认为读书更重要，因此我一直渴望着他们能认可我的能力并且放手让我去做。

我认为我对于父母的依赖是一种被动的，我自身是不希望过于依赖他们的，但是他们总觉得我能力不够。普遍来讲，父母一直作为被依赖的对象，我认为他们也应适当地学会放手，要让自己的孩子独自面对生活，毕竟自力更生的生存能力还是要具备的。而通常作为依赖的实施者的我们，也应有独自面对生活，独自面对社会种种挑战的信心和准备，往小的方面讲，我们至少要具有基本的生活能力。而不应是成天在家里一张嘴就有饭吃，一伸手就有水喝的掌上明珠。除此之外，独立不仅仅意味着生活上的独立，还代表着精神上的独立。我们对于父母存在感恩的心，就会开始意识到我们是时候独立了。

---

① 本文根据《心理访谈与健康成长》课程班11－12春No.044朱依云自我成长分析改编。

在学期初始，我成为了我所在寝室的寝室长，同时也成为所在厅的厅长，寝室和厅里的卫生就要靠我来监督和维持。对于这样的任务，或者说是肩负着的一种责任，我很乐意接受，因为一直以来我都渴望着这样能够锻炼我自己并能够证明我自己的机会。我要证明即使没有了父母的帮助也照样有能力做好那些日常生活中的事。我每天都会更换厅里的垃圾袋，隔三差五就来个大扫除，时刻保持厅里的整洁。尽管打扫卫生很脏很累，每次劳动完后都像刚跑完800米那样，但是我也很有成就感。面对同学和宿管阿姨的肯定，我很想告诉我的父母，我不再是个需要让他们端茶送水、呵护备至、什么都不做的小孩了。

但是我依旧承认我对父母存在某些程度上的依赖，如我在冬天的时候会因水太冷就把衣服带回家让妈妈洗。每周带去学校的食物都是爸妈事前准备好的，每个星期天都由我爸开车送我到学校。我知道这是一种父母关爱的体现，但同时也在提醒着我，什么时候我能够自己将这些事情承担下来，不需要他们再操心时，我才是真正地告别了依赖。而我也会尽可能地通过自己的实际行动来表明这一点，让他们感觉到我在成长。

告别依赖，锻炼自己的独立能力，是我们这些“90后”的必修课程，也是一项基础课程。相对于学校里的专业课，告别依赖这项课程才是我们首先要学会的。只有告别依赖，告别饭来张口、衣来伸手的生活模式，我们才能在此基础上走得更远。

专题4　思考学业　发展自我

成长引导

引导主题：思考学业　发展自我
引导内容：学业选择的职业规划视角、职业规划的学业指导意义
引导环节：
- 案例导入：选择·放弃？
- 理论概要：知识点解析
- 自我探索：真实的自我，我的理想职业生涯路
- 心声分享：我的学业职业生涯路

引导目的：了解学业选择的基本依据；掌握职业规划的基本方法。

案例导入：选择·放弃？

【案情概要】《刘立早访谈录》

刘立早：23岁，重庆人，现为清华大学建筑系2003级本科生。1998年，第一次参加高考，被浙江大学化学工程系录取。2002年，获得学士学位，并被保送到清华大学化学反应工程专业，直接攻读博士研究生。2003年3月，从清华大学申请退学。2003年6月，第二次参加高考，并被清华大学建筑系录取。

2003年8月，清华大学的新生入学工作又开始了。5个月前，以清华大学化工系硕博连读研究生身份退学的刘立早，这一次又以建筑系本科新生的身份重新回到了清华校园。在新生报到的间隙，《面对面》在北京对刘立早进行了访问。而在此前，刘立早表示，并不希望自己得到媒体过多的关注。

刘立早：我觉得这是个人的选择，个人的行为，没有必要说。而且在国外，这种事情很平常。虽然说了可能在国内会少一点。其实国内也有，无非就是说是不是清华的。在别人眼中可能会很特别，但是我自己觉得不会很特别，因为我觉得这样的选择对我来说是一个比较合理的选择。因为如果说是读化工的话，我可能这一辈子就要走一条我完全不感兴趣的道路，那么我花五年的时间能够找到自己比较感兴趣的专业，我想还是比较幸运的。

刘立早：今年的二月份做的这个决定（因个人兴趣原因放弃了已经进行了一个学期的化学反应工程专业的硕博连读，向校方提出退学申请）。我考虑了一个多月。权衡利弊，觉得一边是化工系的直博生，一边有可能是一个其他学校的建筑系本科生。利是自己喜欢的专业，弊就是博士学位毕竟比双学位高一等。但是很明显，自己兴趣和爱好在那里，或者说自己以后一生究竟是要在一个不感兴趣的专业里面痛苦地挣扎，还是在一个喜欢的专业里面很快乐地做事。你想，并不是在单纯这几年的时间，这是涉及以后我一生的选择。但是在一个月的考虑时间里自己的想法会很多，因为我不放弃博士，参加高考考建筑，我可以选择其他的道路，我毕竟是一个大学毕业的学生，已经是一个大学生了，我可以选择考研、就业、考公务员之类的。

【评析要点】：他曾经是清华大学的博士研究生，却主动申请退学，重新参加高考。2003 年，他再次考取清华大学，开始了本科阶段的学习。一出一进清华，究竟有着什么样的故事，放弃和选择之间，他又将告诉我们什么？学业思考，职业规划，人生展望，要有科学的安排！

理论概要：知识点解析

4.1　学业思考的职业生涯规划视角

4.1.1　职业生涯规划对学业指导的意义

1. 什么是学业

《现代汉语词典》的解释是：①学问。②学术。③学习的课业。

学问，①正确反映客观事物的系统知识；②知识，学识。学术，有系统的，较专门的学问。学业，“学习的功课和作业”。

2. 学业对人生意味着什么

人的一生，从小学、初中、高中到大学，至少有 15 ~ 16 年是在学校全职学习，与学业为友。该学些什么，怎样学，在大学以前的学习过程中，学校学习的内容几乎是自己无法选择的，国家按照义务教育、素质教育、基础教育的目标，规定了学业的内容及其学习的方式。进入大学，学生可以开始自主选择学校和专业。学校教育的目标是培养德、智、体全面发展的社会适用人才。教师的责任是传道、授业、解惑。而学生学业生涯的目标就该是学习知识、锻炼能力、培养素质。

3. 学业思考应该有哪些视角

一是应该学些什么？即学习目标选择。二是应该怎样学习？即行动决策。

学习什么知识、锻炼哪些能力、培养什么素质，应该是学习目标选择的着眼点；而长计划、短安排的规划书应该是行动决策要解决的问题。

具体到不同的个体，则会由于各自知、情、意及人格特点的差异，社会化过程经历的差别，而使学业思考呈现不同的广度和深度。

4. 职业生涯规划对学业指导具有什么意义

职业生涯，指的是一个人一生中从事职业的全部历程。这个历程可以是间断的，也可以是连续的，它包含一个人所有的工作、职业、职位的外在变更和对工作态度、体验的内在变更。

职业生涯规划，指的是组织或者个人把个人发展与组织发展相结合，对决定个人职业生涯的个人因素、组织因素和社会因素等进行分析，制定有关对个人一生中在事业发展上的战略设想与计划安排。

职业生涯规划涉及的内容包括职业目标的选择、必需知识的积累、核心能力的培养等要素。

职业生涯规划对学业指导的意义，在于从选择未来职业目标的需要出发，以学以致用、综合储备为原则来选择和规划自己的学业。它能前瞻性、动态性、终身性地规划和安排学业。

职业生涯规划的意义，在于有助于提高个人人力资本的投资收益，有助于降低改变职业通道的成本，有助于提升个人的竞争能力，有助于组织的发展。

4.1.2 职业生涯规划的职业锚理论

如何进行个人职业生涯规划？相关研究的理论观点有很多，埃德加·H. 施恩的职业锚理论，强调价值观、能力及兴趣，甚至个性的融合；霍兰德的职业兴趣理论，强调兴趣与职业的匹配，比较成熟、应用比较广泛。

职业锚理论产生于在职业生涯规划领域具有“教父”级地位的美国麻省理工大学斯隆商学院、美国著名的职业指导专家埃德加·H. 施恩教授领导的专门研究小组，是在对该学院毕业生的职业生涯研究中演绎成的。斯隆管理学院的44名MBA毕业生自愿组成一个小组接受施恩教授长达12年的职业生涯研究，包括面谈、跟踪调查、公司调查、人才测评、问卷等多种方式，最终分析总结出了职业锚（又称职业定位）理论。

所谓职业锚，又称职业系留点。锚，是使船只停泊定位用的铁制器具。职业锚，是指当一个人不得不作出选择的时候，他无论如何都不会放弃的职业中的那种至关重要的东西或价值观。实际上就是人们选择和发展自己的职业时所围绕的中心。

职业锚是人们内心深层次价值观、能力和动力的整合体，它体现了“真实的自我”。

如果缺乏对自己职业锚的清醒认识，在外界因素的诱惑下，人们可能作出错误的职业选择。许多人对自己的工作不满意，就是因为他们的职业选择并非基于“真实的自我”作出的。

个人在进行职业规划和定位时，可以运用职业锚思考自己具有的能力，确定自己的发展方向，审视自己的价值观是否与当前的工作相匹配。只有个人的定位和要从事的职业相匹配，才能在工作中发挥自己的长处，实现自己的价值。尝试各种具有挑战性的工作，在不同的专业和领域中进行工作轮换，对自己的资质、能力、偏好进行客观的评价，是使个人的职业锚具体化的有效途径。

对于企业而言，通过雇员在不同的工作岗位之间的轮换，了解雇员的职业兴趣爱好、技能和价值观，将他们放到最合适的职业轨道上去，可以实现企业和个人发展的双赢。

附：霍兰德的职业兴趣理论

霍兰德依据美国文化背景，提出了以下假设：大多数人属于六种人格类型：现实型（Realistic）、研究型（Investigative）、艺术型（Artistic）、社会型（Social）、企业型（Enterprising）、常规型（Conventional）；有六种环境模式与这六种人格类型相对应；人们寻找的是能够施展他们的技能同时表现他们的态度、价值观和人格的职业；人们的职业行为是由其人格和环境特征的相互作用所决定的。霍兰德指出，当个体的职业兴趣类型与环境类型一致和相容时，个体会产生较多的满意感、较多的工作投入和较少的工作转换，而不相容的则相反。六种人格类型的特点和其适合的工作如下：

1. 现实型（R型）

该类型的人性格特征表现为坦率、正直、诚实、谦逊，是注重实际的唯物主义者。他们通常具备机械操作能力或一定的体力，适合与机械、工具、动植物等具体事物打交道，相适应的职业主要是熟练的手工工作和技术工作，运用手工工具或机器进行工作。其职业倾向为：机械自动化操作员、飞行员、测量师、电气专家或农场主。

2. 研究型（I型）

该类型的人性格特征表现为谨慎、严格、严肃、内向、谦虚，独立性强。他们通常喜欢做统计分析，具备从事调查观察评价推理等方面活动的能力，相匹配的职业类型主要是科学研究和实验工作，研究自然界和人类社会的构成和变化，比较容易成为生物学家、化学家、物理学家、地理学家、人类学家、医学技术人员等。

3. 艺术型（A型）

属于艺术型的人通常内心活动比较复杂，敏感、无序，善于表达且富有想象力，却相对缺乏实际性，他们具备艺术性的、独创性的表达和直觉能力，不喜欢结构性强的活动，他们富于情绪化，适合于从事艺术创作，其职业倾向为作曲家、音乐家、舞台指导、舞蹈家、演员、作家、室内设计师等艺术类的职业。

4. 社会型（S型）

这种类型的人通常善良、热情、灵活而又有耐心，慷慨大度，善于劝说，他们喜欢从事与人打交道的活动，避免过分理性地解决问题，他们通常会从事社会型的职业，通过说服、教育、培训、咨询等方式来帮助人、服务人、教育人，如教师、演说家、临床心理师、咨询顾问、护士、宗教工作者等。

5. 企业型（E 型）

该类型的人通常乐于冒险，雄心勃勃，具有外向、易冲动、乐观、自信的个性特征，有一定的集权性倾向，具备劝说、管理、监督、组织和领导等能力，并以此来获得政治经济和社会利益。与其相匹配的企业型职业，是指那些劝说指派他人去做事情的各级各类管理者和组织领导者，以及一些影响他人的职业，如商人、运动推广商、电视节目制作、销售、高级管理人员等。

6. 常规型（C 型）

常规型又称传统型，属于这一类型的人注重细节，讲求良心和精确性，通常体现出有序、有恒心、有效率、服从安排的个性特征，具备记录和归档能力，适合从事办公室工作和一般事务性工作。其适合的职业包括会计、金融分析师、银行家、秘书、税法专家等。

这六种类型的关系如下图所示：

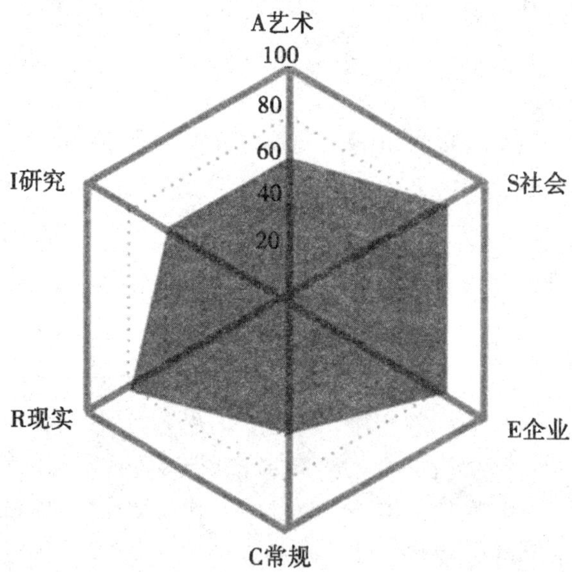

（1）相邻关系，如 RI、IR、IA、AI、AS、SA、SE、ES、EC、CE、RC 及 CR。属于这种关系的两种类型的个体之间共同点较多，如属于现实型 R 和研究型 I 的人就都不太偏好人际交往，这两种职业环境中也都较少有机会与人接触。

（2）相隔关系，如 RA、RE、IC、IS、AR、AE、SI、SC、EA、ER、CI 及 CS，属于这种关系的两种类型个体之间共同点较相邻关系少。

（3）相对关系，在六边形上处于对角位置的类型之间即为相对关系，如 RS、IE、AC、SR、EI 及 CA，相对关系的人格类型共同点少，因此一个人同时对处于相对关系的两种职业环境兴趣都很浓的情况较为少见。

个人可以通过自我测定来发现自己的个性类型并依据个性类型来选择相应的职

业。霍兰德编制了自我职业倾向测定量表（SDS）作为人格类型和职业倾向测定的工具，具有较强的实用性。霍兰德的个性类型分类和测定量表可以作为职业咨询和职业选择的初步依据。

4.2　职业生涯规划的方法

个人职业生涯规划的简要方法有“知己 + 知彼 + 选择”。

个人职业生涯规划的简要方法
“知己 + 知彼 + 选择”

知己：认识自己
——兴趣所好、能力所长、需要所在、价值所求

知彼：认识社会
——社会需求所在（职业的周期性需求变化、人才观等）
——价值认同如何（如公务员是公仆？寻租者?）

认识行业
——职业要素评估（职业责任、职业特点、职业要求）

选择：匹配选择
——趋避选择（放弃那些个人兴趣、能力、需要、价值与社会、行业、职业相冲突的选择，留住职业锚）

4.2.1　知己：认识自己

1. 兴趣所好

兴趣，是指喜好的情绪。兴趣是人认识某种事物或从事某种活动的心理倾向。它是以需要为基础，是推动人认识事物、探索真理的重要动机。

爱好，是当人的兴趣不是指向对某种对象的认识，而是指向某种活动时，人的动机便成为人的爱好了。

兴趣和爱好都和人的积极情感相联系，能对人的学习和工作产生积极的推动作用。

兴趣是最好的原动力。

认识自己，要找到自己的兴趣所好，能将兴趣爱好融入职业，是一件幸运的事情。

2. 能力所长

能力，是指能胜任某项任务的主观条件。能力是顺利有效地完成某种活动所必须具备的心理条件，是个体的一种心理特征。

例如，音乐能力需要具备灵敏的听觉分辨力、音乐的想象力、记忆力和音乐的

感染力等心理条件，不具备这些心理条件就难以从事音乐活动。

能力有不同类型，按照能力发展的高低程度来划分，有能力、才能和天才；按能力的构造来划分，有一般能力和特殊能力；按能力所涉及的领域来划分，有认知能力、操作能力和社会交往能力；按创造程度来划分，有模仿能力、再造能力和创造能力等。

能力是个性心理特征之一，每个人所具有的能力都不仅仅是一种，而是多方面的。对于一个人来说，在他所具有的多种能力中，总有相对来说较强的能力，也有一般的能力和较差的能力，即每个人的能力都是多种能力以特定的结构结合在一起的。不同的人在能力方面是存在差异的。

认识自己的能力所长、所短，扬长避短，参与竞争，奉献社会，是一项智慧的选择。

奥巴马在美国开学日有一篇题为“我们为什么要上学”的演讲，讲道：我们上学的目的，就是要发现自己的才能，对自己担起责任。

习近平主席有一篇语录：（1）有能力时，就做点大事；没能力时，就做点小事。（2）有权力，就做点好事；没权力，就做点实事。（3）有余钱，就做点善事；没有钱，就做点家务事。（4）动得了，就多做点事；动不了，就回忆开心的事。（5）生活其实没啥事，一辈子也就这回事！

能力大做大事、能力小做小事。将小事做到精致，就可以将平凡做到伟大。阿甘的故事就是很好的启迪。

3. 需要所在

需要，是指人体组织系统中的一种缺乏、不平衡的状态。人类个体需要的产生受到诸多因素的影响，主要有生理状态、情境和认知水平。根据不同的标准，需要可以划分为不同种类。可以依照马斯洛需要层次理论①，澄清自己的需要所在。

在生理的需要、安全的需要、对爱和归属的需要、尊重的需要、自我实现的需要等众多的需要中，澄清自己最需要的是什么。

4. 价值所求

价值，属于关系范畴，从认识论上来说，是指客体能够满足主体需要的效益关系，是表示客体的属性和功能与主体需要间的一种效用、效益或效应关系的哲学范畴。

价值观，是指一个人对周围的客观事物（人、事、物）的意义、重要性的总的评价和总的看法，是人们对事物或对象意义的判断和决策的准则。通常以“值不值”、“有意义没意义”来进行判断。

澄清自己的职业价值观，选择自己认为“有意义”、“很值得”的行业或专业，

---

① 需要层次理论内容可参阅本书 1.1.1.4 人格（人格倾向）。

以此为业，对增加自己学业、职业的内驱力至关重要。

4.2.2 知彼：认识社会、认识行业

1. 认识社会

首先，要关注社会职业的周期性需求变化。随着社会政治经济的发展，不同的行业和职业对社会人才的需求会出现周期性的变化，这些变化会直接影响到就业者的择业机会。

其次，还必须关注社会人才观的变化。随着科学技术的发展，不同的行业和职业对人才的要求会有所变化。人才的知识水平、应用技能、综合素质的内涵会有不同的要求。

最后，还要关注社会对职业的价值认同的变化。在不同的社会发展阶段，受到社会风气的影响，人们的职业价值观也会发生变化，国家也会进行正面导向。例如，前些年很多报考公务员的人，是因为觉得公务员待遇高、工作稳定，权力还可寻租，考入很值。但随着近年管理制度的严格，反腐反贪力度的加大，很多人又觉得不值了。

2. 认识行业

认识行业，包括对行业的特性、职业的要素（职业责任、职业特点、职业要求）进行充分分析。

不同的行业、不同的职业都有各自的特点和要求。

例如，就法律职业而言，有公安民警、人民检察官、人民法官、司法警察、司法行政、执业律师、企业法律顾问等不同的职业岗位。

以公安机关人民警察职业为例。他们履行着维护社会平安的职责，承担的是高负荷、高强度、高风险的工作。维护治安，确保平安等日益繁重的工作任务和复杂的执法环境使民警日常工作时时刻刻面临严峻的挑战；整顿学习、末位淘汰，亲人下岗、亲子教育、家庭困难，社会利益群体的横向比较等现实问题，让他们受到来自职业、家庭、社会等因素的困扰。职业要求他们舍小家、为大家，人性要求他们平衡各自角色的利益。

4.2.3 选择：匹配趋避

在认识自我、认识社会、认识行业的基础上，需要将自己的兴趣、能力、需要、价值等职业锚的要素，与对社会行业的认识及其行业本身的特点要求等进行匹配评估，如择业者行业兴趣符合评估、择业者行业竞争能力评估、择业者行业价值认同评估等，摒弃矛盾与冲突，选择趋同与一致，达成个人倾向与外部要求高度吻合的选择。完成“知己 + 知彼 + 选择”的个人职业生涯规划。

4.3 职业生涯规划的意义

4.3.1 生涯规划是人类终生的课题

舒伯的职业生涯发展理论把“生涯”定义为生活中各种事件的演进方向和历

程，它统合了人一生中的各种职业和生活角色，由此表现出个人独特的自我发展形态；生涯也是人生自青春期至退休后所有有酬和无酬的职位的综合，除了职位以外还包括与工作有关的各种角色。

舒伯认为，人的每一个年龄段都与职业发展有着相互配合的关系，人的生涯发展会伴随着年龄的成长而递进，每个年龄阶段各有其生涯发展的任务。

他将人的生涯发展分为成长（儿童期）、探索（青春期）、建立（成年前期）、维持（中年期）、衰退（老年期）五个阶段，每一阶段又分别包含几个子阶段。

1. 成长阶段（出生至14岁）

这一阶段的主要任务是：经由家庭、学校中重要人物的认同而发展出自我概念。此阶段的一个重点是身体与心理的成长。透过经验可以了解周围环境，并以此作为试探选择的依据。成长阶段的三个子阶段如下：

（1）幻想（0～10岁）：以需求为主，角色扮演在此阶段很重要。

（2）兴趣（11～12岁）：喜欢是抱负与所从事活动的主因。

（3）能力（13～14岁）：能力占的比重较大，也会考虑工作要求的条件。

2. 探索阶段（15～24岁）

这一阶段的主要任务有：自我概念与职业概念的形成、自我检视、角色尝试、学校中的职业探索、休闲活动与兼职工作。探索阶段的三个子阶段如下：

（1）试探（15～17岁）：会考虑自己的需求、兴趣、能力、价值与机会，并会通过幻想、讨论、课程、工作等尝试做试探性的选择。此时的选择会缩小范围，但因仍对自己的能力、未来的学习与就业机会不是很确定，所以现在的一些选择以后并不会采用。

（2）过渡（18～21岁）：更加考虑现实的状况，并试图将自我概念实施。

（3）尝试（22～24岁）：已确定了一个似乎是较为适当的领域，找到一份入门的工作后，并尝试将它作为维持生活的工作。此阶段所选择的工作范围会更小，只选择可能提供重要机会的工作。

3. 建立阶段（25～44岁）

这一阶段的主要任务是：凭借尝试错误以确定前一阶段的职业选择与决定是否正确。若认为决定正确，就会努力经营，打算在此领域久留。但也有一些专业的领域，还未尝试就已开始了建立阶段。其子阶段如下：

（1）尝试（25～30岁）：原本以为适合自己的工作，后来可能发现不太令人满意，于是会有一些改变，此阶段的尝试是定向后的尝试，不同于探索阶段的尝试。

（2）稳定（31～44岁）：当职业的形态都很明确后，便力图稳定，努力在工作中谋取一个安定的位子。

4. 维持阶段（45～65岁）

主要任务是守住这份工作，继续将它做好，并为退休做计划。

5. 衰退阶段（65岁至死亡）

这一阶段的主要任务：在体力与心理能力逐渐衰退时，工作活动将改变，必须发展出新的角色，先是变成选择性的参与者，然后成为完全的观察者。其子阶段如下：

（1）减速（60~70岁）：工作速度变慢，工作责任或性质亦发生改变，以适应逐渐衰退的体力与心理。许多人也会找份代替全职的兼职工作。

（2）退休（71岁至死亡）：有些人能很愉快地适应完全停止工作；有些人适应困难、郁郁寡欢；有些人则是老迈而死。

在这些不同的阶段，人所扮演的角色也不同，且通常要同时扮演几个角色，如子女、学生、工作者、配偶、家长等，舒伯设计了生涯彩虹图来表示不同角色在人生各个阶段的地位。

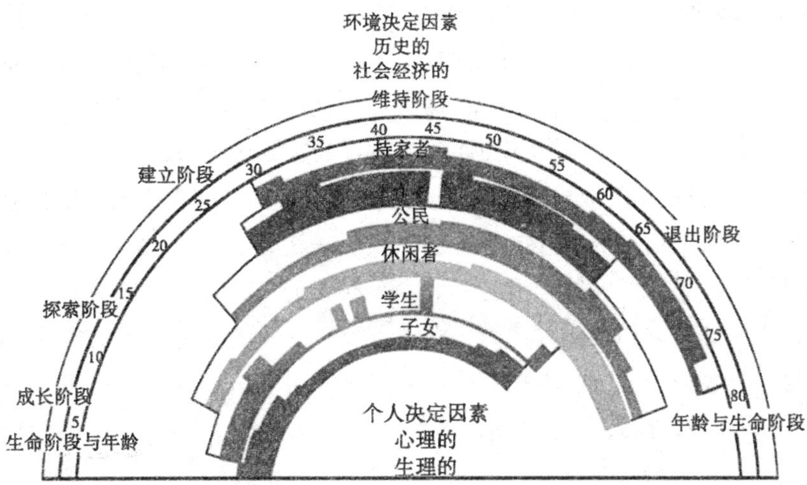

图中纵向层面代表的是纵观上下的生活空间，是由一组职位和角色所组成。分成子女、学生、休闲者、公民、工作者、持家者六个不同的角色，他们交互影响交织出个人独特的生涯类型。一个角色的成功，特别是早期的角色如果发展得比较好，将会为其他角色提供良好的关系基础。但是，在一个角色上投入过多的精力，而没有平衡协调各角色的关系，则会导致其他角色的失败。在每一个阶段对每一个角色投入的程度可以用颜色来表示，颜色面积越大表示该角色投入的程度越高，空白越多表示该角色投入的程度越低。

图中横向层面代表的是横跨一生的生活广度。彩虹的外圈显示人生主要的发展阶段和大致估算的年龄（成长期、探索期、建立期、维持期、衰退期）。内圈阴暗部分的范围，长短不一，表示在该年龄阶段各种角色的分量；在同一年龄阶段可能同时扮演数种角色，因此彼此会有所重叠，但其所占比例分量则有所不同。

也就是说，综合阶段理论和角色理论，舒伯把人生发展分为三个层面：一是时间层面，即一个人的年龄或生命的历程；二是广度层面，即一个人终其一生所扮演的各种不同角色；三是深度层面，即一个人在扮演每个角色时投入的程度。

从舒伯的这张生涯彩虹图可知，人的一辈子几乎都与学业、职业密切相关，学业选择、职业规划之生涯规划是人类终生的课题。

4.3.2 生涯规划关乎每个人

职业规划视角的学业思考的自我探索意义，在于它是一个不断自我发现和自我实现的过程，与我们每一个人都息息相关，是一个思考加行动的动态过程。

以杨澜的故事为例。

杨澜（1968 年生于北京），北京外国语大学英语学士，纽约哥伦比亚大学国际及公共事务学院国际事务学硕士，资深传媒人士，阳光媒体投资集团创始人，现任阳光文化基金会董事局主席。

杨澜的人生有四次重大转折：电视节目主持人—美国留学生—凤凰卫视主持人—阳光卫视的当家人。

【你心目中的“榜样 OL”】《瑞丽伊人风尚》从 2005 年起连续多年主办的一项活动，旨在倡导“优雅、愉悦、平和”的女性气质，崇尚与追寻身在职场并已卓有成就的 OL（Office Lady）。希望用每一年通过寻找这些榜样 OL 的过程来完成女性心灵的洗礼，感受成就自己梦想的喜悦，验证梦想成功路上的璀璨历程。在启动 2008 年“寻找榜样 OL”活动的时候，曾特别在报名表上设置了这样一个问题：你心目中的“榜样 OL”是谁？在数千报名者中，近 80% 的人的答案都是杨澜。

【公众眼里的杨澜】很多人认为，杨澜是当今中国最出色的女性之一，她美丽、聪慧、优雅、知性，不过 40 多岁，就已经实现了许多人一生都无法实现的人生梦想：考上了好大学，找到了好工作，嫁给了好丈夫，生育了好儿女，开创了好事业……

【人生还需要你自己来规划】杨澜是幸运的，但这种幸运并非是人人都有的，也不是人人都能驾驭的。它需要睿智的眼光、独到的操控能力，是职业经历累积到一定程度厚积薄发而来。就像杨澜自己说的那样：“一次幸运并不可能带给一个人一辈子好运，人生还需要你自己来规划。”

【普通大学女生】在成为央视节目主持人以前，杨澜是北京外国语大学的一名大学生，还是一个有些缺乏自信的女生，甚至曾因为听力课听不懂而特别沮丧。直到后来听力水平提高了，才逐渐恢复了自信。她说：“我经常觉得自己不是一个有才华和极端聪明的人。”可这一切并没有影响到杨澜后来的成功。勤勉努力的她，不仅大胆直率，看问题也通常有自己独特的视角。

【争做央视节目主持人】1990 年 2 月，中央电视台《正大综艺》节目在全国范围内招聘主持人。杨澜以其自然清新的风格、镇定大方的台风及出众的才气逐渐脱颖而出。但是，由于她长得不是太漂亮，在第六次试镜时还只是在“被考虑范围之列”。杨澜知道后，就反问导演：“为什么非得只找一个漂亮女主持人，是不是一出场就是给男主持人做陪衬的？其实女性也可以很有头脑，所以如果能够有这个机会的话，我就希望做一个聪明的主持人。”“我不是很漂亮，但我很有气质。”就是因为杨澜这些话，彻底打动了导演。

【立志要做传媒人】毕业后，杨澜正式成为《正大综艺》的节目主持人。进入央视后，杨澜终于感觉到这次选择是非常正确的，做传媒就是她喜欢的事情。靠着自身的实力与魅力，杨澜获得了“十佳”电视节目主持人、金话筒奖等。这是很多人一生都无法企及的知名度和注意力，也彻底改变了她未来的人生道路。四年央视主持人的职业生涯，不仅开阔了杨澜的眼界，更确立了她未来的发展方向：做一名真正的传媒人。

【新的思考与选择】但渐渐的杨澜对这种重复性工作开始有点厌烦了。也许是一切来得太容易了，也许觉得自己还可以做更多的事。最重要的是，她开始觉得有点虚：“一开始央视让我一下子进入一个殿堂，但是我往下一看，空空如也，下边的基础都不是我自己建起来的，是一个庞大的机构赋予你支持，我觉得特别不踏实，所以我得自己从下边垒砖头慢慢起来，这样才会踏实。”

【毅然转轨】1994 年，当人们还惊叹于杨澜在主持方面的成就时，她又作出了一个令人惊讶的决定：辞去央视的工作，去美国留学。

【留学生的艰辛】在事业最明亮的时候选择退出，这就意味着她要放弃目前所拥有的一切，包括唾手可得的美好未来。还要重历艰辛……26 岁的杨澜远赴美国哥伦比亚大学，就读国际传媒专业。在异国他乡的生活，比想象中的还要艰苦。有一次，杨澜写论文写到半夜两点钟，好不容易敲完了，没有来得及存盘，电脑就死机了。杨澜当时就哭了，觉得第二天肯定交不了了。宿舍周围很安静，除了自己的哭声，只有宿舍管道里的老鼠在爬来爬去。但最后她还是擦干眼泪，把论文完成了。

【历练的感悟】谈起这段生活，杨澜说：“有些人遇到的苦难可能比别人多一点儿，但我遇到的困难并不比别人少，因为没有一件事是轻而易举的，需要经历的磨难委屈，一样儿也少不了”。虽然如此，但这段生活给杨澜带来的收获要远远比磨难多。她的视野开阔了许多，更亲身接触到了许多成功的传媒人和先进的传媒理念。

【理想的实现】当时她利用业余时间，与上海东方电视台联合制作了《杨澜视线》，一个关于美国政治、经济、社会和文化的专题节目，这是杨澜第一次以独立的眼光看世界。她同时担当策划、制片、撰稿和主持的角色，实现了自己从最底层“垒砖头”的想法。40 集的《杨澜视线》发行到国内 52 个省市电视台，杨澜借此实现了从一个娱乐节目主持人向复合型传媒人才的过渡。

【人生的收获】更重要的是，在这期间她认识了后来成为她先生的吴征。作为事业和生活上的伙伴，在为她拓展人际关系网络和事业空间方面，吴征可以说厥功至伟。他总是鼓励杨澜尝试新的东西：宁可在尝试中失败，也不能在保守中成功！正是吴征的帮助，使杨澜未来的道路越走越宽。

【成功有感】《杨澜：一问一世界》——杨澜亲自讲述她聚光灯下的台前幕后，真实呈现她的“阳光二十载”：与电视偶然结缘、离开央视、出国留学、创办阳光卫视、《杨澜访谈录》、申奥形象大使……杨澜对自己20年媒体人生的审视与展望：以提问为生的她，对“赢”有了新的感悟；对“女性”有了理性的界定；对“问”有了执著的回归。对“赢”有了新的感悟：到底什么算成功？有人说真正的成功，不是赚了多少钱或者做了多大的官，而是有一天人除去这一切身份的时候，还有人愿意在你身边对你微笑。在我看来，成功的首要意义在于做自己。追寻自己的初衷和内心真正的渴望。一次幸运并不可能带给一个人一辈子好运，人生还需要你自己来规划。

很多人都感言：一个人的一生，能选择从事一种自己热爱、能力所长、价值所求、社会所需的职业，是人生最大的幸福！

很多人都感叹：直到退休，一辈子也未能从事自己喜爱的职业！

成就人生的秘诀：梦想+目标+行动=成功！

每个人都可以从职业生涯规划的角度思考学业，使自己学为所用，业为己好，人尽其才，实现美好的人生理想！

自我探索：真实的自我，我的理想职业生涯路

请根据所列命题，进行自我心理成长探索。

自我探索：我的理想职业生涯路

意义：生涯规划、发展自我

要求：

知己+知彼+选择

职业偏好与个性因素评估

16PF（16种个性因素）报告

前瞻性、动态性、终身性

选择——职业目标

积累——必需知识

培养——核心能力

自我探索：真实的自我

意义：思考学业、发展自我

要求：

1. 用三个形容词来概括我的性格。
2. 我最喜欢做的三件事。
3. 我最擅长的三件事。
4. 我最不擅长的三件事。
5. 在生命中我最重视的是什么。
6. 我理想的职业是什么（三个以上）。

心声分享：我的学业职业生涯路

【我的人生与职业取向】①

对于进入大学没有多长时间的我们，对自己的未来是很模糊的，对自己的人生

① 本文根据《心理访谈与健康成长》课程班13－14春No.068栾正伟课程心得改编。

没有任何的计划和打算。通过上这节课，范老师跟我们讲了自己的职业生涯规划，我开始思考我的人生取向了，我考虑了三个问题："我想干什么?""我能干什么?""我适合干什么?"我想我现在有答案了，我找到了适合自己走的一条路：我性格较内向，在公共场合不愿意讲太多话，但我会改变自己，我会努力让自己克服这一缺陷，但我也有我的优点，我的逻辑思维能力强，做事认真仔细，我会努力保持下去，我现在报了第二专业，我会认真调整我用在第一专业和第二专业上的时间。我将来的打算是报考公务员，我觉得这一方向适合我，因为我喜欢与人交往，不断交往新的朋友，我很关心当下的各种社会问题，我渴望发挥自己在社会中的作用，并且我尊重权威和规章制度，我喜欢按计划办事，细心，有条理，我会认真履行自己的职责。通过上这节课我认识到：并不是热门的就是最好的，只有适合自己的才是最好的，在选择自己的职业时要遵循三个原则：择己所愿，择己所长，择世所需。

【通往何处，去向何方】①

来到这个学校非我所愿，我有众多的不甘心却不得不屈从于现实的安排，更雪上加霜的是所学的专业。收到录取短信时，我第一次听说这个专业。我充满了迷茫和怨恨。曾经不止一次地想揍自己，为什么就不能多考几分？多做对一个选择题不就行了，为什么这样简单的要求都做不到呢……可是，没有如果。

我现在已经大二了，大一时的怨恨情绪多少散了些，可是学业迷茫与就业压力却再次加倍席卷而来，我曾经很努力地说服自己，你要试着了解这个专业，慢慢地你会喜欢的。可是，很显然我失败了，我在课堂上写下的如果生命只剩下一年时间最想做的十件事里，没有一点点的时间是留给我所学的专业的，愿意花费两个月的时间准备法庭辩护就是最好的证明。

我的忐忑与焦虑一方面来自于我不断地想要说服自己放弃法学，"顺从"所学专业，可是在我的潜意识里却是拒绝的；另一方面是法学不言而喻的严峻就业形势和我自身的不足。我是一个南方的孩子，普通话对我来说是硬伤。"n"和"l"不分，使我为别人提供了不少"笑料"。我害怕自己孤注一掷，燃烧我最珍贵的几年青春，却最后什么也没有得到。所以我一再退缩，想要退回到自己的保护壳里——就这样听之任之继续我所学的专业挥霍我的青春。

然而，我的心却不答应。现在的我很确定，我做不到顺从于目前的安排，我对所学专业不感兴趣，提到它我没有一点激情。法学才是我所喜欢的，感兴趣的，想到它就觉得血液里充满了激情与活力。所以我决定准备司考，愿意为它忍受喧哗世界的诱惑，一心扎根图书馆。目前做的准备有：咨询了有经验的学姐，请她们推荐了相关的书目，这个寒假的主要目标是对一些基本法（如民法、刑法）有粗略的了

① 本文根据《心理访谈与健康成长》课程班15－16秋No. 084韩丽娟自我成长分析改编。

解，如果有必要的话，明年应该会去报司考班。结识了一个法学专业的同学，会和她讨论一些法学的基本知识和去她推荐的老师课上蹭课。除此之外，还在微博上关注了一些法学名人，接触他们的观点，逐渐培养自己对法律问题的敏感度。

心安定下来，一切就会变得很清晰。真正想做一件事会找到一个方法，不想做的话就会找到一个借口。我喜欢法学，既然喜欢就要对得起这份喜欢，失败了不过就是从头再来。为自己找了一个"职业锚"——律师，希望能发挥牵引作用，助我成功。如果因为我的普通话不过关而使我不能登上辩护席，舌辩群雄为我的当事人争取他的合法权益，那么即使是作为一个法律文秘，帮助检察官整理开庭材料，我也甘之如饴。

我花了一年半的时间看清我所求，那么又有什么能阻挡我花费两年半的时间追寻我所求、满足我所求？

心之所向，一往无前。

【找到我的"职业锚"】①

高考结束后走出考场的那一刹那，我所感到的并不是前所未有的轻松，反而是对未来的无助和迷茫。在此前12年的学习过程中，我们好像只是为了出众的成绩，为了老师的表扬和同学的羡慕，为了父母的欣慰而拼命地学习，或者不如说是在背书，似乎成绩就是我所付出努力的方向。可是到了大学，就感受到来自社会的压力。每每听见同学谈论自己的理想职业，每每参加学校组织的择业就业讲座，突然一下子就感到自己不再是一个受人保护的小孩了，没有人告诉我将来的路怎么走，没有人能预言未来我会在哪个行业里生存和发展，没有人告诉我要从什么时候开始做哪些准备……未来，我究竟要做什么？现在，我又该做哪些准备？这些问题常常困扰着我。这门课程真的引发了我很多的思考，给了我很多的启迪。

我认为，对就业方向的不明确，主要有以下几个方面的原因：

1. 对自我的认识不够深刻，不知道自己喜欢干什么和能干什么。换句话说，是自己的能力不够丰富，缺少对自己的兴趣培养。

2. 对于自己相对比较喜欢的职业，和现在的所学专业不一致。因此存在一定的选择矛盾，总觉得如果未来不从事和自己专业有关的职业是在浪费这四年的大学时光，而相对于自己喜欢的职业而言，自己又属于非专业人员。

3. 迫于家人的意见。家人希望我未来能考公务员或者是在银行、证券公司工作，而自己因为不喜欢一成不变的工作环境且比较喜欢语言，因此希望未来能做一名翻译。但是家人的意愿对我造成了很大的压力。

4. 关于个人兴趣所在和职业稳定性与收入的矛盾。我自己希望能找到一份和自

① 本文根据《心理访谈与健康成长》课程班13－14春No. 077林梦洁自我成长分析改编。

己的兴趣相投，同时能保障较高生活质量的职业。但是在职业选择过程中，特别是对于应届毕业生而言往往不容易做好二者的平衡。

5. 对就业市场信息知之甚少。一方面是就业市场机制不完善；另一方面是个人对当今市场人才需求的关注度不够。

针对以上几点原因，我认为有如下几点较有针对性的策略方法：

1. 首先，我应该先做一做心理学中比较具有权威性的职业兴趣测量表，如霍兰德职业兴趣量表等，先明确自己已经形成的兴趣爱好，然后再进一步分析与自己兴趣相关的职业方向；此外，还应该利用空闲的时间去培养一些新的爱好，如钢琴、英语、第二外语（韩语）等。俗话说多个朋友多条路，多一些技能就意味着多一些机会。

2. 可以从自己的所学专业和理想职业二者之间寻找某种相关性，将爱好和专业相结合，不仅二者兼得还能使奋斗范围缩小。例如，我学的是国际经济与贸易专业，而我又希望能做一名翻译，也许我未来考虑在一些贸易公司做翻译人员，相对于纯粹的英文专业学生来说，我更加熟悉外贸的相关知识和业务。那么我的短处反而成了我的优势。

3. 要拿出勇气和家里人进行沟通，让他们尊重我的决定。毕竟自己的路要自己选择，家长的想法只能作为参考意见，当然对自己作出的选择要努力地为之拼搏并勇敢地去承担一切后果。

4. 不能眼高手低。勇于尝试各种职业。如果一开始不能有幸从事自己喜欢的职业，我希望自己有挑战自己的勇气，在未来的职业生涯中慢慢改变工作方向，最后在喜欢的工作领域取得一番成就。

5. 做个有心人。关注各方面的有关新闻和国家政策，利用各种可能渠道获取择业就业信息。

6. 确定自己的职业锚。

以上几点策略对我自身而言具有非常强的针对性和可行性。通过职业兴趣量表的测量评估我知道自己比较适合有挑战性、有新鲜感的工作，比较偏好于与人打交道的行业；在与家人深度交流之后，她们表示愿意尊重和支持我的决定，并教导我说一旦下定决心就要坚持到底，对于自身而言，我喜欢学习外语，了解不同国家的地域和风土人情，所以会朝着翻译的道路逐渐靠近，我相信只要我始终坚持自己的梦想，未来我一定能在自己喜欢的领域发光发热！

【学业准备与择业分析】①

我曾经这样问过自己：人生的路到底该如何去走？有位哲人曾说过：“走好每

① 本文根据《心理访谈与健康成长》课程班 14 – 15 秋 No. 035 张寓自我成长分析改编。

一步，这就是你的人生。”

一、问题识别

大学只不过是一座象牙塔，从我踏入这里开始，我就知道总有一天要走出来。可是我究竟将以何种姿态踏入社会呢？现如今，想在社会上安身立命，一份稳定的工作必不可少。然而，无数的大学生毕业之后走进社会，面对汹涌的社会大潮不知所措，我们将何去何从？其中一个重要原因在于，在大学期间，我们没有做好自己的择业准备与分析。在学完《心理访谈与健康成长》这一课程后，我在想为了避免这一重复过无数次的局面发生在我的身上，从现在开始，我对自己将来的就业进行择业准备与分析。

二、择业条件分析

家庭环境分析：我的家庭虽不富裕，但还能维持基本生活；家人的文化水平比较低，所以希望我能考研，将来找个好工作；我又是很孝顺的孩子，而且我也有读研的意愿，家人不会约束我什么，会给予我独立发展的空间。

学校环境分析：学校建校30周年，学校的历史并不悠久，师资力量较为薄弱，而且我所学的社区矫正专业也刚开设三年，学校客观上缺乏这方面的经验，所开课程很少。

社会环境分析：近年来，全国高校毕业生人数逐年增加，大学生就业形势日益严峻。我国目前正处在劳动年龄人口增长高峰期，在劳动年龄人口持续增长的同时，目前尚有1.5亿农村富余劳动力需要转移，有1100万以上的下岗失业人员需要再就业，再加上每年未能如期就业的毕业生。这些都使社会总体就业形势更加严峻，大学生就业难问题更加凸显。

三、自我条件分析

个人性格：待人真诚，既有内向的一面，也有外向的一面。跟自己比较熟的朋友话特多，也爱开玩笑；跟不太熟的朋友话较少，也不太主动与其搭讪，让人甚至觉得自己过于冷漠，难于靠近。

个人兴趣：喜欢打羽毛球、散步、上网、听音乐、写作、摄影、旅游等。

个人特长：有坚持不懈的精神，永不服输的斗志，公平公正。比较有耐心，心态比较好，善于及时反省、总结。

个人缺点：明知有错而不改，喜欢找借口。缺乏行动的决心。

我的价值观：第一，要热爱国家和人民，具有爱国主义精神；第二，要适应社会需要，具有竞争意识，坚持优胜劣汰的原则，做一个奋斗进取的青年；第三，坚决抵制不好的价值观，如抵制拜金主义、享乐主义等，做一个积极向上、有奉献精神的人。

四、未来择业的策略思考

本科毕业后直接走向社会。结合自己的兴趣爱好、特长等，找一个较为满意的工作，如进入监狱局、司法所等。然后安安心心地工作。但是这并不是我最期望的。换句话说，这是社会形势所逼，无奈才为之。也许是我根本没有充足的准备走向这样一个社会。到了工作岗位上，不畏艰难，希望得到上级的赏识，做一个有价值的人。

本科毕业后考研。在更好的大学里吸取知识的精华，硕士毕业如果有机会再攻读博士，出国深造更好。最后进入研究院或者在大学做一名教师。从小我就对教师这一个职业很仰慕，并想着如果今后也能够走上讲台，面对这么多学生，将自己的思想传播给他们，那该有多好。这一条路，是我最期望，同时也是最艰难的。家庭并不富有，不能靠爸妈，一切只能靠自己。在读研究生过程中，也不会放松自己，踏踏实实做学问，将来成为祖国的一个科研人才。

自主创业。这对一个人的要求很高，创业成功，那当然好，但是失败的例子到处都是。这一条路对于我来说是最冒险，也是最胆怯的。首先，缺乏这方面的经验，意想不到的困难，我可能会承受不了。无法想象到底有多难。至少，现在我还远远不够创业的资本。脑子里关于创业的思想，也仅仅是停留在创业成功者说的成功之道。个人觉得我并不适合于创业，缺乏冒险精神，经不起失败，当然我也一直在尝试着改变。

五、择业的具体方法规划与探讨

大一，打牢基础。观念上将“要我学”变为“我要学”，脚踏实地地学好基础课程，特别是英语和计算机。在大规划下要做小计划，坚持每天记英语单词、练习口语，并从大一开始就坚定不移地学下去。根据自己的实际情况考虑是否修读双学位或辅修第二专业，并尽早做好资料准备。大一的学习任务相对轻松，可适当参加社团活动，担当一定的职务，提高自己的组织能力和交流技巧，为毕业求职面试练好兵。

大二，承前启后。在这一年里，既要稳抓基础，又要做好由基础课向专业课过渡的准备，并把一些重要的高年级课程逐一浏览，以便向大三平稳过渡。这一年，手中应握有一两张有分量的英语和计算机认证证书了，并适当选读其他专业的课程，使自己的知识多元化。可参加有益的社会实践，如下乡、义工活动，也可尝试到与自己专业相关的单位兼职，多体验不同层次的生活，培养自己的吃苦精神和社会责任。

大三，奋起直追。主动加深专业课程的学习，并把大四的课程尽量挤入大三这一学期，以便大四有相对宽松的时间求职或考研。对于大多数同学来说，大三是到了快要把自己抛向社会的时候，因而要多向大四的师兄师姐了解求职信息、面试技巧和职场需求情况，请教写求职信、个人简历的经验，并从假期开始为自己心目中的职业进行实践。如果准备考研或出国留学，则要关注考试资讯，尽可能多渠道地收集各种资料。

大四，扬帆千里。目标既已锁定，该出手时就出手。求职的，编写好个人求职材料，参加招聘活动。如果真有机会考研和出国的，现在就是冲刺期，下足功夫，争取把目标拿下。在同学们为自己的前途忙得晕头转向的时候，毕业论文这一关可马虎不得，这是对我大学四年学习的一个检验，要对自己负责，想想被评上优秀论文是一件多么荣耀的事情啊！只要是在大学前三年都能认真践行自己计划的同学，相信大四就是收获的季节了。

六、因时而变与效果分析

在择业准备实现过程中，或许会因为身体原因、经济原因、意外突发事件等特殊情况而使计划有所变动，又或者在这期间有始料未及的机遇，这些我无法预料，我的想法是走好脚下的每一步，根据事实情况适时进行调整和改动。在过去的快两年的时间里，我根据自己的规划，脚踏实地努力进取，在学习上没有超出自己预期的事情发生，并通过自己的努力获得了奖学金，也更加明确了自己的未来去向，被叫“学霸”的感觉也是不错的嘛。同时通过参加比较外向型的社团锻炼自己的社交能力，也报考了英语四级和计算机二级，正一步一步向着自己的目标前进。在接下来的学习中，我相信只要按照自己关于学业的想法与择业准备，同时定期与老师交流自己的想法，毕竟他们是过来人，有很多值得我们去学习的地方，应该可以让自己变得更加充实。

【鱼和熊掌，可以兼得！】①

至今我仍然记得，当我收到上海政法学院录取通知书的那一刻，爸妈为我高兴，同学投来羡慕的眼光，老师打来电话为我祝福，似乎大家都在因为我成功地从专科升入本科而沉浸在欢乐的气氛中，而唯独我，看着那份耀眼的红色却怎么也高兴不起来。

那是因为我面临着对我人生来说一个至关重要的选择，而这个选择决定着我的未来。

我并不是上政的本校学生，我曾经就读于上海大学高等技术学院旅游管理专业，当初面临即将毕业，同学们在学校的安排下纷纷有了工作，而我放弃了学校的安排选择了专升本。当时的系主任曾跟我谈话，认为我专升本的意义不大，也因为我是整个专业里为数不多的拿到导游证的学生，上海国旅的面试也顺利通过，觉得我不应放弃这么好的就业机会，我知道，我应该去尝试的，而专升本也不是我的本意，只是面临家庭的压力。我的爸爸有六个兄弟，我有一个哥哥，一个姐姐，还有一个弟弟，从小大人们就喜欢在我们之间做比较，而我的学习成绩总是里面最差的一个，哥哥现在有了份很好的工作，姐姐是上海理工的优秀学生，弟弟则被保送到市重点

① 本文根据《心理访谈与健康成长》课程班 10－11 春 No. 119 马晓芬自我成长分析改编。

高中，所以家人都认为我的专科文凭太低了，至少要本科毕业，于是我走上了专升本的道路。

巧合的是在我考完试当天，我的一位同学打电话跟我说，现在世博缺导游，如果我有空的话，可以去锦江旅游面试带世博团。我想了一下，既然考试已经全部结束，成绩还要三个月才出来，何不趁此机会去面试，如果顺利通过就有机会锻炼自己，为自己积累经验，并且我对旅游充满了无限的兴趣。就这样我同意了，并且顺利通过了面试，参加了公司的导游培训，正式成为一名世博直通车的小导游。

在世博带团的几个月里，我从一开始羞涩地拿着话筒瑟瑟发抖地为游客讲解，到后来可以面对一整车的游客侃侃而谈，从面对突发情况的不知所措到后来的应对自如，为了熟悉世博的每一个区域、场馆和路线，送完游客后，我独自进行徒步考察，记录每一处场馆的特点，寻找最佳的参观路线和去每一个区域最捷径的方法，那些日子，我走坏了两双鞋，每天只带个空瓶子装水，带个小面包，因为每带一次团只有50元，而每天来回公司拿行程任务单，去酒店接游客，往返世博和家的交通费就不少，加上世博园区高昂的饮食费用，更不敢多花一分钱。有一次被大雨淋得浑身湿透，鞋子可以倒出水，喉咙喊到沙哑，皮肤晒得黝黑，连老师看了都开玩笑说，小马晒得那么黑只能嫁民工啰。但即便如此，我也没有请过一次假，并且享受着每一次的肯定和收获。我知道只要努力就会有回报，于是我成了公司里的世博小达人。就连公司的主管人员也向我请教世博参观路线，其他的小导游在车上只说注意事项，而我一路上全程讲解并把参观秘诀全部传授给游客，就连司机都忍不住说，小马，你是我有史以来听过的讲解里最好的一个。再后来公司的商务团、贵宾团、VIP小团，还有市政府的团和较难带的团公司都会派我去带，从世博直通车部门的专属导游到被借到欧美部、市场开发部、销售部带团，有好几次都是游客打电话点名要我带团，而团费也在一次次增加。当我第一次把赚来的工资全部分给爸爸、妈妈、奶奶时，那种从内心流露出的成就感不言而喻，难以表达。可就在锦江旅游准备正式录用我时，我接到了上政的录取通知书……

爸爸妈妈认可我的工作，但更希望我不要放弃这次读本科的机会，于是不顾公司如何挽留，我依依不舍地回到了学校……

新学校的住宿生活很不习惯，因为我以前是走读生从来没住过校，不知道第一天报到要带什么，以至于室友惊叹我东西如此之少，于是我就看室友带了什么缺的就去买。再后来是我不熟悉学校的环境，因为大多数都是从本校考上来的，都有固定的伙伴和认识的同学，而我没有伴，都是一个人洗澡吃饭。但好在世博的锻炼使我具有开朗活泼的性格，很快就融入了新的环境，室友都很照顾我。可在学习上我却怎么也提不起精神来，上课老走神，总是想睡觉，跟以前的同学朋友抱怨住校的生活像养老院，了无生趣，课程也极其乏味，完全没有带团时的乐趣！以至于后来锦江的老师需要我帮忙回公司带团，我毫不犹豫地请假了，次数多了就不惜逃课，后来世博结束了，接着学校也要考试了，于是我挂了一科！

我极度失落，我从未有过挂科补考，曾经年年拿奖学金，如此落差的打击让我一蹶不振，低落地度过了春节假期。直到有一天我看着镜子里萎靡的自己，默默地问自己，这是我想要的生活状态吗？不是。我一辈子就该这样吗？不是。你想再次尝试有成就感的滋味吗？是的！我要！肯定并且坚定！那你现在应该怎么做？振作！放下过去重新再来！突然间我感受到有一丝光亮从脑海一闪而过，那一刻我似乎一下子清醒了过来，原来心理的暗示和自我的独白能如此有效地帮助我走出心理的困境。

我知道我不该这样，一个人要学会拿得起放得下，我知道兴趣和学业不应该有冲突，只是我一时的失意没有找到平衡的方法从而封闭了自己的思维。专升本的两年我不想虚度光阴，它应该成为我美丽人生的一部分，我不该排斥，积极的心态才会让自己更好！我之所以会如此消极，是因为我从心里就没有坦然地接受，一度把它当成敌人一样对待，仿佛自己的心和心在作斗争，使得自己身心疲惫。这就好似战争只会带来伤害，而和平相处则能拥有美好和快乐。于是我就好像和平使者平息了自己内心的一场战役一样，使它们两者签订了友好共处的协议。我的小世界又回到了鸟语花香、生机盎然的状态！

至今，我依然没有放弃我的兴趣，周一到周五，我在学校快乐地学习，我爱上了我们学校美丽的绿化和那好看、好用的图书馆，而周末有空也会兼职带个小团。如此美妙的生活让我整个身心都愉快万分。

谁说鱼和熊掌不可兼得？而我贪心地将它们紧紧地握在手里，只要身心健康快乐、豁达开朗，人生中的鱼和熊掌就是可以兼得的。

【我真的适合做警察?】①

那天，在《心理访谈与健康成长》课上，范老师让我们填写希望从事的职业，我毫不犹豫地写了警察，还是两种警察：经济侦查警察和狱警。我立志做警察，考上海政法学院，有着我的故事。

高中时，我加入了校射击队。因为如果成为二级运动员的话高考能加20分，这对于每分必争的高考来说，无疑是一种巨大的优势，能够赢在起跑线上。我在校射击队天天积极训练，就是为了能在上海市射击冠军联赛上获得名次，能被评为二级运动员。我是半路出家的，虽然水平比不上校一队从小训练的运动员，但在同样高一进队的同学中，我练得最多，也打得最好。我很想进校一队打团体比赛。然而，当比赛来临时，一起练习的同学的爸爸是一个派出所所长，正好负责学校的枪支管理，和教练有交情，因此他进了校一队，虽然打得一般但在一群一级运动员的保护

① 本文根据《心理访谈与健康成长》课程班10－11秋No.055野间自我成长分析改编。

下打团体赛拿到团体总名次，获得了20分。而我打个人赛，只获得了第七名，前五名能加分。而在校内比赛，这个同学从来赢不了我。

当时，我一直在想，也就是他爸爸比我爸爸强，因为他爸爸是警察，而我爸是个平凡的工人。我不能和他比，他有特权，我们不在一个起跑线上。但我以后也要做警察，让我儿子也能享受优待，赢在起跑线上。

填志愿时，我都填了政法类专业。东南大学国防生、华政国防生、上大法学院，还有上政。我一心一意奔着做警察而去。最终总算是进了上政，离警察不算太远。

然而，我真的适合做警察吗？就因为这一时的刺激，我选择了今后的人生，但我能做警察吗？能做好警察吗？

我自小体弱，直到进小学才摆脱了连续不断的咳嗽。我耐力不好，耐力跑向来是勉强过线，进刑司系，进国防生，进考警班我能撑过那种体能训练吗？

我从小恋家，在大学里每周五都风雨无阻地回家，和爸爸妈妈一起吃饭是我很大的快乐。我要陪着家里人，这是我的一种快乐。真的做了警察，公务忙，值班多，可能我没有时间陪伴我的家人，这我能接受吗？

我心软，别人求我一般不会拒绝。如果真成了警察，掌握了一定的权力，别人为此请我帮助谋求利益时我能不心软网开一面吗？

我选择成为警察的根本动机，本身就是不对的。不是为了为人民服务，而是为了让我以后能享受特权，让我的下一代能享受特权，让别人给我的不公平延续，给别人以不公平，我能做一个好警察吗？

面对种种问题，我曾扪心自问，我曾经疑惑。我也知道可能我做不了警察，这个职业不适合我。但想起那时的不公，想起社会的残酷，想想那些诸如“我爸是李刚”的情形，我还是选择做警察，甚至在自我改变，努力向那个方向靠拢。

那天我在课后留了下来，和范老师一对一单独探讨了这一问题。通过老师的分析与老师分享的经验，我发现我真的不适合做警察。做警察，与我的性格差异太大。社会上是有残酷的现象，特权与不公仍然存在，我也曾经积极追求。但是，像范老师那样，不依靠特权，依靠自己才学的人依然存在。他们发挥了自己所学的知识才华，造福了社会，也实现了自己的价值，他们得到了尊敬。

我也要像老师一样，不去追求所谓的特权，不去“恨己不成钢”，靠真本事，靠自己的能力去选择一个适合我的职业，为社会也为自己做有益的事，实现我的价值。

那么，我适合做什么？我有何特长？我写作很好，是校报记者团的记者。我法学类学科成绩不错，民法、刑法都还可以。但我的致命伤是英语，高考才78分（150分卷），四级考了能不能过还不知道。我该从事什么职业？什么职业适合我？

老师建议我去做律师，我分析了自己，也决定去做律师。司法考试很难，但至少不考英语，我最大的致命伤能避开。我写东西还行，文科类考试较适合我，如果能成为律师，写诉状之类的语句难不倒我。司法考试较公平。关于公务员考试的负面报道太多，对于既没有背景又没有关系的我来说又输在了起跑线上，而司法考试没有这些问题，我考得高就好，较为公平。

重新选择时，我定下了目标，不再去想做警察，而是选择律师作为我今后的职业。我知道，司法考试并非想过就能过，要想实现我的目标，得从现在开始。从学好现在的民法、刑法、经济法开始。有了目标，就有了动力。我认真地学习这学期的课程，学习法律知识，为今后的司法考试做准备。我选择的路，适合我的路，即使再苦也要走完。

感谢老师，那天给我分析情况、给我分享经验。我找到了前进的方向，现在所要做的就是向着目标前进。

专题5 择业准备 发展自我

成长引导

引导主题：择业准备　发展自我
引导内容：择业的心理冲突与困扰、择业的心理准备和策略
引导环节：

- 案例导入：她为何找不到工作
- 理论概要：知识点解析
- 自我探索：我的择业目标及准备策略
- 心声分享：我的择业目标与策略

引导目的：了解多元目标构建的意义；建立职业素养培育的策略。

案例导入：她为何找不到工作

【案情概要】《心理访谈：待业的高材生·上》

杉杉是北京一所重点大学的应届毕业生，本以为出自名牌学校，又多才多艺，品貌双全，找工作一定不成问题。没承想毕业四个多月，递了上百份简历，竟然没有一个单位录用她，求职路上屡屡碰壁。

看着同学一个个都找到了工作，她心急如焚，十分焦虑，甚至出现了严重失眠的状况。

是什么让一个从小就是老师和同学眼中的“极品”、妈妈心中的骄傲的好学生毕业后长时期找不到工作呢?

当现场主持人问到杉杉自己有什么感想时，听到杉杉自己的描述：

就是觉得自己一直都很优秀啊，但是不被社会所接纳，就有一点想不开，想不明白，比较焦虑，因为长时间焦虑，我神经衰弱，晚上经常失眠，凌晨四五点钟还睡不着，躺在床上，能听见浑身的血管在跳的声音，去吃药，看医生，但是好像觉得这个“根”没有解决，治标不治本，主要是心病。

我所在的学校，我的父母也希望我考上这所学校，然后去通信公司工作，移动公司工作，后来我考研究生，错过了移动公司招聘的时间，然后就开始找工作，觉

得没有遇到合适的、满意的工作……

像我这样的专业，属于理工类的，很多公司都希望招男生，各方面的原因，如出差方便一点，像我这样的女孩子可能觉得不太适合。

问到妈妈为什么会这样时，妈妈说道：孩子当时考研究生时，没有重视找工作这个问题，可能自认为太优秀了，她不着急，她错过了那个时机，就没有机会了。

模拟面试，显现端倪：

一家人力咨询公司为她安排的模拟面试。

人力资源专家：我看你原来是学测控技术专业，一般像这个专业，你觉得最好的就业方向是什么？

杉杉：一般我们学生都希望往大的外企去考虑。

人力资源专家：从你的需求上来讲，你希望你做什么样的工作？

杉杉：能够和我的技术沾边，但是又不完全做技术的，对一个女孩子而言，希望做偏文艺类的职位，希望能够进一些技术公司，做技术支持。

人力资源专家：那偏文艺类的，你在上大学时从事过这方面的工作吗？

杉杉：没有。

人力资源专家：没有做过这方面的实践对不对？

杉杉：对。

人力资源专家：那你现在要是想做这种跟你技术沾边又不纯粹是技术性的工作，那你觉得你的优势在哪里？

杉杉：我觉得我是重点大学毕业的，资质不差，学习能力很强，如果有一个这样的机会，让我边工作边学习，我想我会很珍惜这个机会。

人力资源专家：我在想，你在给自己定位、找工作时，遇到的障碍到底在哪里？

杉杉：适合我的、技术支持类的，这样的就业面就很小、很窄，而在仅有的这几个可挑选的公司里，再选择的话，能够满足我的，我又不太愿意去选择它，比如说工作岗位、工作地点，还有薪水这些方面都不太符合要求。

人力资源专家：你希望拿到多少薪水？

杉杉：我觉得吧，在北京的话我希望三千元以上。

人力资源专家：工作环境你希望是什么样？

杉杉：希望工作环境能够舒适一些，出差少一些。

人力资源专家：舒适的概念是写字楼？

杉杉：对，尽量在写字楼里面工作。

（结束）

专家语出惊人，直指问题所在：心高气傲！

【评析要点】每年全国应届毕业生有好几百万，其中理工科毕业的女生至少也得有十几万，难道找工作都很困难吗？心高气傲，不谙世事，才是杉杉求职受挫的症结所在。

理论概要：知识点解析

5.1 择业面对的问题

5.1.1 选择职业机会

职业生涯规划的理论（职业锚理论、霍兰德的职业兴趣理论等）和方法（“知己 + 知彼 + 选择”）是职业机会选择的前瞻性指南。

面对就业机会选择时，还会有一些具体的问题需要考虑。社会主流的职业价值观对人们的职业机会选择会有一定影响。

看到一篇名为《职业选择的原则》的文章，颇有代表性。

职业的选择和原则

1. 职业选择的标准

（1）工资收入水平；（2）个人兴趣与爱好；（3）单位的地理位置（城市、区域等）；（4）单位性质（政府机关、金融机构、高等学校、国有企业、外资企业、合资企业、民营企业等）；（5）就业单位的发展前景；（6）继续深造的条件和机会；（7）发展机会等。

2. 职业选择的原则

（1）符合社会需要的原则；（2）发挥个人素质优势原则（专业所长、能力所长、性格特点等）；（3）主动选择原则（主动参与职业岗位竞争，主动了解人才供求信息和规格要求，主动完善自己）；（4）分清主次原则（权衡利弊、不一味求全）；（5）面向未来原则。

3. 寻求理想职业应注意的问题

（1）认识自己，了解职业（包括认识自己的兴趣、气质、性格和能力，也包括认识自己的生理素质、知识结构和职业适应性）；（2）正确把握自己的择业期望值（防止图虚荣、防止图享受、防止图安逸思想、防止偏离自己的择业目标、防止期望值过高）。

5.1.2 储备职业素养

职业素养，是指职业内在的规范和要求，是在从事职业过程中表现出来的综合品质，包含职业信念与道德、职业知识和技能、职业行为与意识等。

职业信念与道德。职业信念是职业素养的核心。良好的职业素养包含良好的职业道德、正面积极的职业心态和正确的职业价值观意识，是一个成功职业人必须具备的核心素养。良好的职业信念应该是由爱岗、敬业、忠诚、奉献、正面、乐观、用心、开放、合作及始终如一等这些关键词组成。

职业知识和技能。职业知识和技能是做好一个职业应该具备的专业知识和能力。

精湛的职业技能应当包含前瞻性的洞察判断能力、良好的沟通协调能力、团队协作能力、高效的执行力。

职业行为与意识。职业行为习惯，就是在职场上通过长时间强化而形成的最后变成习惯的一种职场行为方式。也即因长期从事某种职业而养成的那种极富职业特点的言谈举止。

有人总结了优秀员工必备的十大职业素养①：（1）像老板一样专注；（2）学会迅速适应环境；（3）化工作压力为动力；（4）表现自己；（5）低调做人，高调做事；（6）设立工作目标，按计划执行；（7）做一个时间管理的高手；（8）自动自发，主动就是提高效率；（9）服从第一；（10）勇于承担责任。

5.1.3 应试接受遴选

慎重选择、严格选拔、优中选优，是当今入职遴选的寓意所在。

跨区域、跨层级、跨专业等特点体现了遴选的跨度之广；笔试、面试、情境测试等则展现遴选的形式丰富多样。在公务员遴选中，为提高遴选对象与遴选职位的匹配度，缩短岗位适应期，遴选过程非常注重岗位的针对性。例如，笔试实行分级分类考试，即根据报考职位和各职务层级的需求，分别设置笔试科目，命制不同的试卷。

5.2 择业的心理困境

5.2.1 择业的心理冲突

5.2.1.1 个人需要的冲突

有项目报告显示，大学生在择业求职中的心理矛盾主要表现在以下几个方面②：

1. 理想与现实的矛盾

胸怀远大理想，却忽视眼前现实；希望自主择业，但又不愿承担风险；渴望竞争，又缺乏竞争的勇气；专注专业能力的发展但又互相攀比、爱慕虚荣；既崇尚个人奋斗、自我实现，又有较强的依赖感。职业目标上理想和现实的反差，职业选择上独立性和依赖性的错位，使得部分大学生在就业时感到十分迷惘和困惑。

2. 就业与深造的矛盾

就业的严峻形势使更多的大学生在就业与深造之间徘徊，犹豫不决。但是，高学历已不再是毕业生参与就业竞争的唯一优势。组织并不一定欢迎高学历、低能力的毕业生，更何况就业市场变化很快，现在深造，而几年后的就业情况又难以预料。尤其是对于来自贫困家庭又是普通院校的大学生来讲，一方面，需要及早就业减缓家庭经济压力；另一方面，就业难度增加，需提高学历增强就业竞争力，但深造读研又会加重家庭经济负担，并承担一定的风险。因此，就业与深造的矛盾深深困扰

---

① http://blog. sina. com. cn/s/blog_4cc9b9020100q6e5. html.

② http://wenku. baidu. com/link? url = g2oajzd8x9tr3l_waIluqjtxml0ggt6edn rawomwlltywqrqovjy5oIi8rl1rz9jae17tr - Itvu7kq0xvwdu3Oqkjfzvl1k8khamyoIdqvm.

着即将毕业的大学生。

3. 多重选择的矛盾

在就业市场化的条件下，许多毕业生会遇到多重选择的境遇：有的工作舒适，但收入较低；有的薪金丰厚，但承担风险；有的专业对口，但远离大中城市；有的很实惠，但与自己的兴趣相去甚远；有的单位可以立即签约，但又担心失去了其他的选择机会。这些问题常常使年轻的大学生处于难于决断的矛盾之中，左右为难，焦虑不安。因此，常常造成高不成、低不就的情况，左右彷徨，加大了就业难度，人为地造成了就业挫折。

5.2.1.2 个人需要与家庭需要的冲突

大学生在求职的时候不仅要考虑个人的喜好和未来发展，为了孝敬父母，他们有时候不得不考虑或者顺从父母的意见。而有些家长比较强势，也会将自己的意愿强加给子女。

以就业选择职业单位性质为例，有调查显示①，超过70%的父母希望子女能在政府部门工作，20%的家长希望能够进入国有企业，5%的家长希望能够进入外资企业，剩下的5%则是自主创业和进入私营企业。在政府部门工作，依旧是父母的第一选择。由于中国数千年的“官本位”思想潜移默化，加之如今成为政府工作人员往往意味着有更高的社会地位，稳妥而不菲的收入，以及清闲和体面的工作。因此，在父母的眼中，政府官员无疑是最贴近成才这个概念的，依旧因为稳定等原因而深受欢迎。但在许多年轻人眼里，政府官员受约束较大，难以忍受，不如到企业甚至从事自由职业自由。

以法律职业的职业岗位选择为例，有的家长会极力主张子女选择法官、检察官、公安警察等公务员职业，而年轻人则易崇尚有挑战性的律师职业。

5.2.1.3 个人需要与社会需要的冲突

5.2.2 择业的心理困扰

5.2.2.1 焦虑与漠然

面对严峻的就业形势以及日趋激烈的就业竞争，大学毕业生既希望谋求到理想的职业，又担心被用人单位拒之门外，担心自己在择业上的失误会造成终身遗憾，并对未来的职业生活感到心中没底，因此在就业过程中存在一定焦虑，成天想着各种不必要的担心，造成精神紧张、忧心忡忡、烦躁不安、意志消沉，行为上也表现得反应迟钝、手忙脚乱、无所适从。

那些在择业过程中受到过挫折的人，尤其是屡屡碰壁的人，会变得心灰意冷，表现出不关心、不在意的漠然样子。其实，这是一种回避、逃避的表现。

---

① http://wenku. baidu. com/link? url = h7jlvsd5ofktmglhvneyzrkqcbc7Iw5rudjy7m2rpy94nj1wur6fqfpccyme2ca7plsgejohv2_cs8gpubfpev4xz_9p6I5s7osoum89 - ki.

5.2.2.2　自负与自卑

一部分大学生认为自己学习成绩优秀，政治条件好，学校牌子硬，专业需求旺，因而盲目自信、好高骛远、脱离实际，使自己的求职目标与现实产生极大反差。如果不能如愿，则情绪低落，产生孤独、失落、烦躁等心理现象。而与此相反，部分大学生对自己评价过低，自惭形秽，面对就业问题时，缺乏自信与勇气，害怕竞争，从而使自己丧失了很好的机遇。对于一些冷门专业的毕业生、性格比较内向的学生以及遭受用人单位歧视的女生则因此悲观失望、消极厌世、不思进取。

5.2.2.3　攀比与从众

大学生在就业过程中，由于所学专业、家庭背景、能力和性格以及机遇不尽相同，因而在择业目标、职业选择上不具有可比性。而大学生受传统就业意识的影响，还未完成从“天之骄子”到普通劳动者的思想转变，缺乏恰当的自我职业定位，择业期望目标高于自己的实际状况，表现为眼高手低、挑三拣四。往往把“工作条件好、经济收入高、社会地位高”作为择业目标，一心只想去大城市、大机关，去沿海经济发达地区，到挣钱多、待遇好的单位，宁可待业在城市做闲人也不将就。此外，部分大学生由于缺乏实践锻炼，独立性不强，在选择工作时自己毫无主见，常为家长、同学所左右，不敢果断地作出选择和决定，虚荣心、侥幸心理会使他们改变原有的自我期望而采取不切实际的从众行为，丧失了最能发挥自己特长的机会。

5.2.2.4　受挫与依赖

一些大学生本身就有强烈的依赖心理，在择业过程中往往缺乏独立自主性、主动性和计划性，在社会为其提供的就业机会面前顾虑重重，不知所措，只有一味地依赖学校的联系，听从家长的安排。一旦工作不如己意，又会产生极大的心理落差，甚至会辞职逃避。几经反复，最后彻底退缩，回到家里，做起“啃老族”，沦落为“跳蚤人生”。

跳蚤人生

有人曾经做过这样一个实验：他往一个玻璃杯里放进一只跳蚤，发现跳蚤立即轻易地跳了出来。再重复几遍，结果还是一样。根据测试，跳蚤跳的高度一般可达它身体高度的400倍左右，所以说跳蚤可以称得上是动物界的跳高冠军。

接下来实验者再次把这只跳蚤放进杯子里，不过这次是立即在杯上加一个玻璃盖，“嘣”的一声，跳蚤重重地撞在玻璃盖上。跳蚤十分困惑，但是它不会停下来，因为跳蚤的生活方式就是“跳”。一次次被撞，跳蚤开始变得聪明起来了，它开始根据盖子的高度来调整自己所跳的高度。过一阵子以后，发现这只跳蚤再也没有撞击到这个盖子，而是在盖子下面自由地跳动。

一天后，实验者开始把这个盖子轻轻拿掉，跳蚤不知道盖子已经去掉了，它还是在原来的那个高度继续地跳。三天以后，他发现这只跳蚤还在那里跳。一周以后发现，这只可怜的跳蚤还在这个玻璃杯里不停地跳着——其实它已经无法跳出这个玻璃杯了。

因为它的心里已经默认了这个杯子的高度是自己无法逾越的。

5.3 择业的准备策略

5.3.1 构建多元职业目标

如右图所示，为自己勾勒一幅多触角的职业通道图，并尽早做好相应的职业素养储备及心理准备。

这样，面对多样的结果你都可能坦然接受。哪怕暂时不如你意，你也可按迂回前行的策略，分阶段向理想的职业目标前行。

构建多元职业目标

描绘一个最高目标，积极争取；
确立一个最低目标，承受底线；
清理多种中间目标，可以接受。
“不在一棵树上吊死”、
“曲线救国”

5.3.2 培育优良职业素养

从塑造健康人格入手，培育优良职业素养
培育积极的人格倾向
（兴趣、爱好、需要、价值、信念等）
积极培育和践行社会主义核心价值观
爱国、敬业、诚信、友善（个人价值目标）
自由、平等、公正、法治（社会价值取向）
富强、民主、文明、和谐（国家价值准则）
养成良好的人格心理特征
（能力、气质、性格）

5.3.3 科学应对考试遴选

1. 准备考试

准备考试，科学、扎实原则。方法到、功夫到是法宝。

（1）方法到。方法，是为获得某种东西或达到某种目的而采取的手段与行为方式。方法正确，就会事半功倍。遇到问题，找不到正确方法，再怎么努力都可能徒劳。

有个“走不出沙漠村庄”的小故事，讲的是有一位探险家在撒哈拉大沙漠中发现了一个小村庄，令他奇怪的是在此之前从没有任何人说起过这个地方，而这里的村民居然对沙漠之外的世界也一无所知。他就问村民为什么不走出沙漠看一看，村民的回答是：走不出去！原来自从他们的祖先定居此地之后，每隔几年就会有人试图走出沙漠，但不管朝哪个方向行进，结果都一样：绕一个大圈子之后又回到了村子里，没有一次例外！探险家感觉非常有趣，他走过无数的地方，这样的情况还是头一次遇到。于是他决定做一个实验，邀请一位村里的青年做向导，收起自己的先进仪器，跟在青年身后走进了沙漠。11 天之后，他们两人果然在绕了个大圈子后回到了村里！尽管如此，探险家却已经明白是怎么回事了。原来，村民们之所以走不出大漠，是因为他们根本就不认识北斗星！他们没有朝着一个目标努力！（确切地说，他们没有找到有效的定向参照）几天之后，当探险家准备离开时，他找到了上次和他合作的那位青年，对他说：你按照我的办法，一定能走出沙漠！这个办法很简单——白天睡觉晚上走。但千万记住，一定要对着北方天空最亮的那颗星星走，绝对不能改变方向！探险家离开了村子，半信半疑的青年最后决定照着探险家的方法试一试，果然，用了三个夜晚，他真的走出了大沙漠！

（2）功夫到。功夫，是做事所费的精力和时间。“方法对了，成功的旅程就是把行动放到时间上去烤。”

电影《暗算之第二部看风》中有这样一个故事：留学西方，智慧美丽、超凡脱俗、开朗纯真，追求个性自由，向往美好爱情的至情至性的天才数学家黄依依，在被特别单位701情报机构侦听处副处长安在天在数研所找到并带回负责破解国民党蒋介石“光复大陆”启用的联络新密码——“光复一号密码”，刚到701的时候，破解光密的间隙，她会漫山遍野地去找小松鼠，与警卫班的战士们打成一片，与助手小查情同姐妹，边洗衣服边唱歌，房间里弥漫着淡淡的野花香。遇到工作及其爱情上的困扰就去森林里找小松鼠聊天，找精神失常的科学家讨教，科学家自言自语的一段话“我知道。只有我知道。密码的排列组合是很复杂的，破译密码是男人生孩子，女人长胡子，正常情况下，这都是不可能的。我们就是要把这种不可能变成可能。没有别的办法，唯一的办法就是把自己关起来，放到时间上去烤，放到苦海里去煮。把你的骨头烤断，把你的脑筋煮烂，烤到你灵魂出窍，煮到你魂飞魄散。不把你烤得灵魂出窍，破译密码就只能是一句空话，就只能是一句空话。”给了黄依依巨大的启发，在最后的攻关阶段，她坚持连续在演算室里演算了15天之久，当最后验算成功，密码破解之时，她不禁往坐椅上一倒，昏死过去。

2. 应对面试

应对面试，要做到胸有成竹，知悉面试程序，构建应对策略。

就面试程序而言，一般来说，开放面试程序是：个人陈述+考官提问。个人陈述：介绍个人情况（个人经历及能力）、简述应聘理由（对职位要求及个人特长的理解）；考官提问：关于个人经历、关于职业理解等。命题面试程序是：思考准备+陈述表达+提问回答。

面试应对策略，心理策略最为重要。

用好眼睛，眼睛是心灵的窗户，让眼睛能展现你的真诚、友善、智慧、热情；

用好言语，言语是智慧的使者，让言语能表达你的学识、经验、思维、智慧；

用好微表情，微表情是真实内心的表达，让微表情能流露出你的自信、人格等。

总体而言，面试时努力做到：衣着得体、举止大方、镇定自若；真诚、自然地展现自己；聪明、智慧地表现自信；恰到好处地应用非言语行为。真实的、自信的、友善的、智慧的人一定会得到职场的青睐。

5.3.4 积极面对选择结果

抉择心理策略

期待理想的结果

直面不利的结果

不自责自罪

不一挫即败

“曲线救国”

坚定信念

天生我才必有用

自我探索：我的择业目标及准备策略

请根据所列命题，进行自我心理成长探索。

自我探索：我的择业目标及准备策略

意义：择业准备、发展自我

要求：

1. 澄清“我可选择的职业目标”种种；
2. 探索为实现目标应做的准备和策略。

心声分享：我的择业目标与策略

【我的职业生涯规划】①

现如今我是一名法学专业专升本的学生，与老师课堂上其他的学生相比，我的年龄会比他们大，这也意味着我即将正式踏入社会，面对严峻的就业压力。

在踏上社会之前，我也有一段时间总是感到迷茫、彷徨，不知如何是好。然而通过老师课堂上的教学和职业生涯的规划我找到了自己的职业目标，寻觅到了自己奋斗的方向，并且根据其任职资格对比自身条件找到了具体的对策。

首先，我全面认识了自我。经过霍兰德职业性格测试（SDS）和MBIT测试，我的职业兴趣类型是社会型—经营型—艺术型（代码SEA）。善于规划和管理集体活动，喜欢帮助他人解决问题，具有冒险精神。在自我评价方面，优点是对人或事物观察敏锐，能够清楚地看到正在发生的事情，并且能够敏捷地抓住机会。思维及

① 本文根据《心理访谈与健康成长》课程班14－15秋No.095姚佳自我成长分析改编。

行动反应敏捷、活跃，擅长随机应变，不墨守成规，具有良好的沟通交流能力与协调能力。缺点是做事容易拖拉，难以约束自己。做事有时太过冲动，在没有认真考虑的情况下就行动。在同学评价方面（大学同学），优点是性格开朗，注重事物细节，有责任心，人际关系好，热爱生活，思维敏捷；缺点是缺乏干劲。在其他社会关系评价方面，优点是适应能力强，随遇而安而且注重实际，乐于帮助别人，善于处理人际关系；缺点是做事缺乏计划，应未雨绸缪，学会计划和预测事物的发展变化。所以综上所述，我具有一定的交际能力，为人坦率，友善合群，思维及活动反应敏捷且能够当机立断。

其次，暑假期间，我在一家企业人力资源部门实习。在实习期间，我对人力资源方面产生了浓厚的兴趣。人力资源分为六大模块：人力资源规划、招聘与配置、培训与开发、绩效管理、薪酬福利管理、劳动关系管理。而我主要负责招聘这一模块。在实习工作中，我要面对形形色色的简历和应聘者，HR Manager 也教会我如何去挑选适合我们公司岗位的人才。和应聘者打交道的过程中，在有工作经验的面试者身上，我能从他们的工作经验中获取一些非自己领域内所能获得的知识。在刚刚踏出校园的毕业生身上，我总能看到自己一开始的影子，年轻气盛，对工作眼高手低，这都让我引以为戒。而在我实习的过程中我也会遇到挫折，这时我会通过调整自己的心态来缓解压力。这次实习经验让我收获良多。

喜欢与人打交道和实习的经验让我坚定了日后工作在人力资源方面发展的决心。现如今我也在准备考取人力资源证书，也对自己毕业后的五年做了一定的规划。第一年：建立自己的人际关系网，并在工作中慢慢摸索经验。第二年：考取人力资源管理人员（四级）证书。第三年：做到人力资源管理师。第四年：摸索出自己的工作法则，寻求可能的、最好的工作环境。第五年：在业务上达到熟练，做到高级人力资源管理师。

路漫漫其修远兮，吾将上下而求索。我会在明确的职业发展目标下，不断充实自己，增强自己的职业竞争力，从而实现自己的职业理想。

【我的择业定位】①

有人说今年是大学毕业生就业最难的一年，对于明年即将毕业的我来说择业准备刻不容缓。但我对自身专业在今后求职道路上的高门槛心灰意冷，又对专升本这一不尴不尬的学历缺乏自信。我曾问过自己，自己理想的职业是什么？自己适合什么职业？什么职业能够为自己创造最大的成长空间？我起初的想法很简单，就是兴趣第一，多劳多获！

后来，我尝试着问过我原来那些已经毕业了的专科同学现在的工作情况，多数

① 本文根据《心理访谈与健康成长》课程班 12－13 春 No. 074 徐俊彦自我成长分析改编。

人回答我是“先在这里做着，有机会就跳”这类话；也问过比我大一届的学哥学姐们今年找工作的情况，他们抱怨道“这就是一个拼爹的社会，有关系就有路子”，从而产生了一些较为悲观的心态：首先，我开始觉得兴趣在现实面前不值一提，大家都想找一个自己感兴趣的职位，但在收入和物价比相差离谱的情形下还谈什么按兴趣择业。其次，我开始对“先就业，后择业”的观点持批判的态度，简直就是误人子弟。我认为，人生的第一份职业，对以后的工作影响是非常大的。几年做下来，再想换行业？凭什么？有经验吗？招你还不如招应届毕业生！

有了这些消极的想法后，我算是看清了现实的残酷，决定与其这样坐以待毙，还不如从现在开始通过自己的努力，为一年后正式步入社会，提升自己的竞争力。首先，我试着分析了自己的性格适合哪类工作。由于我是一个内向的人，不适合做律师、教师、销售这类对人际交往、沟通能力有较高要求的行业；其次，我对艺术也没有特别的偏好，没有可能做设计师；大学期间也从未接触过理工科，注定与程序员无缘。但我心思缜密，有耐心，不容易出错，动手能力较强，适合文职、电子商务这一类的职位，并且在大专三年主打学习的是会计金融这一方面的知识，在本科的一年又学习了国际投资法、税法和经济法，所以我决定选择银行金融这一类的职业，并决定参加今年10月的各银行招聘会。为了提高自己的胜算概率，我准备在最后一个暑期，精心准备包括网审、笔试、面试在内的各项考试内容。当然我必须考虑到失败，如果10月未能得偿所愿，我并不会灰心，我会选择放低要求，应聘银行的一线岗位，或者选择相对容易就业的服务业，如旅行社、酒店财务部等。

经过自己的理性分析和正视社会现实后发现，一毕业就想有很称心如意的工作是不大现实的，如果自己的第一个目标没能实现，找一个有潜力且自己又可以接受的职位先做起来，否则一直找不到好的工作，心态会受影响，有个工作总比“啃老”好，找到自己喜欢的方向，然后再“骑驴找马”追寻自己的理想。

【走向择业之路】①

告别高中校园，迈入精彩大学。时间真是抓不住的流沙，转瞬即逝，不知不觉已经是一名大二的学生了。刚进大学时的兴奋劲已经过去，等待我的是走向择业的道路。

在还没有接触任何与心理访谈的相关课程时我很迷茫，抱着走一步算一步的消极心态。完全不知道如果有一天我不得不面对社会上的各种职业时该如何应对，是勇敢地迈出第一步在社会上闯得头破血流，还是有方法地积极寻找就业出口？是退回到父母的怀抱还是听从他们的安排？是要寻找什么样的职业方向，还是无所谓的职业？在这其中我认为最首要的问题还是我该选择什么样的职业。

---

① 本文根据《心理访谈与健康成长》课程班15－16秋No. 111支晶珏自我成长分析改编。

我之所以对寻找什么样的职业感到困惑，其实就是对自己的定位不够准确，没有找对方向，对自己还不够了解，不明确自己的兴趣所在，价值取向也一直很模糊。在想自己该选择什么样的职业时，往往是带着很矛盾又很焦虑的心态。觉得这个职业方向不错可是一转念又发现另一个方向也很好；同时又很焦虑，要快点定下来自己应该往什么方向走，也会苦恼自己有没有资格、适不适合做这样的工作。但是通过心理访谈课堂的学习和课后的思考，我发现选择一个职业方向并不是这样的毫无章法，而是有一定策略的，从自我心理的角度，剖析内心真正的渴求，逐步地实现，走向属于自己的择业之路。

首先，要有一个择业的心理准备和策略。第一步就是选择适合自己的机会。构建多元职业目标，按照职业的高低目标制定一个表格，最高职业目标要积极争取，最低职业目标是自己可以接受的底线。第二步就是要培育自我应有的素质，塑造健康的人格，我认为这是很重要的一点，做什么样的工作就可以体现什么样的心理素质，积极的人格倾向可以在职场中展现属于你的人格魅力，自然而然地吸引周围的人，良好的人格心理特征可以很好地表现出你的能力，绝佳的气质、乐观的性格，也让我相信，即使职场充满陷阱，自身的良好品性足以抵挡诱惑，在自己的世界快乐地工作。第三步就是择业过程中必不可少的一点——应对面试。面试的方式多种多样，要是我们完全没有准备就去面试，无论如何都不会有特别好的结果。我们一定要提前做好万全的准备，熟悉面试的流程，预测可能会询问什么样的问题，提前构思好回答的思路，不能抱有侥幸的心理。第四步就是坦然面对结果，失去了这个机会不要紧，还有很多机会在等待着。

在认真研究了这一系列的策略之后，我感到豁然开朗，前途不再像深不见底的井，择业不再让我感到恐惧害怕。我按照这样的步骤制定了一个择业的大致方向。前段时间，招聘会在我校召开，来了很多著名的企业，其中不乏我感兴趣的。虽然年龄还没有到，但是我却想抓住这样的机会审视自己的职业方向，我的专业是英语，我也对英语交流、文化特别感兴趣，所以我认为我适合的方向应该是担任企业的翻译人员或者跨国公司的对外交流员。有了这样的初步规划，我就应该从现在开始努力，不断加强自己的英语能力，丰富自己的学识，做到用人单位的用人标准，甚至超过这样的标准。

择业之路不再漫长，把握当下，打好基础，走向成功。

【人生的又一次抉择】①

人生，有许多的岔路，于是抉择变得很重要。因为每一个抉择都决定了我们之后会踏上怎样一段旅程，欣赏到什么样的旖旎风景！

① 本文根据《心理访谈与健康成长》课程班 13－14 春 No. 050 陆雅琴自我成长分析改编。

从初中起我就开始选择我自己的人生旅程了，这得感谢我爸爸的放养式教育。在我每一次抉择的时候，我爸爸都只给我意见，从不强加他的意愿给我。在此感谢一下爸爸。

还有一年，我又要面临人生又一重要的抉择——从事什么样的职业？其实我是一名专升本的学生，以前学的是社区管理与服务专业。通过接触之后，再经过老师的介绍，我对这门专业有了深入的了解，所以我慢慢喜欢上这门专业，也因此我有了就业目标——社会工作者。但是经历了求职这条路之后，因为某些原因，我有点犹豫了。在犹豫不决的时候，我决定选择进修，选择了上海政法学院的专升本。

事事总有轮回，该面对的始终逃不了。现如今我又要开始考虑就业问题了。最初的那个梦想一直萦绕心头，但是之前的面试了解却让我止步。没有下定决心的原因之一就是薪酬方面。虽然我面试之前也知道这份工作的价值不在于它给我的薪酬，而是它回馈给我的成就感。但是生活总是现实的，我是一个单亲家庭的孩子，爸爸的工资并不高，家中的一切开销都依赖爸爸的工资。虽然我们家并不是很富裕，但是我爸爸却没有让我停止过学习，本来我大专毕业就可以工作从而减轻家中经济负担，但是我最终选择继续学习，就连这个我爸爸都还是支持我的。所以工作薪酬在我眼中可以说很重要，因为我要为父亲减轻负担；也可以说是不重要的，因为我更看重一个工作的价值本身。另外，专业知识的掌握不够也是我没有当上社工的又一个原因，一开始我一点也不接受这个拒绝我的理由。但是后来自己思考了一下，社会工作者是一个专业对口要求蛮高的工作，如果我的专业性不高，怎么可以给予求助者正确的帮助。所以薪酬以及专业知识都是影响我以后择业的因素。

由于我现在是学生，仍然在学校上课，在专业知识方面我有办法去获得。下学期的课程比较少也比较分散，自己的课余时间十分充足。我打算利用自己的课余时间去蹭社会学的相关课程，有老师的详细解说，比自己在寝室自学更高效。另外再加上自己多做习题，这样的学习会更有效。无论我以后是否会做社工，我都要做好充分的准备。至于薪酬方面，我也和我爸爸认真地交谈过了。爸爸依然尊重我的选择，他说无论我做什么选择他都支持我。家里的开销不需要我担心，因为毕业之后，爸爸没有大笔学费的负担，日子会比现在好一点，至少不会因为我没贴补家用而吃不上饭。爸爸的支持，消除了我的担忧。很感谢爸爸对我每一个选择的支持。

困扰我的两个问题基本上已经解决了。所以，等明年准备充分，我打算火力全开去追寻我内心深处想要从事的工作。因为我怕不努力，不尝试，自己在将来的某一个时刻会指责现在的我。至少努力过就没有理由后悔了。

【择业，我找到了答案】①

我现在比较烦恼的是三年后的就业，说是三年，其实就是两年半。我本来以为

① 本文根据《心理访谈与健康成长》课程班 11－12 春 No. 055 田孟涛自我成长分析改编。

出来后直接找找关系，拿点钱就可以找一个从基层做起的“铁饭碗”。但是，事实并没有我想的那么简单。在宿舍里，我们就经常讨论将来我们都要干什么，需要什么条件。我本来打算去检察院工作的，但是条件却是极其严格，要通过司法考试，还要有学历，考研甚至读博（如果你想要得到更高的职位），哪一个都不是那么简单。

在我们几次的讨论之后，面对择业准备这个问题，我很迷茫，并且很怀疑我第一次是否能通过司法考试（我认为概率不大），要是考不过，还要考几年。读研，又能几年考上，考上了，还要浪费三年的时间……

但是通过这节课，我找到了答案，我缺少的是决心，如果我现在犹豫不定、浪费时间，那么我会一无所获。经过内心三番两次的挣扎，我决定了，我先在大四的时候考一次司法考试，如果考过了我将去就业，如果没过，我就会专攻研究生考试，直到考上为止，然后再考虑司法考试。我想我已经在半路上了，就不能放弃我这个专业，再返回选择我的理科专业，所以我要用我的决心来走完以后的路，直面挫折，并将之击垮。我的计划并没有什么出众的地方，但是它代表的是我将来要走的路，所以它由不得我中途放弃。

【蜗牛爬行备学业】①

首先，我是通过行政管理专业2014届专升本考试考进上海政法学院的，在进入政法学院之前，已经有过一次对学业思考的经历。记得那时候很孩子气，不懂得学习，当时读专科时也没好好学，似乎浪费了专科的三年时光。直到决定考专升本的那一刻，心里也是不知所措。爸爸打电话告诉我说：“大胆去考，考不上就去参加工作，大不了我一辈子养你。”刚听完这句话我并没有很感动，就只是有一股力量瞬间支撑我，一定要去考专升本。但后来却因为这句话感动了好久好久。从满心欢喜地去复习到后来的“瓶颈”期，再到使劲找寻动力和希望督促自己再加一把劲，后来幸运之神总算降临到我身边，我进入了上海政法学院，开始了我的本科生活。明年的这个时候我们已经毕业了，又到了人生的一次抉择期。这次，我更加知道自己要什么，更加理性。我想我的学业并不像“为中华之崛起而读书”那么伟大，我只是想完成我的使命。

或许每个同学都有过和我一样的困惑：努力学习的原因是恐惧和压力，怕找不到好工作，怕考不上研究生，因此不敢放纵自己。似乎我们从一进大学就开始碰到很多无法解决的困惑，同时被灌输着一些所谓正确的发展方向，我们因此而愿意服从这些权威结论，以自我的压抑而不是以心灵的呼唤来学习，我们总会迷失自己的理想。

---

① 本文根据《心理访谈与健康成长》课程班14－15春No. 101吴诗媛自我成长分析改编。

记得有人曾说过："到达山顶有两种情况，一是蜗牛的慢慢爬行；二是雄鹰的展翅飞翔。"在学业这条道路上，我和蜗牛一样，我也在学习的道路上前进着，我面对的是两点一线的生活和堆积如山的作业，学习道路上讨厌的绊脚石也越来越多，只是知道不能再由着性子去做自己想做的事了，我要拥有一份信念，一份打垮一切困难的信念。蜗牛慢慢地爬行，它留下的长长的"线"，尽管很慢，可是它留下的痕迹告诉我，它已经走过这里了，对于它留下的痕迹，我竟产生了一丝的敬佩。我也要像蜗牛一样，在自己学习的道路上留下努力的痕迹。那就做一只蜗牛吧，只要自己努力，就能走向成功。

关于在学业上的前行并不可怕，一样的充实有趣，只要自己努力。当在追求梦想的路上，脚踏实地地留下努力的痕迹时，你才能发出灿烂的光芒。

当然，在学习过程中必然会遇到一些挫折。不气馁，有一种执着，这种执着虽不强悍但持久。无论经历什么，我们都将走向工作岗位。有人说现在的研究生和以前的中专生、大专生也没什么区别了。我们看到了太多在校研究生与昔日同窗对比的消息，发现没考研的那一拨事业顺风顺水，稳定极了，而在校的研究生只是穷书生。但我们要以发展的眼光看待问题，来日方长，我相信优秀的研究生的职业生涯将在高起点起航。所以我的决定是考研，虽然考研是件磨性子的事情，但一旦决定了，我就不会回头，这就是我对学业的思考。

【正视自己的就业之路】①

对于像我这样的大三学生，就业问题已经迫在眉睫。但到目前为止，我仍迟迟没有定下从业的方向。经常被人问"你以后想做什么工作?"左思右想之后却发现似乎没有特别喜欢和讨厌的职业，但这样的状况对于即将毕业的我来说并不是一个好现象。

因此，一遇到问题本就容易沮丧的我在这方面体现得尤为突出，如若被家长责备"为什么到现在都不能成熟地思考就业问题"或者是看见其他同学早早地决定好要走的职业发展之路，反观一下自己的情况便轻易地陷入低落的情绪了。

出现这样的状况我也思考了许多。总体来说，就是自我认识不足和目标不明确的问题。

我从一开始就有种"得过且过、按部就班"的思想，从小学到高中九年制义务教育一路学来再到选择了大家都认为比较有发展前途的政法学校。对于很多事情没有思考自己真正想要什么，而只是一味地按照计划好的步骤走来，以至于到现在我依旧没有摆脱这个惯性，在就业问题上出现了困惑。

如果说择校的范围还算小的话（一般都是以名校、重点学校等为基准来选择），

① 本文根据《心理访谈与健康成长》课程班 10 - 11 春 No. 106 徐娅瑾自我成长分析改编。

就业的范围就要大得多。各行各业，每个职位的工作内容、工作性质都不尽相同，而我根据以往的“惯性思维”是无法在短时间内立刻明确自己的目标的。因此，既然我已经意识到自我认识和方向选择是我要解决的当务之急，就必须尽快地处理这两个问题。

首先，就职业选择问题来说我认为一份好工作是要有不断学习的机会，完成任务后很有成就感的。如此一来，我就必须考虑符合我价值观中“有意义”特点的职业，如律师、市场、教师等。

其次，如果无法坚持一份职业，不用心思或者随便做做也是不行的。所以我可以从我的兴趣出发，想一些我喜欢的事物，如绘师、文字编辑、旅游业相关等。

最后，工作是否能体现个人价值，做起来是否上手，能否让自身的长处和优势得到发挥也是择业的重要因素之一。我必须了解我有哪些较强的能力，如策划能力、沟通能力、持久力……不单只是简单地罗列，更需要有实际事例来佐证我的能力。我需要挖掘自身成就（OM 头脑风暴团体赛全国第一名）、实习经历（在区委实习时参与策划过全市各民族党员代表大会）、个人发展（每天能坚持跑 1200 米）等，再去寻找与我的能力契合的职业。

我可以从这三个方面入手，择一从业。但最理想的方法是将三个方面结合起来，找到一份既能学习又感兴趣还能体现自己能力的工作。这无疑是很难的，需要我从现在开始侧重弥补我缺失的实习经验，锻炼我薄弱的英语口语能力，更进一步地去贴合未来可能进入的行业。

而正如我所分析的，即使已经有了明确的选择模块，要找到唯一合适的那个工作还是有许多选择。这就需要我在真正就业之前，除增强自身能力之外还要做大量的职业调研。了解我“候选工作群”中职位每日的工作、要求的品质、行业发展前景、公司氛围……通过前期的了解既能节约时间成本（不必等到做某个职位两三年之后再发现其实这个职位并不适合自己），又能充实行业信息，为面试做好深厚的背景知识了解。

并且我已经参加了职业发展类的咨询课程，在不断挖掘自己潜力的同时通过与其他学员的团队合作观察还有哪些隐藏能力。在学习的过程中我不断收获成效，我变得更加认真地应对每一件事，把每一天都当作生命中的最后一天毫不懈怠地工作；也懂得了如何在繁忙的日常中挤出时间做事，将问题划分轻重缓急，紧要的优先完成；更加认识到沟通的重要性，积极地与他人交流，集思广益，团结众人的力量攻克难关。

虽然这只是我短时间内对自我认识的转变以及对未来职业之路的大致规划，但我不禁惊讶地发现如此有目标、有步骤地去实践远比我以往“得过且过”的态度要好许多。我每天努力一点，收获就更多一点，在距离毕业还有一年的时间里多积累经验，等到正式步入社会之时就能胸有成竹地面对一切挑战。

专题6　认识情绪　管理情绪

成长引导

引导主题：认识情绪　管理情绪
教学内容：情绪困扰及成因、健康情绪及培养
引导环节：

- 案例导入："90后"的愤怒
- 理论概要：知识点解析
- 自我探索：情绪的出口该在哪
- 心声分享：我的情绪与管理

引导目的：认识管理情绪的重要意义；掌握不良情绪的自我调节方法。

案例导入："90后"的愤怒

【案情概要】2011年5月22日，在北京朝阳区的一家商贸公司当搬运工的20岁的马金库，因不满尹女士让他帮忙照看孩子及修电灯，持斧子将她及其2岁的儿子砍死。

事情的起因如马金库所说，2011年5月22日是一个周日，他本想睡懒觉，结果早晨6点多就被老板叫起来卸货。"我平时没那么大气，那天不知道怎么，就是特别生气。"上午8点多，他来到公司厨房，往一锅粥里放了二三十片安眠药。"我想大家吃完都会想睡觉，就不用干活了。"约1个小时后，老板和几个员工都出现了头晕、恶心等症状，遂去就医。

晚上他想睡觉，可正在洗衣服的尹女士又让他修电灯，又让他哄孩子。"我当时特别来气，说不愿意哄。她说你是打工的，让你哄你就得哄。"两人先是争吵，后来就你推我、我推你地动起手来。"我抄起墙角的斧子向她头上砸过去，想教育教育她就完事了"。他说，没想到尹女士抱着孩子喊："杀人了，救命啊！"孩子也在哭，"我当时害怕了，就下了死手。"

马金库说，当时黑灯瞎火的，他闭着眼睛砍了约20下，母子俩都没声了，斧子也砍断了。因怕同事出来看到，他把尹女士向另一个院子拖，其间他听到尹女士重

复说："为什么?""我说我哪知道为什么啊，我腿都打战了，我这辈子都毁了。"马金库将尹女士拽到一个货车底下，之后想发动货车将尹女士轧死，但因不会开车而放弃。他随后向宿舍走，看到尹女士的儿子时，他将孩子拎起来扔到一间仓库里。换完衣服，他到公司办公室、老板及尹女士的房间盗窃了3000余元钱、手机、银行卡等财物。之后，他开着老板的别克轿车离开。

马金库说："我不会开车，是现学的。"他一直向老家的方向开，在高速上他还和别人飙车，"没玩明白，撞到护栏上了。"之后他丢下别克车，花2000余元打车到了黑龙江五常市。他想回家看看亲朋好友，然后自杀，但翌日下午就被警方抓获。

2012年3月1日，马金库在北京市二中院受审。死者家属手举遗像，极度悲愤，但马金库满不在乎，甚至面带笑容。他称早已轻生，只求法院速判他死刑。

法庭上，马金库极不耐烦，神情中满不在乎，对被害人家属没有半分歉意，检察官视其为藐视法庭。

马金库的辩护律师则提出，马金库幼年父母离异，跟随父亲生活。4岁时父亲因杀人被判死刑，马金库遭受过后母虐待。这些非同常人的遭遇造成了他的人格缺陷和偏激性格，也使其人生观偏离了常态。虽然鉴定显示马金库具有完全刑事责任能力，但希望法院考虑他的成长经历对他判刑时留有余地。

马金库放弃了自我辩护。对于童年，他不愿多谈，只说小时候的经历让他经常失眠，他自幼就有轻生的念头。

公诉人认为，马金库当庭对其行为毫无悔改之意，漠视他人的生命权利，甚至有藐视法庭的表现，不足以轻判。

整个庭审过程，马金库都没有向死者及死者家属表达任何歉意和悔意。最后陈述时，他说："我希望法官能尽快判决本人死刑立即执行，谢谢!"并向法官鞠躬。

【评析要点】因琐事生气，即给粥锅下药、抄斧砍人，残害了他人的生命，也毁灭了自己的人生！愤怒的出口到底该在哪?

理论概要：知识点解析

6.1 情绪是什么

6.1.1 情绪的含义及结构

6.1.1.1 情绪是个体的态度体验

情绪和情感是人们对于客观事物是否符合个体需要而产生的态度体验。是人脑对客观外界事物与主体需要之间关系的反映。

凡是能满足人的需要或符合人的愿望的客观事物就能引起人们肯定的态度，产生喜悦、满意、愉快、欢乐等情绪体验，凡是不能满足人的需要或违背人的意愿的客观事物就会引起人们否定的态度，产生悲伤、失望、丧气等情绪体验。

而客观事物是否符合人们的需要还与人们对客观事物的认识和评价有关。阿诺德认为，情绪是通过大脑皮层的认知评价才得以产生的，愉快与不愉快等情绪体验决定于对知觉对象或情境的评价。情绪和认识之间互相起作用，认识是情绪产生的基础，情绪是随着认识的发展变化而变化的；情绪也影响人的认识过程，在认识过程中产生的情绪又会反过来影响人的认识活动。

情绪指的是感情反映的过程，如喜、怒、忧、思、悲、恐、惊，喜、怒、恶、蔑、悲、恐、惊等；情感则被用来描述具有深刻而稳定的社会意义的感情，如爱、恨、情、仇等。二者指的是同一过程和同一现象，只是分别强调了同一心理现象的两个不同方面。

总的来说，情绪是指人们对环境中某种客观事物和对象所持态度的身心体验，它是最基本的感情现象。

6.1.1.2 情绪的表现有两种类型

关于情绪的表现类型，有众多的研究和学说。

达尔文根据表情特征把人类的情绪大致分为痛苦、悲哀（忧虑）、快乐（爱情、崇拜）、不快（默想）、愤怒（憎恨）、厌恶（鄙视、轻蔑）、惊奇和害羞。

当代心理学家认为，人类的情绪分为基本情绪和次级情绪。

基本情绪有五种：快乐、悲伤、愤怒、恐惧和厌恶，它们分别对应于特定的躯体状态。基本情绪是人与动物所共有的，在发生上有着共同的原型或模式，它们是先天的、不学而能的，每一种基本情绪都具有独立的神经生理机制。内部体验和外部表现，并有不同的适应功能。复合情绪则是由基本情绪的不同组合派生出来的，如愤怒、厌恶、轻蔑构成敌意；恐惧、内疚、痛苦、愤怒派生焦虑。

6.1.1.3 情绪的结构有三个层面

伊扎德（Lzard）（1973，1977，1991）认为，情绪作为一个系统，是独立的。生理唤醒、外部表现和主观体验三者共同组成情绪。这三个层面互为影响和制约，缺少了任何一个层面都不能构成情绪体验，它们包括：

1. 认知层面的主观体验

这主要是指个体对情绪或情感状态的自我感受，属于情绪产生的心理内容，每种情绪都有不同的主观体验，它们代表了人们不同的感受，构成了情绪和情感的心理内容。人的主观体验与外部反应存在固定的关系，即某种主观体验是和相应的表情模式联系在一起的。例如，愉快的体验必然伴随着欢快的面容或手舞足蹈的外显行为。

2. 表达层面的外部表现

情绪与情感的外部表现通常称之为表情，它是在情绪和情感状态发生时身体各部分的动作量化形式，包括面部表情、姿态表情和语调表情。面部表情是所有面部肌肉变化所组成的模式，如高兴时额眉平展、面颊上提、嘴角上翘。面部表情模式能精细地表达不同性质的情绪和情感，因此是鉴别情绪的主要标志。姿态表情是指面部表情以外的身体其他部分的表情动作，包括手势、身体姿势等，如人痛苦时捶胸顿足，愤怒时摩拳擦掌等。语调也是表达情绪的一种重要形式。语调表情是通过言语的声调、节奏和速度等方面的变化来表达的，如高兴时语调高昂，语速快；痛苦时语调低沉，语速慢。

3. 生理层面的生理唤醒

生理唤醒是指情绪与情感产生的生理反应。它涉及广泛的神经结构，如中枢神经系统，外周神经系统和内、外分泌腺等。生理唤醒是一种生理的激活水平。不同情绪、情感的生理反应模式是不一样的，如满意、愉快时心跳节律正常；恐惧或暴怒时，心跳加速、血压升高、呼吸频率增加甚至出现间歇或停顿；痛苦时血管容积缩小等。

总之，情绪是掩藏不住的内心。实现了，就会轻松、喜悦、快乐；得到了，就会满足、欣慰、快乐；失去了，就会失落、悲伤、痛苦；感受到压力了，就会紧张、不安、焦虑；受挫了，就会悲观、沮丧、愤怒；遇险了，就会恐惧不安。这些都是内心世界的情绪表达。

6.1.2 情绪的基本状态

根据情绪发生的速度、强度、紧张度和持续性，情绪可以分为心境、激情和应激三种情绪状态。

6.1.2.1 心境

心境是一种微弱、持久而又具有弥漫性的情绪体验状态，通常叫作心情。它不是关于某一事物的特定体验，而是以同样的态度体验对待一切事物。让所遇到的事件都产生和当时的心境同样的色调。

心境所持续的时间短的只有几小时，长的可有几周、几个月，甚至更长的时间。

心境持续时间长短，与人的气质、性格有一定的关系。一种心境的持续时间依赖于引起心境的客观刺激的性质，如失去亲人往往使人产生较长时间的郁闷心境。一个人取得了重大的成就会在这一段时间内处于积极、愉快的心境中。人格特征也能影响心境的持续时间，同一事件对某些人的心境影响较小，而对另一些人的影响则较大。性格开朗的人往往事过境迁，而性格内向的人则容易耿耿于怀。

心境的产生往往由对人有重要意义的事件引起，虽然有时不一定都能意识到。生活中的顺境和逆境、工作中的成功与失败、人们之间的关系是否融洽、个人的健康状况、自然环境的变化等都可能成为引起某种心境的原因。

心境对人的生活、工作、学习、健康有很大的影响。积极向上、乐观的心境可以提高人的活动效率，增强信心，对未来充满希望，有益于健康；消极悲观的心境会降低认知活动效率，使人丧失信心和希望，经常处于焦虑状态，有损于健康。人的世界观、理想和信念决定着心境的基本倾向，对心境有着重要的调节作用。

6.1.2.2　激情

激情是一种强烈的、爆发性的、为时短促的情绪状态。这种情绪状态通常是由对个人有重大意义的事件引起的。重大成功之后的狂喜、惨遭失败后的绝望、亲人突然死亡引起的极度悲哀、突如其来的危险所带来的异常恐惧等，都是激情状态。

激情状态往往伴随着生理变化和明显的外部行为表现，如盛怒时全身肌肉紧张、双目怒视、怒发冲冠、咬牙切齿、紧握双拳等；狂喜时眉开眼笑、手舞足蹈；极度恐惧、悲痛和愤怒之后，可能导致精神衰竭、晕倒、发呆，甚至出现所谓的激情休克现象，有时表现为过度兴奋、言语紊乱、动作失调。

激情对人的影响有两面性。

消极的激情状态下，人往往出现“意识狭窄”现象，即认识活动的范围缩小，理智分析能力受到抑制，自我控制能力减弱，进而使人的行为失去控制，甚至作出一些鲁莽的行为或动作。积极的激情状态是一种催化剂，如我国成功发射卫星时国人的兴高采烈，国际比赛中我国运动员取得金牌时的欣喜若狂，在这些激情中包含着强烈的爱国主义情感，是激励人上进的强大动力。

6.1.2.3　应激

应激是在出乎意料的紧迫与危险情况下引起的高速而高度紧张的情绪状态。

应激状态下，人可能有两种表现：一种是目瞪口呆，手忙脚乱，陷入困境；另一种是急中生智，及时行动，摆脱困境。

应激状态的产生与人面临的情景及人对自己能力的估计有关。当情景对一个人提出了要求，而他意识到自己无力应付当前情境的过高要求时，就会体验到紧张而处于应激状态。

在应激状态下，可通过机体生理机能的变化和调节来进行适应性的防御。例如，肌肉紧张，血压、心率、呼吸以及腺体活动都会出现明显变化。这些变化有助于适应急剧变化的环境刺激，维护机体功能的完整性。

加拿大学者汉斯塞里把这种变化称为适应性综合征，并指出这种适应性综合征包括动员、阻抗和衰竭三个阶段。动员阶段是指有机体在受到外界紧张刺激时，会通过自身的生理机能的变化和调节来进行适应性的防御。阻抗阶段是通过心率和呼吸加快、血压升高、血糖增加等变化，充分动员人体的潜能，以对付环境的突变。衰竭阶段是指引起紧张的刺激继续存在，阻抗持续下去，此时必需的适应能力已经用尽，机体会被自身的防御力量所损害，结果导致适应性疾病。

6.2　情绪为什么要管理

情绪无时无刻不在我们的生活中出现，也在每时每刻地影响着我们的生活。积极肯定的情绪让人们精神振奋，体验快乐的人生；消极否定的情绪使人们精神压抑，甚至能毁灭人生。情绪影响人生！

6.2.1 积极情绪促进良好的社会适应

6.2.1.1 积极情绪是健康情绪

一般认为，情绪健康的标准是：情绪的基调是积极、乐观、愉快和稳定的；对不良情绪具有调节、控制能力；情绪反应适度；高级的社会性情感（理智感、道德感、美感）得到良好的发展。或者说情绪的目的性恰当，反应适度，正性作用强，不带有幼稚的、冲动的特征，符合社会规范的要求。

心理学家瑞尼斯等人提出的情绪健康的六项指标是：(1) 发展出某些技巧以应付挫折情境；(2) 能重新解释与接纳自己与情绪的关系，不会一直自我防卫，能避免挫折并安排替代的目标；(3) 感知某些情境会引起挫折，可以避开并寻找替代目标，以获得情绪满足；(4) 能找出方法，缓解生活中的不愉快；(5) 能认清各种防卫机制的功能，包括幻想、退化、反抗、投射、合理化、补偿，避免成为错误的习惯，以至于防卫过度，造成情绪困扰；(6) 能寻求专家的帮助。

心理学家索尔指出的情绪健康有八个特点：(1) 独立，不依赖父母；(2) 增强责任感及工作能力，减少与外界接纳的渴望；(3) 去除自卑情结、个人主义及竞争心理；(4) 适度的社会化与教化，能与人合作，并符合个人良心；(5) 成熟的性态度，能组织幸福家庭；(6) 培养适应能力，避免敌意与攻击；(7) 对现实有正确的了解；(8) 具有弹性以及适应力。

6.2.1.2 情绪健康发展的特征

一般认为，情绪健康发展的特征表现在这些方面：(1) 能够积极适应环境；(2) 能够有效地进行学习和工作；(3) 能够正确评价自我；(4) 能够保持良好、稳定的情绪状态；(5) 能够建立良好的人际关系。

健康的情绪使人能够以勇敢者的姿态迎接生活的变化和命运的挑战，而避免适应不良引起的消极情绪（自卑、孤独、退缩、攻击、烦躁、冷漠等）。

良好的心情有助于创造性的发挥，提高学习和工作的效率。

对自我积极接纳的情感有助于形成自我全面正确的认识和客观准确的评价；能够避免产生因盲目攀比、虚浮狂妄、骄傲自大、猥琐自卑而造成的不良情绪。

保持良好、稳定的情绪状态可以使人更成熟、老练，从容面对人生，摆脱因冲动、冒失、浮躁、烦乱、恐慌情绪而造成的失败。

健康的情绪为我们的人格增添了许多魅力，而发自内心的关怀、同情、怜悯、体恤、温柔、谦虚使我们成为周围人的安慰者和帮助者。对朋友的理解、包容和支持能够成为维持友谊的坚固基石。

6.2.1.3 积极情绪促进心理健康

心理健康指一种生活适应和社会适应良好的状态，在这种状态下，个体能与他人建立、保持和谐的人际关系，能维持内在的身心平衡，并能发挥自身潜能，追求自我实现。要保持心理健康的状态，人们需要经常进行情绪调控。

积极情绪能促进心理健康水平。

积极的情绪状态不仅对于提高个体认识水平、强化积极行为有积极作用，并能激发个体正性的兴趣、爱好、价值、信念和需要，还能激发个体能力的培养、气质与个性的修炼。激发机体潜能，促进身心健康发展。

心理健康发展，认知归因合理，可以减少负面情绪的产生；理性的情绪反应可以抵制冲动、压抑、偏激等消极情绪的影响；坚定的意志行为可以克服失利、挫折带来的负面情绪影响，从而有助于个体顺利适应学业或职业，有助于建立良好的人际关系，有助于自身潜能发挥和自我实现。

6.2.2 消极情绪导致社会适应不良

6.2.2.1 情绪困扰的常见表现

情绪困扰的常见表现有自卑、焦虑、抑郁、冷漠、愤怒、嫉妒等。

1. 自卑

自卑，是指自我评价偏低、自愧无能而丧失自信，并伴有自怨自艾、悲观失望等情绪体验的消极心理倾向。

特点：自我评价过低；超概括化或泛化性；敏感性和掩饰性。

产生于：失败的体验；别人的消极评价；自我否定性评价。

影响：压抑、孤独、自我封闭、退缩。

2. 焦虑

焦虑，是指人在面临现实的明确可辨的威胁或危险情景时产生的紧张不安、担忧害怕的综合性的负性的情绪体验。

特点：对象广泛，自我形象焦虑、学习焦虑、职业焦虑、情感焦虑、人际焦虑等。

产生于：适应困难，各种冲突。

影响：正面：适度焦虑，增加动力；负面：过度焦虑，思维混乱，头痛失眠等。

3. 抑郁

抑郁，是一种感到无力应付外界压力而产生的消极情绪，常伴有厌恶、痛苦、羞愧、自卑等情绪体验。

特点：抑郁三低症状是：情绪低落、思维迟钝和动作减少。情绪抑郁及抑郁症的表现有程度的不同。

情绪抑郁的表现有：情绪低落、思维迟钝、郁郁寡欢、闷闷不乐、兴趣丧失、缺乏活力，打不起精神；不愿参加社交，故意回避熟人，对生活缺乏信心，体验不到生活的快乐；伴有食欲减退、失眠等。

抑郁症的主要症状有：压抑的心情、兴趣或快乐减退、消极的自我观念（自我抱怨与负罪感）、体重激增或剧减、睡眠困扰（很难入睡或早醒）、易激动或行动迟缓、注意力不集中、想死或自杀。

产生于：失败经历、挫折事件、性格内向。

影响：长期抑郁会使人身心受到严重损害。过度焦虑、思维混乱、头痛失眠等。

4. 冷漠

冷漠，是指人对外界刺激缺乏相应的情感反应，对人对事不关心、冷淡、退让的消极情绪体验。

特点："三无"，无情感、无关心、无气力。对学习漠然置之，对成绩好坏满不在乎，对集体漠不关心，对同学冷漠无情，对环境无动于衷。"外冷内苦"（巨大的心理能量无法释放）。

产生于：与人生重大生活事件及重要丧失有关，也与个体的生活经历有关。

影响：责任感下降、生活意义缺失与自我价值的放弃。

5. 愤怒

愤怒，是当客观事物与人的主观愿望相悖时产生的强烈情绪反应。

特点：应激生理变化、自制力减弱甚至丧失，思维受阻，行为冲动，失去理智。

产生于：青年时期精力充沛、血气方刚，好激动，易动怒，图一时之快、逞一时之能。

影响：愤怒以愚蠢开始，以后悔结束，以毁灭告终。

6. 嫉妒

嫉妒，是指他人在某些方面胜过自己引起的不快甚至痛苦的情绪体验。

特点：复合情绪（包括焦虑、恐惧、悲哀、猜疑、羞耻、自咎、消沉、憎恶、敌意、怨恨报复等不愉快的情绪）；负性情绪（有明显敌意甚至会作出攻击诋毁行为）。

产生于：过度自我意识、自我实现受阻、自卑或自我不能的人。

影响："平庸的情调对于卓越才能的反感"，"嫉妒是万恶的根源"。

6.2.2.2 消极情绪危害心理健康

消极情绪如冷酷、嫉妒、报复、抑郁等，是构成不良心理品质的成分。它给人们带来很多干扰和困难，给生活蒙上了负性色调。

（1）影响生活质量，导致精神痛苦。情绪作为人的精神内容和形式，如同人需要空气、水分、阳光一样不能缺失。人若无情，便如同草木，没了灵魂，若被不良情绪长期缠绕，更是人生的不幸。抑郁使人被阴影笼罩，忧愁使人整日不开心，怨愤使人怒火中烧，嫉妒使人心灵扭曲，使美好的情感被抹杀。如此下去，何谈人生幸福，何谈事业有成？

（2）干扰学习和降低工作效率。心理学研究表明：积极情绪是推动学习的动力，消极情绪影响才智的发挥。心理良好，乐观开朗，大脑就容易处于激活和兴奋状态，就能够创造性地学习。反之，则会思维受阻，智力水平下降。同时，情绪还会影响学习态度。情绪高涨，富有热情，会促进人去探索研究，反之，就不肯努力，放弃学习。

(3) 危害身心健康。现代医学、心理学研究表明，心理因素的致病作用大于生理因素。心理之于躯体，既有治病功效，也有致病作用。积极的心境是治病的良药、健康的卫士；消极的情绪是疾病的温床和活化剂，可以使潜伏的疾病激活，使已患的病情恶化。

6.2.2.3 极端负面情绪毁灭人生

消极的情绪往往会消耗人的才智，损害人的身心健康，毁灭人的事业，若任其滋生蔓延，极端的负面情绪甚至能毁灭人生。

“落在主球上的苍蝇”故事里的路易斯·福克斯，在世界台球冠军争夺赛中，被一只飞在主球上的苍蝇激怒，观众的哈哈大笑竟使他恼羞成怒，情绪恶劣到了极点的他终于失去理智，愤怒地用球杆去击打苍蝇，球杆碰动了主球，裁判判他击球，他因此失去了一轮机会而方寸大乱连连失利，失去了冠军。最后投河自杀！

马加爵因为打牌，被同学奚落，脆弱的自尊受到伤害，在愤怒难释之下，选择了疯狂的报复行为，用铁锤打击头部致颅脑损伤死亡的同一犯罪手段，将四名同学逐一杀害。

开车撞人后又杀人的药家鑫说，当他发现被他撞伤的人躺在地上记他的车号时，特别慌乱，想着要是被撞者落下终身残疾，她会缠我一辈子。一看周围没有目击者，所以我一时鬼迷心窍，掏出随身携带的尖刀将她杀死。他在法庭上说，我真的很对不起爸爸妈妈，他们倾注毕生心血培养我成才，我毁了受害者的家庭，同时也毁了自己，更毁了我父母一生的期望……

6.3 情绪怎样管理

6.3.1 提升情商

6.3.1.1 情商的内涵

情商是与智商相对应的一个概念，情商（Emotional Quotient，EQ）是表示认识、控制和调节自身情感的能力。又称情感智慧（emotional，intelligence）、情绪智力。

1995年出版的《情商：为什么情商比智商更重要》一书引起全球性的EQ研究与讨论，但是这位“情商之父”戈尔曼并没有对情商提出一个精确的概念。他认为情感智商包含五个主要方面：(1) 了解自我，监视情绪时时刻刻的变化，能够察觉某种情绪的出现，观察和审视自己的内心体验，它是情感智商的核心，只有认识自己，才能成为自己生活的主宰；(2) 自我管理，调控自己的情绪，使之适时适度地表现出来，即能调控自己；(3) 自我激励，能够依据活动的某种目标，调动、指挥情绪的能力，它能够使人走出生命中的低潮，重新出发；(4) 识别他人的情绪，能够通过细微的社会信号敏感地感受到他人的需求与欲望，认知他人的情绪，这是与他人正常交往、实现顺利沟通的基础；(5) 处理人际关系，调控自己与他人的情绪反应的技巧。

有人认为，智商决定成功的20%，情商（其他因素）决定成功的80%。情商被放到相当重要的地位。

由此，提升情商的关键点就在于提升有效识别情绪和适时调控情绪的能力。

有效识别情绪，可以从面部表情（含面部微表情）、身段表情（身体微反应）、非言语行为表情（反应性行为和动作）线索中去捕获和判断自己或他人的情绪状态，以及情绪状态下的内心认知及意志行为的可能走向。

适时调控情绪，则能在认识自己的情绪的基础上，进而管理自己的情绪，激励自我发展；或者在认识他人的情绪的基础上处理人际关系。

6.3.1.2　费斯汀格法则的启示

美国社会心理学家费斯汀格有一个著名的理论，即“费斯汀格法则”：生活中的10%由发生在你身上的事情组成，而另外的90%则由你对所发生事情如何反应决定。

费斯汀格举了一个例子具体诠释这一法则。

卡斯丁早上起床后洗漱时，随手将自己的高档手表放在洗漱台边，妻子怕手表被水淋湿了，就随手拿过去放在餐桌上。儿子起床后到餐桌上拿面包时，不小心将手表碰到地上摔坏了。

卡斯丁心疼手表，就照儿子的屁股揍了一顿。然后黑着脸骂了妻子一通。妻子不服气，说是怕水把手表打湿。卡斯丁说他的手表是防水的。

于是两人激烈地斗起嘴来。一气之下卡斯丁早餐也没有吃，直接开车去了公司，快到公司时突然记起忘了拿公文包，又立刻转回家。

可是家中没人，妻子上班去了，儿子上学去了，卡斯丁钥匙留在公文包里，他进不了门，只好打电话向妻子要钥匙。

妻子慌慌张张地往家赶时，撞翻了路边的水果摊，摊主拉住她不让她走，要她赔偿，她不得不赔了一笔钱才算了事。

待拿到公文包后，卡斯丁已迟到了15分钟，挨了上司一顿严厉的批评，卡斯丁的心情坏到了极点。下班前又因一件小事跟同事吵了一架。

妻子也因早退被扣除当月全勤奖，儿子这天参加棒球赛，原本夺冠有望，却因心情不好发挥不佳，第一局就被淘汰了。

这个事例中，手表摔坏是其中不可控的10%，后面一系列事情就是另外可控的90%。

由于当事人都没有很好地掌控那90%，才导致了这一天成为“闹心的一天”。

试想卡斯丁在那10%产生后，假如换一种反应。例如，他抚慰儿子：“不要紧，儿子，手表摔坏了没事，我拿去修修就好了。”这样儿子高兴，妻子也高兴，他本身心情也好，那么随后的一切就不会发生了。

你控制不了前面的10%，但完全可以通过你的心态与行为决定剩余的90%。

这个事例给人的启示是：情商智慧“认识自己的情绪、管理自己的情绪，激励自我；认识他人的情绪，处理人际关系。”无处不在，无人不需。

6.3.2 调整认知

对于情绪与认知的关系，不少哲学家都有描述：“人的烦恼不是起于事，而是起于他对事的看法”（爱比泰德）；“世事无好坏，思想使之然”（莎士比亚《哈姆雷特》）；“天下本无事，庸人自扰之”（中国古语）。

情绪既然是建立在自我对客观事物是否符合个体需要的认识和评价基础之上而产生的态度体验，那么不同的认知判断就会产生不同的情绪反应。调整认知，就能调整情绪。

6.3.2.1 艾里斯理性情绪行为疗法

理性情绪行为疗法是美国著名心理咨询学者艾里斯（A. Ellis）于20世纪50年代首创的心理咨询理论及方法。该方法重视不合理信念对情绪和行为的影响，其核心理论是ABC理论，即对诱发事件（activating events，A）所持有的不合理的信念（beliefs，B）是导致情绪和行为问题等结果（consequences，C）的主要原因，因此治疗的主要方法是通过认知技术、情绪技术和行为技术使当事人的不合理信念得到改变，从而消除其情绪和行为问题，并达到无条件地接纳自己（Unconditional Self Acceptance，USA）这一治疗目标。由于该方法综合了认知治疗和行为治疗技术，并着眼于解决当事人的情绪和行为问题，因此将其简称为理性情绪行为疗法。

在诱发事件（缘起事件、激发事件）A—信念B—情绪与行为的结果C的事件情绪与行为反应的路径中，信念B起至关重要的导向作用。

导致负面情绪产生的是一些非理性想法和自损性思维。

自损性思维模式：其一，绝对化要求：“竟然这样，我绝对无法忍受!”（必须、应该）其二，过度概括化：“竟然失败了，我将永远无作为!”（以偏概全）其三，自我贬低：“我不能……所以我毫无用处!”（一无是处）其四，灾难化：“我没有……所以这下我完蛋了!”（糟糕至极）

遭遇激发事件的当事人，正是在这种自损性思维模式的掌控下，让自己走到认知的极端，从而诱发极端的情绪反应和行为选择。

非理性想法：(1) 人应该得到生活中所有重要人物的爱或认可。(2) 有价值的人应该是全能的，应该在各个方面都比别人强。(3) 任何问题都能找到一个正确或完美的答案，如果不能找到，那是难以容忍的。(4) 不愉快的情绪是由外界引起的，自己无法控制。(5) 对于危险或可怕的事，一个人应该非常小心，而且应该随时顾虑到它可能发生。(6) 逃避困难、挑战与责任，要比面对它们容易得多。(7) 人应该依赖他人，并且依赖比自己强的人。(8) 过去的历史是现在的主宰，过去的影响是无法消除的。(9) 对于别人的行为和处境，我们应当予以非常的关切。(10) 对于有错误的人应该给予严厉的惩罚和制裁。

受这些非理性想法的影响，遭遇与这些想法相违背的情景时，就会出现负面情绪，导致自我挫败行为。例如，没有得到某位“重要人物”的认同，或因自己在某方面不如别人强，或对一个问题没能找到自认为完美的解决答案，或不认为是自己的认知决定态度，或时时陷入一种谨小慎微的状态，或需要自己面对责任的时候感到力不从心，或一时无法找到可依赖的人，或时常陷入往事的影响之中，或陷入异常关注他人的状态，或陷入严苛他人错误的倾向，

基于情绪失调的原因——ABC 理论，当遭遇不利情境（丢了钱物、挂了科、竞选失利、失恋、人际冲突等）之时，改变这些错误的认知模式和非理性的思维信念就能改变情绪反应。

6. 3. 2. 2　其他调整认知的有效方法

1. 换个想法

一则印度寓言：沙漠、烈日、半杯水、两个疲惫焦渴的旅行者。一个拿起水，摇摇头，哭丧着脸说：真倒霉，只剩半杯水。另一个拿起水，兴奋地说：真幸福，我们还有半杯水呢！前者呈现着无奈和苦涩，甚至悲观；后者却满怀希望。其实人生中很多事也是如此，换一个角度，换一种心情，就会有不同的答案。

一名家境困难的学生，丢失了家里寄来的生活费和学费，而又不可能再向家里要，一时出现焦虑、惧怕、自责、自悔等情绪。但如若能想到此次丢小可避免将来丢大，自己可以去勤工俭学以支撑自己的学习和生活等，势必能够较快地从负面情绪中走出来，甚至可能激发出自立的潜能和鞭策出谨慎的风格。

2. 正确归因

归因是人类的一种普遍需要，每个人都有一套从其本身经验归纳出来的行为原因与其行为之间的联系的看法和观念。

美国心理学家伯纳德·韦纳对行为结果的归因进行了系统探讨，认为个体的归因方式不外乎以下几种：如果将行为归因于个人特征（如人格、品质、动机、态度、情绪、心境以及努力程度等内因），称之为内归因。如果将行为原因归于外部条件（包括背景、机遇、他人影响、工作任务难度等行为外因），称之为外归因或情境归因。在许多情境中，行为与事件之发生并非由内因或外因单一因素引起，而兼有二者的影响，这种归因称之为综合归因。

而人们身处不同的情境，会有不同的归因倾向。

在成败归因中，成功时，个体倾向于内归因，有利于自我价值的确定；失败时，个体很少用个人特征来解释，而倾向于外归因，减少自己对失败的责任则是一种自我防卫。

在竞争条件下，个体倾向于把他人的成功外归因，从而减少他人成功对其带来的压力，如果他人失败了，则倾向于被内归因。对他人的成败归因，个体均会明显

地使自己处于有利位置，以保护自我价值，这种倾向叫动机性归因误差。

所以，当个体遭遇成败、竞争等不同境遇时，应当采用能让自己减少负面情绪出现的归因方法，失败和不利时，多启用内部归因，找寻自己的原因，则可以减少对外部的责备和怨恨；成功和得利时，多启用外部归因，感恩外部人事的机缘和帮助，以避免得意、自恋、自傲的表现。

3. 自我安慰法

自我安慰，是指一种心理暗示或心理慰藉的现象。

当一个人遇有不幸或挫折时，为了避免精神上的痛苦或不安，可以找出一种合乎内心需要的理由来说明或辩解。

酸葡萄理论（贬低无法获得的东西的价值）的“塞翁失马，焉知非福”；甜柠檬理论（抬高已获得东西的价值）的“正合我意”；阿Q精神（自嘲、自慰等）和“精神胜利法”等都是行之有效的自我安慰法。可以帮助人们摆脱烦恼，缓解矛盾冲突、消除焦虑、抑郁和失望，达到自我激励、总结经验、吸取教训之目的，有助于保持情绪的安宁和稳定。

6.3.3 积极调摄

6.3.3.1 调整策略

1. “四不策略”

面对负性事件要坚持“四不策略”。

不责备。责备会激发对方的自我防御机制，对解决问题无效。而是要清楚地描述这件事并坦诚地表达你的感受和希望。

不逃避。只有面对才能成长，厌学、网瘾就是面对负性事件时采取了逃避的策略。

不遗忘。越想忘记就越是忘不了，认可负性事件的存在，当下该做什么就做什么。

不委曲求全。委曲求全意指放弃自己的利益来获取某些结果，而不委曲求全是在不伤害别人的前提下保护自己，做自己想做而又能做的事。

2. “三步沟通”

人际冲突诱发不良情绪很常见。很多时候的人际冲突缘于沟通不畅。对方一句话、一个行为、一个表情，让你产生了不悦，是因为你是按照自己的认知进行解读的结果，对方是否如你所想还真的不一定。所以可以采用“三步沟通”的策略：（1）客观描述对方的表现；（2）坦诚讲述自己的感受；（3）直言相告内心的期待，至少可以让对方有一个说明、自己有一个确认自己想法的机会。不让那些自己想当然的认知成为自己负面情绪的始作俑者。

6.3.3.2 有效方法

1. 能量宣泄法

过分压抑只会使情绪困扰加重，而适度宣泄则可以把不良情绪释放出来，从而使紧张情绪得以缓解、轻松。

因此，遇有不良情绪时，可适度采用哭泣、倾诉、剧烈活动、发泄等宣泄方法，或是尽情地向至亲好友倾诉自己认为的不平和委屈等，或是通过体育运动、劳动等方式来尽情发泄，或是到空旷的山林原野，拟定一个假目标大声叫骂，发泄心中怨气。但要注意在采取宣泄法来调节自己的不良情绪时，必须增强自制力，不要随便发泄不满或者不愉快的情绪，要采取正确的方式，选择适当的场合和对象，以免引起意想不到的不良后果。

2. 注意力转移法

所谓注意力转移法，就是把注意力从引起不良情绪反应的刺激情境转移到其他事物上去或从事其他活动的自我调节方法。当出现情绪不佳的情况时，把注意力转移到使自己感兴趣的事上去，如外出散步、看电影、看电视、读书、打球、下棋、找朋友聊天、换个环境等，有助于使情绪平静下来，在活动中寻找到新的快乐。这种方法一方面中止了不良刺激源的作用，防止不良情绪的泛化、蔓延；另一方面，通过参与新的活动特别是自己感兴趣的活动而达到增进积极的情绪体验的目的。

3. 心理暗示法

心理暗示，就是个人通过语言、形象、想象等方式，对自身施加影响的心理过程。

这个概念最初是由法国医师库埃在1920年提出的，他的名言是“我每天在各方面都变得越来越好”。自我暗示分为积极的自我暗示与消极的自我暗示。积极的自我暗示，在不知不觉之中对自己的意志、心理以至生理状态产生积极的影响，令人保持好的心情、乐观的情绪、自信心，从而调动人的内在因素，发挥主观能动性。心理学上所讲的“皮格马利翁效应”也称期望效应，讲的就是积极的自我暗示。而消极的自我暗示会强化人们个性中的弱点，唤醒人们潜藏在心灵深处的自卑、怯懦、嫉妒等，从而影响情绪。

同时，利用语言的指导和暗示作用，可以调适和放松心理的紧张状态，使不良情绪得到缓解。心理学的实验表明，当个人静坐时，默默地说“勃然大怒”、“暴跳如雷”、“气死我了”等语句时心跳会加剧，呼吸也会加快，仿佛真的发起怒来。相反，如果默念“喜笑颜开”、“兴高采烈”、“把人乐坏了”之类的语句，那么他的心里面也会产生一种乐滋滋的体验。由此可见，言语活动既能唤起人们愉快的体验，也能唤起不愉快的体验；既能引起某种情绪反应，也能抑制某种情绪反应。

因此，当我们在生活中遇到负面情绪时，可以用积极的自我暗示法，缓解不良情绪，保持心理平衡。

自我探索：情绪的出口该在哪

请根据所列命题，进行自我心理成长探索。

> 自我探索：情绪的出口该在哪
> 　　意义：认识情绪、管理情绪
> 　　要求：1. 澄清自己的不良情绪及种种表现形式（自卑、焦虑、抑郁、冷漠、愤怒、嫉妒……）；
> 　　　　　2. 探索自我调适的策略和方法。

心声分享：我的情绪与管理

【我管住了愤怒和冲动】①

说来也巧，今天我在图书馆想着怎么写这份考卷的时候，正好发生了一件让我认为自己有所成长的一件事。这是一件让我觉得自己能开始控制自己的愤怒，不激动、不图一时之快、逞一时之强的事情。

事情的经过是这样的，由于本学期我选的选修课较多，同时在外修读辅修，最近我有超过十份作业，另外还有六级以及辅修课考试。所以最近一段时间图书馆成了我常来的地方。我认为这里环境十分舒适（特别是在大冷的天里还能开暖气，比在寝室舒服很多），同时由于最近学校在图书馆装了许多无线网络站点，使我们在图书馆还能随意上网寻找资料。可能大家都是基于这个原因，图书馆的座位较往年异常火爆，十点过后特别是电源周围的位子简直就是一座难求。我作业较多，所以我八点就早早地在门口排队占座，室友见我如此，也纷纷希望我帮他们占一个座位。于是乎，我就找了二楼红木书桌靠墙有电源插头的座位，占了四个位置，先写起了作业。大约十点半左右，我刚在考虑写什么成长的事件时，一个之前在寻找有电源座位的男同学走到我占的位子前，一把把我占座用的书移到一边，我慌忙解释我同学马上就来，如果急需电源的话可以插这个电源到邻桌的一个空位（事实上我觉得他是想要用电源而我也不知道我同学什么时候来）。之后那个同学直接对我恶语相向，态度极其恶劣，最后还朝我竖起了中指。这个时候我一下子热血沸腾，面红耳赤，心中一腔怒火就想一涌而出与其理论。但是很幸运最终我还是忍住了，我觉得我应该冷静，只是说了句怎么还像小孩子一样竖中指？那同学立马又对我说了一些污言秽语，一看他这样我一下子就开心了，我觉得没什么必要跟他这样接着吵架甚

---

① 本文根据《心理访谈与健康成长》课程班12－13秋No. 006王丞楠自我成长分析改编。

至动手，这既浪费我写作业的时间，也浪费了早上起来的好心情，就直接说了一句："哦。"那同学见状也无可奈何，觉得自讨没趣愤愤离去。

这件事情之后我发现我面红耳赤、心情激动，这说明我还是十分生气并有愤怒的生理反应。这件事使我愤怒的原因则是因为该同学对我竖中指，态度十分恶劣并且恶语相向，我想任何人碰到这种莫名其妙的事情都会感到生气，不开心甚至愤怒。而我应对的策略则是并没有怒火中烧与其针锋相对，相反只是随意评价了一下他的行为让其自己难受并且不理会他的行为。我认为我的做法是正确的，没必要为了这些事情自己动怒，作出一些不理智并且会让自己后悔的事。试想如果当时我也恶语相向，双方必定会起冲突甚至会动手，这样一来就是冲动的行为，同时也失去了理智，也不会以最后我跟他只是不欢而散来结束。

【克服不满、厌恶时想揍人一顿的念头】①

问题识别：有的时候对一些同学的行为感到不满、厌恶，甚至有揍他一顿的念头；有时候对自己也感到无奈，有点自卑；有时甚至有点自暴自弃。学了《心理访谈与健康成长》后，我知道这其实是一种情绪活动，并了解这些活动为刺激所引起，而且有的是因为一些客观事物不满足自身的需要，抑或是不符合自己的认知活动才造成的。

原因剖析：产生这些情绪的原因是多方面的，有内部的原因，也有外部的原因。

1. 自己对事物的认知还不稳定，对一些事物只是一知半解，所以在思维方式上比较轻易地加以肯定或是否定。例如，每当和同学闲聊一些有关政治敏感话题之类的国家大事时，就会用这种不成熟的认知去轻易地否定与自己不一致的见解，用自己那“半桶水”的知识与同学争论。于是乎，矛盾就此产生了，情绪也就变得烦躁不安了。

2. 现在自我意识处于觉醒和发展时期，眼光仅仅是指向自身内部，现实中的我与理想中的我有很大的不一致，正如“理想是美好的，现实是残酷的”一样。例如，在学习中，总想自己能够学好每一科，甚至拿奖学金，可是现在的我在英语方面的弱势和计算机上的愚笨，常常让自己手足无措，只能干生气，故此，心情直降低点。

3. 自己的内在需求日益增长而且不断变化，与现实满足需要的可能性之间是非线性关系。例如，同学在打游戏时总是大喊大叫，自己在那时想做作业或是睡觉听音乐，就会很气愤，尔后矛盾产生。

解决方法：1. 调整自己的认知能力与方法，增加自己的阅历，拓宽自己的视野。在对待问题上，则要学会深思熟虑，站在不同的角度，利用不同的思维去看待

---

① 本文根据《心理访谈与健康成长》课程班 11－12 春 No. 086 汪洋自我成长分析改编。

所面对的问题；2. 学会适当地发泄自己的不满，表达自己的情绪。我们可以跑到一个没人的地方大叫，听听轻音乐或者向信得过的朋友、同学倾诉，对于喜欢锻炼的人，我们可以去运动；3. 学会控制自己的情绪，使自己学会宽容他人，锻炼自己的内心，使之更强大。时常地放松自己，在觉得要发怒时，我们可以转移一下注意力，可以干别的事，甚至我们可以换个环境，换一个更加宽阔的空间。

【我总对父母朋友耍脾气】①

对父母，有时候，他们一不符合我的心意，我就会发脾气，突然而来的爆发，又突然的熄灭。冷静下来的时候，我又会感到后悔万分，他们把我养这么大多么不容易，我干嘛不对他们好一点，还老发脾气，谁还会比他们对我更好。对朋友，有时候，在他们反对我的意见或者我们的想法相互矛盾，又或者只是芝麻大小的事，又或者我受到冷遇的时候，我会生气，不讲话，板着一张脸，态度非常冷漠。同样在事后，我头脑清醒时，总觉得自己也会有那么点错。说真的，我有点讨厌自己这样的脾气和性格，太情绪化了。

我觉得这应该是情绪心境问题。情绪和情感是人对客观外界事物的态度体验，是人脑对客观外界事物与主体需要之间关系的反映。按照马斯洛的需要层次理论，我觉得我脾气忽好忽坏最主要的原因就是需要没有得到满足。用 ABC 理论来说，由于某件事引发了我非理性的信念，最终导致了情绪失调。首先，因童年成长经历与性格的养成。自小父母就很宠我，什么事都不用我费神，有可能这样的日积月累，养成了我依赖的性格。其次，因为社会发展速度节奏太快，我在学校生活中的负性事件、无形的压力以及诱发因素的刺激。当我需要他们做某些事，不合意了，我会因受挫而感到愤怒。恰好我们又正处于青年这个精力充沛、好激动、易动怒、情绪多变的时期。最后，我想是因为我潜意识里认为他们是我的至亲、好朋友，所以可以任意发泄。幸好我还保有后悔这样一种健康的负面情绪。

面对这样的问题，我想我应该及时调整和控制情绪，不然以后人格真的要扭曲了。

策略方法一：沟通三步曲。1. 客观描述对方的表现；2. 坦诚讲述自己的感受；3. 直言相告内心的期待。很多时候，良好的沟通能解决很多问题，有许多问题都是因沟通不到位而导致的。父母子女朋友之间哪有隔夜仇，好好地相互倾诉，相信会是一个很好的方法，你心交我心，必然能够建立良好的人际关系，同时可以避免自我的强化。

策略方法二：注意转移。我可以听听音乐、画画图或者做点其他事，只要是能让自己放松心情的，不再那么让自己情绪化的事就可以。转移自己的思想认知，把

① 本文根据《心理访谈与健康成长》课程班 12－13 春 No. 067 沈英丽自我成长分析改编。

关注点聚焦到另外一件事，让自己忘记原先的事，让自己自我放松一下，别一直紧绷着。这样能够有效地进行学习和工作，同时能够保持良好、稳定的情绪状态。

策略方法三：正确归因。我们时常有一种将自己行为的消极后果的原因外在化，而将他人行为的消极结果的原因内在化的归因偏差。所以，某件事的发生，别老想着向外归因，不要随意责备别人，把责任都推给别人，也要往自己身上想想，俗话说得好："一个巴掌拍不响。"正确的归因能够让我们正确评价自我，让我们积极适应环境，不再随便发脾气，耍个性。

综上所述，情绪化可不好，或导致人际关系恶劣，或导致亲情疏远，更有甚者导致极端行为。让我运用正确的心理学方法，管理好我的情绪，因为父母和朋友都是我不愿舍弃的。

【做情绪的主人】①

——从低潮走向快乐的道路分析

从初入大学的懵懂到现在心智上的日臻成熟，从对高考结果的愤愤到如今懂得低头努力才是正道的稳重。虽是短短一年，回顾穿梭于记忆和零散在成长路上的脚印，蓦然间会发现自己的一些改变，对过去很多稚嫩行为的定性与反思，才能一步一个脚印地踏实走过。

两个学期都选择了心理学作为自己的大学课程，我想初衷是对自身性格缺陷的认识，并且迫切地渴望一位良师、一位长者对我心理上的帮助。我不得不承认自己曾在很长一段时间内是一个不善于情绪管理的人，尽管表面不想承认，毕竟谁愿意承认自己性格不像表面那么开朗？承认自己也会为小事而暗自神伤？生活中的我在朋友面前都是一个典型的北方大女孩形象，嘻嘻哈哈，爱说爱笑，对小事儿、对细节满不在乎，善良实在讲义气。因为我很容易跟一个人亲近，所以男生女生缘都很好，用一个朋友的话说，他们都觉得我"可敬可亲"，有什么小心事都喜欢拉着我说这说那。可是只有我自己能感受到自己真正的每一点细腻小心思，懂得自己的内心并不像表面那么无所谓，我易冲动易感性虽然爱笑却也爱哭，而这一切却总是在自己的角落进行。范老师说，情绪需要管理，人是活在自己的心态中，因此我们要不断提高自己的情感智慧。可是曾经的我在情绪管理方面的水平真的是低得可怜，为了保持在朋友心中活泼开朗的大女孩形象，我会忍气包容很多、承担很多其实我会放在心上的东西，会让我生气让我伤神的东西，我经常会"用别人的错误惩罚自己"，进而影响了自己的心情，影响了自己生活学习的质量和效率。因为找不到合适的方法排解，又不懂得用合理的方法去解决，我曾一度苦恼而不能自释，难以找到我给大家表面上那种无忧无虑的阳光生活。

① 本文根据《心理访谈与健康成长》课程班 10 – 11 秋 No. 013 王若霖自我成长分析改编。

究其成因，外因方面，我想在很大程度上来源于我的成长环境。爸妈都是国家机关工作人员，每日工作繁忙，爸妈去上班的时候便是我一个人的活动时间，一个人的小世界。我喜欢看书，看各种各样的书，有些甚至到现在都难以读懂的书籍。我通过书本了解外面的世界，却很少有机会真正地去接触外面的社会，很少真正去实践、真正去感悟、真正去理解什么才是个真正的“社会”。爸妈从小便教育我要善良、要真诚，他们说路遥知马力，日久见人心，只要我对别人好，别人就一定会对我好。我一直以此作为行动的指南，因为我知道，虽然我增长了年龄，其实内心真的涉世未深，想法很幼稚，很容易被不良情绪所干扰。有些人是真的洒脱，真的对任何事都不在意，而真正与世无争。可我的洒脱似乎更大程度地停留在表面，因为我会暗自生气，但是对待别人一直会是很灿烂的笑脸。我曾认真分析自己生气烦恼的内因，即自我方面的责任，终于明白原来自己的心思还在自己构建的一个真善美的小世界中。因为我会很真诚地对别人好，所以不自觉地我在心中渴望一种对等，如爸妈所言，我以为只要我对别人好别人也能对我好。我渴望对等，渴望别人看到我的真诚，并且对我同样真诚。然而现实复杂，百人百性，付出往往没有立竿见影的回报，真诚可能会换来不屑、换来对方认为的理所当然。这一切纠缠着我，自小的观念与真实的生活达不成共识，内心的不平与现实的冷漠总是会打得我一头冰霜。但是，我又不愿违背内心的原则，不愿违背我世界中的真善美，所以我要对别人好，对别人宽容，对别人真诚。于是不良情绪只能留给自己，任其蔓延、纠结我的思想，不会发泄不会解决，致使我的学习和生活质量都有所下降。尽管没人看出，尽管在别人眼中我还一直是那个开朗活泼的大女孩形象。

于是我两个学期都选择了心理学课程，在很大程度上是想真正寻求自己幼稚小心理的一种解释和排解。范老师真地为我打开了一扇光明、透亮的窗子，我呼吸着由此而来的新鲜空气，突然明白自己一直在做错，并且进入了一个恶性循环之中。我的忍气吞声会被别人认为是满不在乎，这个思想定性在身边的人中，便会继续做一些认为我不在乎，其实我会放在心上的不舒服的事情，周而复始，困扰的只是我自己。“四不”原则中讲“不责备，不逃避，不遗忘，不委曲求全”，于是我开始积极寻求解决的方法和策略，使自己从不能自释走向释然。

首先，对于自身的安慰与积极暗示，即老师所讲的“换个想法”。做到正确归因之后，我应该采取种种措施来对自己跟随他人言行而波动的情绪进行疏导与鼓励。我采取能量宣泄法，将内心的抑郁激发的火气通过向他人倾诉，通过大声哭泣，通过打沙袋、跑步等剧烈运动得到释放，并且在发泄过程中有所思考、有所发现，找到安慰自己心灵的各种积极因素。我采取注意转移法，当我冲动、不理性，抑郁情绪占了上风，进而影响我正常学习生活的情况下，我会转而做一些平常喜欢但没时间做的小事，如听听音乐看看书，大声歌唱，欣赏一下喜剧或者励志的电影，甚至计划一场小小的旅行，给自己的心灵放个假。自我安慰法是最快捷、并可马上付诸实践的方法策略，“阿Q精神”固然被时代所鄙夷，但在某些情况下为平复自我情绪实施的阿Q行为却是明智的。我会积极地想自己的优点，从而达到内心的满足，认为自己对他人的忍让在很大程度上是将自己已经拥有的快乐分享给他人，将自己形象高大化，但是这种思想只能是一时的。我明白一定要对自己有一个正确的定位，每一个人都是平等的，都是优秀的，都有值得我去学习的方面。

其次，对于他人我所不能理解的行为，我采取老师所讲的“沟通三步曲”，1. 客观描述对方的表现；2. 坦诚讲述自己的感受；3. 直言相告内心的期待。

我不再消极地等待他人的歉意与悔过，因为在很多情况下它们等不来，心灵是属于自己的，你不说，可能人们永远也不会知道，这种所谓的“不悔过”又怎么能怪别人呢？

我开始大胆理性而真诚地告诉别人我内心的想法，过去我太多的顾虑阻碍了问题的解决，怕说出来会被误会，怕会无意中伤害别人，然而当我真正说出的时候，我发现一切要比我想象中的自然并且气氛愉快。大多数情况下，对方都能站在我的立场换位考虑，并且真诚地改正，按照我所表述的内心的期待，达成令人愉快的效果；当然也会有人偏执自我，但是这只是很小的部分，并不会对我的情绪造成太大干扰，我会很理解地一笑而过，继续真诚待人。

喜悦过后我开始理性、认真分析这些方法与策略成功的原因，并由此得出我之前的做法没有效果甚至是反效果的原因，即进行经验和教训的总结，为自己更为成熟地向前做好充分的准备。

从前遇到问题，我习惯压抑自己的内心，暗自生气而不去表达，期待别人的对等对待、期待别人的歉意，但我忽略了有些事情是需要说出口的，不说便没人知道。每个人都生活在复杂的社会之中，生活在一个人际的网络，我们总习惯将自己当作这个网络的核心，但是这只是我们主观臆断的想法，没有人会主动去揣摩我们的想法，并且为我们去改正，这并不是人的本性问题，不是“不去改正”而是“不知改正”，没有人意识到我生气，因为我日常的开朗性格让大家习惯了我的不在乎。造成这样的状况，问题出在我的身上，而非别人身上。我应该学会自我检讨，然后才有资格去期待别人的改正。而老师所讲的“三步曲”便是一种对于不满采取积极主动做法的典例。首先，客观描述对方表现对于我们自身来说是一种不良情绪的发泄，远比闷在心里要积极畅快。其次，坦诚讲述自己的感受，可以帮助对方了解我们内心的想法，避免从前“不知改正”的弊端。花一般年纪的孩子们，心地其实都非常善良，只是有时会忽略、会冲动，只要真诚地摊开矛盾，以一种轻松的气氛，在说笑中让对方知道自己是无意冒犯。对方在很大程度上会感激你帮助他的提高，而非厌恶你对其错误的挑剔甚至怀疑你心眼小。我会在这样的愉悦中告诉其我的期待，往往对方会很开心地答应，并且我们的关系会更加亲近。毕竟，一直赞美你的朋友不一定是好朋友，但好朋友一定是对你说真话的那个人。

至此，这些方法对我人生起到的效用真的不可小觑，甚至说是举足轻重，我不能想象如果没有这些方法的引导，现在的我会是个什么样子？但我确实看到如今生活中的我正在努力成为一个外表与内心都同样阳光与开朗的女孩子，我的真诚与坦率感染了身边很多朋友，他们说我是一个值得交心的好姐们，一个热心肠的好姑娘。我会采取尽量恰当的方式告诉大家我的想法、我的期待，大家都会很有默契地做到问题的改正。我对他们如此，他们对我亦然。我也会虚心又开心地接受大家的意见，不断地提高自己，做一个善解人意、懂得为他人着想的好女孩。因为这种方法让我们找到了一个丰富与完善自己的捷径，“以人为镜，可以知得失”。这样的方法不仅有效管理了我自身的情绪，提高了我的学习生活质量，让我的一切活动都在一个更高效更轻松的气氛下进行，更为我身边的朋友提供了一个纠正自身、理解他人的平台。我的朋友更多了，生活更快乐了，于是大学并不像传言中那样复杂与纠结，它是活力、青春的菁菁校园。

【保持浪漫心态】①

在日常生活中，每一个人都会有情绪，喜怒哀乐是我们的人生永远都脱离不了的一个主题。好的情绪使我们感到身心愉快、自信满满，而长期处于恐惧、焦虑、抑郁、嫉妒、故意、冲动等负性情绪中，会对我们的身心健康造成严重的破坏。而情绪的概念是什么呢?

教科书上写着，情绪是人对认知内容的一种特殊的态度，是以个体的愿望和需要为中介的一种心理活动。在日常生活中，人类往往有各种不同的情绪，而这些情绪常常并不是彼此毫无联系地发生，而是相互影响的。其中有的起主导作用，有的只具有从属的性质，有的短暂，有的持续时间很长。

情绪几乎无处不在，让人为之开怀大笑或者是号啕大哭。

而我也曾经是一个被情绪这个妖怪玩弄于股掌之间的蠢货。至今回想起来，从小到大都很容易因为小事情而感到很大的心理落差，情绪也随之大起大落，十分不稳定。可以说我是一个比较敏感而且内心又脆弱的人。总是会想得很多，又非常缺乏安全感。

由于自己十分情绪化，和身边人的沟通交流存在很多的问题。在上中学时，当情绪化的自己又碰上了比较叛逆的年龄，与母亲的关系一度降到冰点。不懂得情绪控制与管理的自己，当时被理解成叛逆期的孩子，所以得到了家人的宽容和理解。然而，随着时间的推进我也没有改变，反而变本加厉，脾气变得很奇怪，甚至也不了解自己究竟在想些什么？感觉自己每天都沉浸在一种失落的情绪之中。

因为不善于表达，性格也比较内向，再加上不懂得如何管理情绪，也控制不住

---

① 本文根据《心理访谈与健康成长》课程班14－15秋No. 022汪子君自我成长分析改编。

自己，最后失去了最好的朋友，和家里人的关系也逐渐疏远。在最难过的一段时间里，我经常把自己反锁在房间里睡觉，醒来就一个人静静地坐在桌前发呆。那个时候觉得自己做什么、说什么都不对，不说不做更不对，内心感到很迷茫。

上了大学之后，也许是独自一人在外地上大学，感觉自己改变了很多，想法也变了很多。于是我不知从什么时候开始，会在心里劝服自己不要钻牛角尖，对很多事情逐渐也看得开了。刚开始难免有情绪涌上来的时候，也会和身边的人吵架。但后来我意识到了自己的这种做法是多么幼稚和没有意义。

然后我开始看散文和诗歌，心情不好的时候会听歌，也会让自己多休息一下。文学的世界让我的情绪逐渐安稳下来，偶尔自己胡思乱想的时候会写一点文章，给自己找到一个出口。那些作家的文字让我感动，让我为之唏嘘不已，偶然的一句话、一个词会深深触动内心。而我自己的文字让我更加了解自己，也释放了自己内心的情绪，使生活更加富有意义。

课余时间我也会看一些综艺节目，跟着开怀大笑；也会跟朋友出去四处逛逛，随意地聊天；也会在不开心的时候学会尽快调节心情。压力大的时候也会给自己放假，也会心平气和地与家人沟通，不再自私地只考虑自己，而是多关心家人，也学会去爱人与被爱。

总之，现在我终于懂得了人不可以成为被情绪操控的一副躯壳。因为情绪总是存在的，而我们能做的是把不良情绪尽量转化为好的情绪或者动力，创造出美好的人生，而不是使其满身是刺让别人无法靠近，独自一人怅然若失。

在漫漫人生路中，始终保持浪漫的心态，学习爱与被爱，才会使生活更明朗并且幸福。

【控制自己，才能控制别人】①

人是感性的，因此在生活中有很多时候都被情绪所掌控。我们可以将情绪简单地分为正面情绪和负面情绪两种。正面的情绪能让我们积极向上、充满自信，负面的情绪则会让我们低迷消沉。然而只有正面情绪，没有负面情绪则会让人过度自信自大；只有负面情绪，没有正面情绪则会使人一蹶不振。所以说这两种情绪相互抵触却又相互依存。人是无法生存在单一情绪之中的，因此我们就需要具备管理情绪的能力，不能让单一的情绪失控。

就我自己而言，在情绪管理这方面有着相当大的问题。主要的问题就是存在过多的负面情绪，消极、易怒。负面情绪的失控会扭曲自己的性格，让我们日渐消沉或是过度敏感，甚至会对我们的生活造成无法预计的隐患。其实在上老师的课之前，我就意识到自己有这方面的问题，但是却苦于不知正确的改正方式。

① 本文根据《心理访谈与健康成长》课程班 14－15 秋 No. 043 毛丹自我成长分析改编。

导致情绪失控的原因有很多，通过分析对我而言最显著的原因有两个：

1. 父母对我的过度溺爱。在长期的生活中绝大多数的需求都会得到父母的满足，导致了我在生活中有些许不满就会爆发自己的情绪。基于这种长期的影响使得我的性格非常自我，很多情况下都不会站在他人的角度上思考问题。

2. 遇到挫折或者不顺心时，没有及时宣泄这些负面情绪而是堆积在心中。长久地堆积负面情绪扭曲了我的性格，让我变得过于敏感和不耐烦。

针对以上原因，我作出以下的策略思考和实践方法：

首先，基于性格的养成并非一日能改，所以在情绪失控前转移自己的注意力是我应对的策略。就在不久之前，我和室友之间发生了一些不愉快，大致是因为她在没有告知我的情况下拍了我的照片并且上传到了公共网络媒体上。看到照片的时候，情绪已经到了失控的边缘（我非常注重个人隐私问题），但是当时并没有爆发情绪，而是在网上看了一些正能量的句子制定了明天的行程，等到差不多冷静下来的时候，开始分析自己为什么会情绪失控（简单地说就是花了一分钟去生气，花了半个小时去思考自己为什么生气）。显然，效果是非常显著的。事实上，很多人在事后都不会明白自己当初为什么会这么生气甚至作出伤害自己或他人的行为，原因就是突然之间的情绪失控让自己完全忽略其他因素，致使自己完全被生气这种情绪所摆布。而在最“盲目”的时刻进行干预，极大地缓冲了情绪的爆发。

其次，学会适当地宣泄情绪，直面自己的情绪而不是去回避它。在此之前我一直认为回避了负面的情绪就可以摆脱它，然而情绪并不会自己离开，它静静地堆积在心中的某个角落等待着一次彻底的爆发。宣泄情绪的方法有很多，和家人或者朋友进行一次深度的交谈，来一场说走就走的旅行，运动到大汗淋漓甚至是大哭一场。我们要控制情绪而不是让情绪控制自己，因此学会适当的宣泄情绪是非常有必要的。

巴尔塔萨·格拉西安说过：“首先控制你自己，然后你才能控制别人。”所以，能正确管理自己情绪的人才能控制自己，才能成功。

【尝试控制消极情绪】①

由于我是一个外控型的人，我往往很依赖于环境，并且不容易适应新环境，受此影响很不容易释怀，一些事情可以憋很久，即使说出来也不能说就完全放下了，一个具体的表现就是经常突发性地愤怒或者沮丧。影响到行为，就是很容易受不喜欢的人或事干扰，以前尝试过的唯一有效的办法就是独处，但显然这不可能用一辈子，所以我还一直在寻找解决方法。

进入大学以来，这又成为我在自我成长中遇到的最大问题。具体说来这一问题是由考试焦虑以及大一下学期、大二下学期连续挂科引起的。这次，我打算采用艾

① 本文根据《心理访谈与健康成长》课程班 12 – 13 春 No. 006 李孟胤自我成长分析改编。

利斯 ABC 理性情绪疗法对该问题进行分析、治疗。

A. 引起这一情绪的事件是考试，不单单是期末考试，而是泛指一切考试。在早些时候第二专业快考试时也出现过类似问题。

B. 由考试事件引起的不合理信念是我觉得自己还是会挂科，我对于法律没有感觉，我复习了也记不住；我做不好任何事情。

C. 信念引发的情绪是沮丧，失去希望和奋斗目标，自己只会搞砸一切，厌恶自己。引发的行为是经常忘记事情，不想去做任何事，食欲减退，易怒，疲乏无力，嗜睡且睡觉时对外界刺激更加敏感，不易入睡且睡眠质量不佳。

D. 与不合理信念辩驳。绝对化地否定自己，我是在成长的，大一是因为不习惯学习方式而挂在刑法总论上，而大二则没有在法律上挂过，反而法律的科目考的不差，差的是英语，因为不喜欢老师的上课方式，我不喜欢表现自己。但这些都不能作为我这学期必定挂科的理由，考试还没到来，成绩还没出来，我的复习工作还没做完，就不能说挂定了。况且各科老师都陆续地给出复习范围，再加上我平时上课并不是听不懂，虽然天赋是比常人差点，但是努努力 60 分也还是拿得到的。

E. 结果：重新充满信心，虽然法律科目具体复习计划没有详细制订，但是凭借最近列出的提纲还是可以完成的。不考虑任何事情放心地睡了一觉（从星期五晚上九点睡到星期六早上五点）。乐观地迎接新的一天，不再疲劳无力了。

努力尝试艾利斯 ABC 理论对我的效果。在管理情绪方面我还有很长的路要走，慢慢自我成长吧！

专题7　直面嫉妒　管理情绪

成长引导

引导主题：直面嫉妒　管理情绪

引导内容：嫉妒的心理成因、应对嫉妒的策略

引导环节：

- 案例导入："卢刚事件"
- 理论概要：知识点解析
- 自我探索：我的嫉妒藏在哪
- 心声分享：处理嫉妒

引导目的：认识嫉妒对人的影响；学习嫉妒的处理方法。

案例导入："卢刚事件"

【案情概要】爱荷华大学，1991年11月1日，这个震惊全美的事件是这样发生的：

下午三点半左右，卢刚（28岁的青年博士、原北大物理系高材生）进入了正在进行专题研讨会的爱荷华大学凡艾·伦物理系大楼三楼的309室，在旁听约5分钟后，他突然拔出左轮手枪开枪射击，他首先击中他的博士研究生导师，47岁的戈尔咨教授，并在戈尔咨教授倒下之后，又在教授脑后补了一枪；然后，他又朝他的博士研究生导师助理史密斯副教授身上开了两枪。此时，在场的众多人士刚刚有所醒悟，纷纷逃离现场，这时卢刚又瞄准了当时在场的另一位中国留学生，27岁的山林华博士，接连向山林华的脑部和胸膛连开数枪。

随后，卢刚离开了第一现场到达二楼208室系主任办公室，一枪射杀了44岁的系主任尼克森。在确认尼克森死亡之后，卢刚又返回第一现场，发现几个学生正在抢救奄奄一息的史密斯教授，于是又朝史密斯的脑部补发了致命的一枪。然后卢刚持枪离开物理系大楼到达生物系大楼，由一楼走到四楼，似乎在寻找一名女性目标（有目击者见他进入女厕所寻人），其间遇到师生多人，但卢刚并未开枪滥杀。在未找到射击目标之后，卢刚又进入了行政大楼，冲入一楼111室的校长办公室，向副

校长安妮·克黎利前胸和太阳穴连开两枪，又朝办公室内的学生秘书茜尔森开了一枪。

随后，卢刚到达二楼的203室，饮弹自尽。

整个枪击过程不足20分钟，卢刚在自杀前总共向六个人开枪，除女学生茜尔森被击中脊椎，颈部以下全身瘫痪外，其余五人全部丧命。

关于杀人者的枪杀动机，警方未有正式的结论，但据部分媒体报道，枪击的直接原因可能是由于博士论文最高奖学金没有由卢刚获得，而是由山林华获得。

美国报刊于不久之后公布了卢刚在杀人当天1991年11月1日12时02分写给他家人的一封信："……我死活咽不下这口气……至少我找到几个垫背的人给我陪葬。"

（网友评论：这是一颗被地狱之火煎熬着的心写出的信，充满了诅咒和仇恨）

官方披露的信息显示：

卢刚，28岁，生于北京市，工人家庭，18岁考入北京大学物理系，1985年本科毕业后获"李政道奖学金"赴美留学，进入爱荷华大学物理与天文学系攻读研究生。1991年通过答辩获得博士学位。

山林华，27岁，浙江省嘉兴人，农民家庭，毕业于中国科技大学。四年前通过美籍华裔物理学家李政道在大陆主持的考试，进入爱荷华大学攻读物理学博士学位。由于他成绩极为优异，在博士资格考试时与卢刚并列第一名。

山林华的毕业论文是他与戈尔咨教授共同研究的成果。他们率先从理论上解释土星的光环结构，并进而分析光环的年龄。这篇论文经系主任及其他教授的推荐，获得了全校最佳论文奖（DCS荣誉奖），奖金2500美元，享有很高的荣誉。

系里的同学说卢刚对山林华获奖很不是滋味，几度向系里和校方提出抗议及申诉，但毫无结果，没有人认为他有道理。同学表示：其实这个奖是由教授直接选拔推荐的，并不是任何人都可以自由申请。

物理与天文学系的同学们说，山林华在得奖之后还不断"出活儿"。又与戈尔咨教授及史密斯教授共同在JCG上发表论文，对能够阻碍通讯的"地球磁暴"现象提出解释和预测。冯炜认为，这个题目比土星光环更重要、更受学术界的重视。以学业成绩相比，卢刚和山林华的水平不相上下。在博士资格考试时，两位来自中国大陆的"天才生"并列第一名，可是以研究能力而论，山林华作出的成果显然更受学术界肯定。"独行侠客"卢刚不肯下苦功做研究，与教授隔阂很深，却偏偏死心眼要和山林华争最佳论文奖，结果越搞越往牛角尖里钻，终于滋生杀机，选择一条玉石俱焚的毁灭道路。

人们叹息，可惜，如此聪明有才华的人，如此思维缜密的科学家头脑，竟在仇恨中选择了毁灭自己和毁灭别人！

【评析要点】一位天之骄子怎样变成了"冷血杀手"？如果你是卢刚，你该怎样应对？

理论概要：知识点解析

7.1 认识嫉妒

7.1.1 嫉妒的特性

嫉妒的词语解释是"对才能、名誉、地位或境遇比自己好的人心怀怨恨。"（《现代汉语词典》）

嫉妒的心理学解释，是指他人在某些方面胜过自己引起的不快甚至是痛苦的情绪体验。

在《圣经》中人们把嫉妒讥为"凶眼"，法国人把嫉妒喻为"毒蛇"，德国人把嫉妒视为"恶魔"，莎士比亚把嫉妒比作人身上的"肿瘤"。不管是哪种说法都有一个共同点，那就是总是把嫉妒和那些"凶、恶、毒、瘤、恨、病"等不吉祥的字眼联系在一起，告诫人们它是可憎的。

西班牙作家塞万提斯说："嫉妒是万恶的根源，美德的蟊贼。"

现代心理学揭示，嫉妒是当自己的才能、名誉、地位或境遇被他人超越，或当看到别人比自己强时，或彼此距离缩短时所产生的一种由憎恶、羡慕、羞愧、愤怒、怨恨等各种情感组成的复杂的情绪体验，是一种消极的负性情绪，同时也是一种普遍存在的常见情绪。

7.1.1.1 嫉妒是复合情绪

嫉妒是一种比较复杂的心理，具有内心体验的复合性特点，主要表现为内向的和外向的两个方面。内向的包括焦虑、恐惧、悲哀、猜疑、羞耻、自咎、消沉；外向的包括憎恶、敌意、怨恨、报复等不愉快的情绪。当看到别人比自己强时，心里就酸溜溜的不是滋味，于是就产生了一种包含憎恶与羡慕、愤怒与怨恨、猜嫌与失望、委屈与虚荣以及伤心与悲痛的复杂情感，这种情感就是嫉妒。嫉妒者不能容忍别人超过自己，害怕别人得到自己无法得到的名誉、地位等，在他看来，自己办不到的事别人也不能办成，自己得不到的东西别人也不能得到，严重时甚至对别人的生活进行破坏，给他人带来危害。

7.1.1.2 嫉妒是负性情绪

嫉妒是一种负性情绪。嫉妒的负性特征主要表现在消极性、攻击性和顽固性三个方面。

1. 嫉妒的消极性

嫉妒是一种消极的心理品质，是对他人的成就、名望、品德、优越地位及既得利益的一种不友好的、敌视与憎恨的情感，他把强于自己的人看作对自己的威胁，是自己前进路上的绊脚石，因而对他人感到不悦，甚至产生怨恨、愤怒的烦躁情绪。嫉妒心理是一种积极地想排除别人超越地位的心理状态，具有破坏和憎恨的感情色彩，是妨碍人际交往的最卑劣的情感。

2. 嫉妒的攻击性

嫉妒心理带有强烈的憎恨心理，具有明显的与人对抗的特征。它的对抗性来源于比较过程中的不满和愤怒情绪，当嫉妒心理达到一定的程度时，它会有明显的敌意甚至会产生攻击诋毁行为，如恶语中伤、诽谤等，不但危害他人，给人际关系造成极大的障碍，最终还会危害自身。

3. 嫉妒的顽固性

嫉妒具有极大的顽固性，深陷其中的人往往非常痛苦。一方面由于嫉妒他人强于自己而感到痛苦与愤怒；另一方面则又受着自己良心的谴责，为自己嫉妒他人而感到内疚，有时明明知道这就是嫉妒，是不应该的，但还是无法控制、不能消除、无法轻易摆脱。嫉妒的顽固性还表现在嫉妒的发泄性方面，嫉妒心理具有不断发展的发泄性，且无法轻易摆脱。培根曾经幽默地引用古人的话说："嫉妒心是不知休息的。"

7.1.1.3　嫉妒是常见情绪

嫉妒是常见情绪体现在它具有来源的广泛性和存在的普遍性的特征。

嫉妒的来源非常广泛，任何一种强于自己的表现都有可能引起嫉妒的产生，成为嫉妒的对象。例如，别人天生的身材、容貌和逐渐显示出来的聪明才智，可以成为被人嫉妒的对象，再如荣誉、地位、成就、财产、威望等有关社会评价的各种因素，也都容易成为人们嫉妒的对象。

嫉妒的存在具有普遍性，嫉妒几乎人人都有。在日常生活中，我们不知不觉地受到别人的嫉妒，或自己本身也在不知不觉对别人产生嫉妒之心。地位相似、年龄相仿、经历相近的人之间容易产生嫉妒。被嫉妒的人常常是自己周围熟识的人。

7.1.2　嫉妒的发展

嫉妒的发展可分为三级水平：嫉妒的第一级水平即情绪体验反应，嫉妒的第二级水平即情绪干扰思维，嫉妒的第三级水平即外显行为反应，在不同的发展阶段嫉妒心理的表现不同，带来的影响与危害程度也不尽相同。

7.1.2.1　情绪体验反应

情绪体验反应——难以为人所察觉的潜意识嫉妒心理。

广泛地存在于人类心灵中的嫉妒心理，是嫉妒心理的第一层次，也可称为原初层次。这一层次的嫉妒心理往往深深地埋藏在人的潜意识中，很难为人有意识地觉察到，即还没有形成一种自觉意识。这种嫉妒心理对人的心理激活作用很微弱，一般不会产生什么严重后果，但这种心理因素存在非常普遍，因而应当特别引起注意。处于潜意识嫉妒心理层次的人，其嫉妒心理是羡慕、竞争、嫉妒等心理因素的自然积淀的混合体。有时我们面对同学或朋友不断取得的成功会"隐隐"觉得不对，这种"隐隐"的感觉其实就是一种潜意识嫉妒心理。

嫉妒者本能的表现就是在一遇到他人优于自己的情景时，就会产生消极的情绪体验。这种情绪体验具有以下几个特点：（1）不容易自我控制；（2）常常具有过敏性（如为一点小事而非常痛苦）；（3）具有自我掩饰性，一般情况下本人的意识能够察觉到这种不正常的体验，并将其掩饰起来。当掩饰不住的时候，会把消极情绪指向优于自己的人，对其产生无端怨恨和无中生有的指责等。

7.1.2.2 情绪干扰思维

情绪干扰思维——需要及时控制的显意识嫉妒心理。

嫉妒的第二级水平是情绪干扰思维，也称为显意识嫉妒心理，是指嫉妒心理由潜意识进入显意识，由无意识（或下意识）到有意识。其主要标志是嫉妒心理的指向性和发泄性明显化，不再把嫉妒心理深埋在潜意识中，而是自觉地显露出来。其具体方式是对被嫉妒者进行挑剔，或散布对其不利的言论。严重者则是对被嫉妒者进行人身攻击或诬陷、诽谤，使被嫉妒者感到压力或痛苦，而嫉妒者则以此求得心理平衡和满足，或达到一定的目的。

当嫉妒上升到第二级水平时，嫉妒情绪就会干扰正常的思维，主要特点表现为：（1）当出现刺激目标时立即产生过敏性消极情绪反应；（2）消极情绪迟迟不肯中止，大脑思索也沸腾不止，并为自己的消极情绪寻找辩护理由；（3）为任何优于自己的人身上找些莫须有的罪名；（4）消极理念和思维固定下来，每遇情境就会自动呈现出来。

7.1.2.3 外显行为反应

外显行为反应——危险的变态嫉妒心理。

嫉妒的第三级水平为外显行为反应，当嫉妒上升为第三级水平时，会出现妨碍或伤害他人的行为反应，甚至出现危险的变态嫉妒心理。

（1）无道德缺陷者的嫉妒反应——非故意间接伤害对方。具体来说这种嫉妒者一般不会因为嫉妒而故意直接采取妨碍或伤害他人的行为，但是他们可能间接地妨碍或伤害对方，如在干部选举、优秀评定、人品评价、团队协作等方面，因为消极情绪导致消极思维，消极思维导致错误判断，错误判断进而导致对对方的不利判断和措施反应等。

（2）有道德缺陷者的嫉妒反应——故意直接伤害对方。一部分嫉妒者可能由于道德教养、修养不足会出现故意直接伤害他人的行为，如恶意中伤、蓄意谋杀他人等。也有一部分嫉妒者往往并不一定是道德修养不良，或在其他问题上道德并不差的人，只是因为嫉妒才采取不道德的行为伤害对方，属于心理障碍性质的行为。

7.2 解析嫉妒

7.2.1 嫉妒的来源

7.2.1.1 嫉妒的现实来源

大学生嫉妒的来源主要表现在以下方面：

（1）学业带来的嫉妒。学习是大学生的主要任务。学习成绩的好坏是大学生证明自身社会价值的最有力证据。因此，能否顺利地完成学业，实现自己的价值，对大学生来说有着极大的影响。在完成学业的过程中也不可避免地有考试、竞争、评优等问题，都容易对自己的同学产生嫉妒心理。

（2）人际交往带来的嫉妒。大学的人际交往也是一个非常重要的内容。由于高中时无暇顾及，使得一些大学生在人际交往方面缺乏应有的技巧，导致人际关系紧张，在集体中长期受到忽视和排斥。因此，对在班级中有威信、人缘好，又受老师器重的同学产生怨恨之情。

（3）情感交流带来的嫉妒。初尝爱情甜蜜的大学生往往会把更多的注意力放到自己所喜欢的人身上，并且希望对方也以自己为中心，一旦发现自己所喜欢的人与其他异性接触，就会怀疑自己的恋人，并把这个异性看成是自己的竞争对手，从而产生恐惧和愤怒的嫉妒心理。

（4）外在容貌带来的嫉妒。大学时代从年龄上看也到了谈恋爱的黄金期，因此这个阶段学生会把注意力转移到自己的身上，更加在意自己的外在容貌。这时，那些相貌平平，或有某种生理缺陷的大学生往往会对那些相貌漂亮的大学生产生嫉妒的心理。

（5）经济压力带来的嫉妒。大学生是经济不独立或不完全独立的群体。特别是一些来自贫困地区的大学生，除了家庭的支持以外，有些还不得不靠勤工俭学、申请贷款和领取贫困补助来缓解经济压力。有一些贫困大学生认为靠勤工俭学和申请贫困补助会让自己在同学面前抬不起头。当看到经济条件好的同学花钱大方，更感到自己囊中羞涩，对比之下便产生了自卑心理，甚至是对家庭条件优越者产生了憎恨与羡慕、愤怒与怨恨、屈辱的复杂心理。

7.2.1.2　嫉妒心理的根源

1. 差异比较是嫉妒产生的直接起因

差异是比较的客观前提。人的差异包括自然差异、社会差异和个体差异。自然差异包括自然遗传和地理环境的影响；社会差异包括分工、文化教育、社会机遇和社会承传等；个体差异包括身材、相貌、仪表、学识、素质、能力、品行、荣誉、地位等。

自然社会的差异虽然也能左右一个人的社会地位，但并不能完全决定人的社会地位，因为人的差异还受着主体自身努力程度的影响。由于先天自然差异的有限性和社会差异的可缩性，随着社会公平地不断发展，个体努力差异将构成获取差异幸福的决定性因素。

比较是嫉妒的起因。一般而言，比较中处于优势者，易产生自豪、满意、高兴等直接自我肯定的情绪体验和高傲、轻视他人等间接自我肯定的情绪体验；而比较中处于劣势者，则易产生自卑、消极、颓废等直接自我否定的情绪体验和不满、憎恨等间接自我否定的情绪体验。显然，嫉妒就是比较中处于劣势时产生的一种间接的、自我否定的情绪和行为。

2. 公平失衡是嫉妒产生的心理基础

嫉妒的产生在某种程度上是因为人们的思想观念中传统的平均主义思想根深蒂固，所有水平、地位相当的人，他们认为不管是在精神享受上还是物质占有上都应该是平均的。如果现实不能达到这种平均的理想状态时，公平心理的失衡就会产生嫉妒。

在同一个公平层次才会有嫉妒的产生。地位相等、年龄相仿、程度相同的人之间最有可能发生嫉妒。如果不在同一个公平层次，即使对另一个人另一件事自愧不如，也不会产生嫉妒。

3. 自我缺陷是嫉妒产生的个体选择

一些具有过度自我意识、自我实现受阻、自卑或自我实现不能的人是产生嫉妒的高发人群。

例如，特定的文化背景影响，如儒家的中庸之道，不患寡而患不均。不能客观地认识自己，总是认为自己应该是万事超人前的。角色定位错误，不能自得其所、自得其乐。胸无大志无所事事，才会去挑别人的刺。自我实现受阻时，容易产生嫉妒心理。

7.2.2 嫉妒的危害

7.2.2.1 嫉妒影响身心健康

当人在嫉火中烧而得不到适当的发泄时，内分泌系统会功能失调，导致心血管或神经系统功能紊乱而影响身心健康。现代精神免疫学研究揭示，脑和人体免疫系统有着密切的联系。嫉妒导致的大脑皮层功能紊乱，可引起人体内免疫系统的胸腺、脾、淋巴线和骨髓的功能下降，造成人体免疫细胞与免疫球蛋白的生成减少，因而使机体抵抗力大大降低。

一个嫉妒心强的人，常常陷入苦恼之中不能自拔。时间长了会产生自卑，甚至采用不正当的手段去伤害别人，使自己陷入更恶劣的处境。法国文学家巴尔扎克曾说过：“嫉妒者比任何不幸的人更为痛苦，因为别人的幸福和自己的不幸都将使他痛苦万分。”长期处于不良情绪状态中，会让人产生压抑感，容易引起忧愁、消沉、怀疑、痛苦、自卑、焦虑等消极情绪，对心理健康极为不利。嫉妒心理严重者，当嫉妒心上升到不可控的地步时，甚至会严重扭曲人的心灵，导致危险的变态嫉妒心理的产生。

7.2.2.2 嫉妒影响自我发展

嫉妒心理是一种被扭曲了的心态，使具有嫉妒心理的人难以进行正常思维，因嫉妒而产生不满情绪，进而对人对事往往持否定性和排斥性的态度，以偏概全，以小为大。只看到别人的缺点，并且泛化这种缺点，这样一种盲目的思维方式不仅使自己无法进步，也破坏了和谐的学习、生活环境。

嫉妒心理给人们带来消沉、怀疑、自卑、愤怒等不良的消极情绪，直接影响人的情绪和积极奋进的精神，这样会大大降低学习和工作的效率。当嫉妒心理极为强烈时，嫉妒的怒火往往使人失去理智，扭曲人的人生观与价值观，作出一些不可为的行为，在给别人造成极大伤害的同时，自己的人生也会走向毁灭。这样，无论给自己还是家庭乃至于社会都会造成无法挽回的后果，对个人的自我发展有着很大的影响。

7.2.2.3　嫉妒影响人际和谐

嫉妒心强的人一般自尊心强，却总是不服气别人的优秀，白天盯着别人的优点又急又恨，晚上想着别人的长处又气又恼。嫉妒会让人产生焦虑、恐惧、悲哀、猜疑、羞耻、自咎、消沉、憎恶、敌意、怨恨、报复等不愉快的心理状态。一方面，自己的情绪起起伏伏，患得患失；另一方面，让他身边的人备受困扰，无所适从。

嫉妒会限制人的交往范围，压抑人的交往热情，甚至能反友为敌。嫉妒心强可能使人交不到知心朋友。嫉妒心强的人往往事事好胜，常想方设法地阻止别人的发展，总想压倒别人。这可能使同学、同事和身边的人想躲开他，不愿与他交往，从而给自己造成一个不良的人际关系氛围，这让嫉妒者深深地陷入孤独与寂寞当中。当一个人嫉妒另一个人的时候，就不会对那个人友善、热情，两个人的关系必然冷淡。嫉妒的对象越多，关系冷淡的对象也就越多，这就给人际交往带来了极大的妨碍。甚至还会破坏集体的团结和良好的心理氛围。所以，嫉妒是人际关系和谐的巨大障碍，它会让人变得更加自卑与孤独。

7.3　直面嫉妒

嫉妒是对别人幸运的一种烦恼。同类相比，引发羡慕、攀比甚至嫉妒心理又是人性普遍的弱点。适度的嫉妒并无大碍，也许还会成为激发我们更加上进的动力。过度的嫉妒才会有害，不利于自我发展，不利于人际和谐，不利于社会安定。

直面嫉妒、掌控嫉妒，可以从解决自己的嫉妒、应对他人的嫉妒入手。

7.3.1　解决自己的嫉妒

解决自己的嫉妒指的是减少自己对他人的嫉妒。可以从看自己及看他人两个角度建立策略。

7.3.1.1　看自己，做好自己

看自己，做好自己，可以建立积极的策略：（1）降低对自己的预期，培养达观的人生态度，自得其所、自得其乐；（2）比较时要找对参照系，尽量不去与别人比，多与自己的过去比，此时比彼时好即可心安理得；（3）用竞争促进上进，向对方公开展示自己的抱负，给自己增添应有的压力；（4）做好自己，挖掘自身潜能，扬长避短，寻找新的自我价值；（5）开拓新领域，真正的强者需要埋头苦干，就像培根说的那样："每一个埋头沉入自己事业的人，是没工夫去嫉妒别人的。"

有嫉妒心理的大学生应该合理规划自己的发展计划，丰富自己的校园生活，让自己在忙碌与充实中度过，利用一切时间努力发展自己、提高自己。如常去图书馆阅读各类书刊，丰富自己的知识和开阔自己的眼界；参加一些社团活动和社会实践，发现自己在其他方面的优势；也可积极主动地参加一些健康有益的娱乐活动和体育活动，丰富大学生活，让大学生活充满阳光和乐趣。

7.3.1.2 看他人，欣赏他人

看他人，欣赏他人，可以建立积极的策略：(1) 增强修养、拓宽胸怀，学会赞扬别人，通过赞扬别人来呈现自己博大宽容的胸襟。把别人的成就看作对社会的贡献，而不是对自己的威胁，将别人的成功当作一道风景来欣赏。(2) 各有所能、各得其所，明白每个人都有天赋，而且每个人的发展都是不均衡的，能者多得。(3) 分享、合作、博弈多赢，学会和别人分享与合作，在良性竞争中取得成功。

总之，通过修身养性，减轻、缓解自己的嫉妒。拥有一颗宽容、大度的心，培养一种积极、进取的生活态度，让自己的人格得到升华，就能减轻对他人的嫉妒。

7.3.2 应对他人的嫉妒

应对他人的嫉妒指的是避免他人对自己的嫉妒。可从以下几个方面建立策略：(1) 真诚对待他人，减少对方对自己的敌意；(2) 真实展现自己，提高对方对自己的预期；(3) 识别对方的情绪，化解对方对自己的嫉妒。通过分享化嫉妒为感谢，通过道苦衷化嫉妒为同情，必要时让出名利，退后一步，海阔天空。

自我探索：我的嫉妒藏在哪？

请根据所列命题，进行自我心理成长探索。

> 自我探索：我的嫉妒藏在哪
> 意义：直面嫉妒、管理情绪
> 要求：1. 澄清自己嫉妒的种种来源及其表现形式；
> 2. 探索自我调适的策略和方法。

心声分享：处理嫉妒

【乐观进取走出嫉妒】[①]

我曾经和我最好的朋友差点绝交，其中有性格不合的原因，嫉妒也是导火索

① 本文根据《心理访谈与健康成长》课程班13－14春No.049成倩自我成长分析改编。

之一。

她，有着我想要的一切，美貌——老对我说食堂大叔说她是我们学校最好看的；朋友——她是我仅有的几个朋友之一，而我是她众多朋友中的一个，而我不知到怎样才能像她一样有这么多的朋友；钱——不是富二代，但从不缺钱，也很懂得用有限的钱过得很滋润，而我永远只懂得存钱；男人——桃花那个旺，一会一个男人喜欢她。而我已经二十多岁的人了，从没被表白过，失败啊；工作——护理专业出来就有工作且工资不低，而我前途迷茫。

这些都是我想要但得不到的，人们时常说“羡慕、嫉妒、恨”，我觉得这三个词是相联且是递进关系。

那段时间她失恋了，不停地向我倾倒她的悲伤，搞得我也像失恋一样。作为帮她斗渣男的战友，还老对我说，每个女人都会碰到这种男人，看着吧！你以后也会遇上的（肯定句）。我在心中呐喊，我才不会去招惹有妇之夫！你干嘛诅咒我！在和她的友情中我感到我的付出远远多于她的回应。上天给了她这么多，还在不停地说自己有多惨。

和她在一起的感觉就像是，她是小说中的女主角，而我是配角、炮灰，一切为衬托她而存在。这感觉太糟糕！莎士比亚有一句话：隐藏的痛苦就像被堵塞的炉堂，会将心灵烧成灰烬。我不想这样，我决定和她绝交。

最后没有绝交成，过程不解释，结局是我们都放下了成见，仍是最好的朋友。

到今天，我已经不会再嫉妒那些我曾经嫉妒的东西。为什么不？其中还有我姐姐的一部分原因。

我姐姐有时对我很好，有时对我特别 hard。以前我只是认为她性格如此，直到她对我说：“成倩，我真羡慕你！”“我有什么好羡慕的？”“你看，你小时候没怎么被打过，大人多宝贝你。读了高中、当了兵，现在读法律（其实我姐姐是同济大学本科毕业，今年 6 月底将荣升当妈妈），还学古琴……你的运气真的很好。”

那时，我意识到她有时对我刻薄是因为嫉妒，但是她好像只看到表面上好的一面，她忽视了我为此吃的苦、流的汗，还有说不出的泪。

她没有想过我当兵训练时吃的苦，在封闭的环境中渴望的自由。大年初一起床第一件事是将窗槽里的冰渣子弄干净，窗外都是雪，远处是 8 号线进站出站的声音，那时我是多想回家，但是我不能，过年给家里打电话，全班人都是哭着打的，班长知道后把我们都骂了一顿。世博会的时候，在园区，排头看到了当志愿者的同学，她的同学也看着她，但排头不能过去和她们打招呼，不能离开队伍，因为有纪律，只能站在那里流眼泪。安检时来月经，因为游客多没空上厕所，等停下来的时候发现血都顺着裤管流下来。当完兵走出军营有几个人身上没有训练伤的。我姐姐羡慕我去学古琴，每月 800 元的生活费，其中 400 元交学费，剩下的我要吃饭、坐车、充值……日子过得很紧。

现在的我可能会羡慕别人但不会嫉妒，每次看到别人好的地方，我都会去想他付出的努力，而自己也要朝那方面努力，这样就不会存在嫉妒的问题了。如果找不到他付出的努力我就会想，老天爷是公平的。比如说我的好友，到今天，我见证了她两任男友，两次爱情都不好。我曾经羡慕过的美貌却并没有让她留住男人，我曾经羡慕过她有这么多人追求但并没有给她美好的爱情或婚姻。

每个人的命都不同，且有起有落。或许现在别人比你好，但属于自己的那个“my time”终会到来，不是在明天，就是在另一个地方。它不会缺席，只是有时会迟到而已。

【嫉妒——邪恶的野草】①

人是一种普通的也是不普通的生物。人有七情六欲，有喜怒哀乐，会表达自己的思想和感情。每个人总有其独特的思想。我们都不是圣人，心里也会有很多不好的情绪，如愤怒、嫉妒、伤感……而这次，我想着重审视自己内心的负面情绪——嫉妒。

嫉妒是一种无法避免的情绪。我不是圣人，做不到无欲无求。嫉妒的心理冒出来时我也压服不了，而这种情绪也如顽固的野草一般，给点阳光就灿烂。

这种情况在上了大学以后尤为明显。大学里的同学都是天之骄子，即使原先在自己家乡属于优秀行列的，上了大学以后也会趋于平凡。在这种情况下，嫉妒这个恶魔就蹦跶得极度活跃。就说我自己，到了大学里，家境是注定的，这个攀比不了，也生不出嫉妒之心，毕竟我爹妈既没少我吃也没少我喝，虽然奢侈的生活给予不了，但是生活水平还是不错的。但是除此之外，可以比的东西还有很多。就比如寝室这个小团体中，像我的室友模样好、身段好，绩点还是我们寝室中最高的，甚至她还是我们四个人里唯一谈恋爱的。班上的男生追她的也有很多，真真是哪哪都如意。我们另外三人就属于扔到人堆里也找不出的长相，既不会打扮自己，也没那个机遇来谈一场恋爱，我们经常做的事情就是宅在寝室里，看着小说或电影消磨时间，浪费粮食。我心里时常会不平，嫉妒犹如疯长的野草，极速蔓延。有的时候我都害怕控制不住自己的情绪，而另一个当事人却仍然言笑晏晏，跟我们正常地相处。我不知道我的另外两位室友心里是如何想的，但是一般我们并肩而行的时候，我不会挑选和她走在一起。无论如何，我们三个都只是她的衬托，但我仍会下意识地与她保持一定距离。当然，平时我们关系一直不错。

我总是希望可以摆脱这种情况，就算不能完全消除，但至少可以缓解这种情绪。我不由得想起几年前浙江中考的作文题——《寻找平衡》，我们都需要找一个平衡点，或者说是要找对参照物。嫉妒这种直面的情绪影响的不止是心理，我不止一次

① 本文根据《心理访谈与健康成长》课程班13－14春No.015离鸢自我成长分析改编。

感觉到在嫉妒来袭的夜晚，辗转难眠的煎熬。一个网友给了我一些建议，我也试着去做了，效果还不错。现在，只要一遇到让我不平衡的事情，我就会拿一块巧克力，或者买一个冰淇淋，甜的食物会让人的心情变好。待稍稍平复了心情之后，我又会上网去看一些笑话，或者看一集喜剧，有这些好玩的事物帮着分散注意力，嫉妒不会来得太快。而夜晚是最不设防的时段，我在睡觉之前就开始整理一天的收获或者近一个月来的心得，让这些想法占据脑海，分不出心神去嫉妒。

虽然这些方法只能缓解嫉妒，但是在和同学相处的过程中，在适应了大学生活之后，我也能摆正自己的心态，选择另一个参照物，让嫉妒无空子可钻。

【嫉妒不是没有解药的毒】①

嫉妒对于我来说可能是以前从未重视过的一个话题，因为我一向被同学和朋友认为是乐观开朗，不会计较，甚至准确地说是太过马虎的人。而我对自己的宽广胸襟也是相当有把握的，毕竟从小就被爸爸妈妈教育：我们家的孩子都是老实人，不要去打小算盘，肯定要输给人家，能吃亏绝不占便宜，吃亏是福已成家训。因此，无论从我个人的自我认识还是他人的评价，都使我觉得没有必要去考虑嫉妒会给自己造成什么影响。但是，直到上过直面嫉妒那堂课后，才发现给我造成压力的来源正是嫉妒——一直被我忽略的“凶手”。

进入大学以来，我经常感到一种来自课业的压力。其实大学生活的紧张程度相对于高中一心赶赴高考颇有殊死一搏的逼迫感已经减轻了许多，但是在大学的环境中，我的第一身份还是一个求知求学的学子。因此，即使平日课程松散，老师开放式的教育不再像高中教育保姆式跟班督促学习那样，却也在无形中给我很大的压力。特别是我高中的专业是理科，到了大学变成一个十足的文科生，这种陌生的学习身份也让我颇不适应，没有了例题推倒论证练习题海战术，我就像迷失的孩子一样，不知道自己应该去做什么，特别是没有老师的监督指导，这种迷茫感更加重了我学习的负担。但是一切的一切也不如我室友给我带来的压力感——三个文科生包围着我，对于他们来说如常识一般的政治关系、基本哲学概念对我来说都是那么陌生。通过记忆力来应付考试对于我来说更是煎熬，当考试前我面对凌乱的笔记无处下手的时候，我的室友早已将重点概念誊录完毕，按部就班地开始了复习计划，复习过程有条不紊、淡定自若的状态更是让我感到很大的压力。而这种压力我也无处诉说，生怕被人笑话，郁积在心中，逐渐转化成了浓厚的嫉妒情绪。这种转化其实是不自觉的，因为当我面对新的学习挑战倍感无助的时候，所选择的是一种逃避的心态，没能积极地去寻求解决办法，而是自怨自艾，感觉不如别人，意识到差距后，挫败感过于强烈而不去寻求化解模式。

---

① 本文根据《心理访谈与健康成长》课程班 10 – 11 秋 No. 014 王思斯自我成长分析改编。

虽然我从心底感觉和其他人的差距很大，甚至有点懈怠，但是因为期末考试日益逼近，向来有点争强好胜心的我也算是拼着劲地和同学一起去复习。虽然总觉得自己不如他们复习得好，但是考试毕竟要我自己面对，别人再好也不能代替我去考试，所以逐渐看开并专注于自己究竟能从复习中得到什么，而不是一味地与别人攀比。考试总有结束的一天，我觉得放寒假对我来说简直是莫大的解放，可以不用天天看着那些压力制造者，心情好了许多。

现在再看之前的这个阶段，发现自己的嫉妒心还真是很强，因为在学业上有种好胜心，争强的劲头虽然是好，可是与我自身的情况没有很好地结合在一起。冷静分析，毕竟其他人比自己多出两年的文科学习经验，相应的学习习惯的养成也必然要比我好一些，这些客观的事实是我不能通过任何方法改变的，而当时因为这些原因就产生了失落感，对学习产生懈怠、逃避是一种不负责任的表现，也是嫉妒产生的根源。所幸有考试的压迫让我“不得不”认真复习，重新对待学习，专心于自己每天所能得到的东西，才把我从嫉妒的深渊中拉了回来。

上过直面嫉妒课程之后，我反思我在这一阶段采用的方法与策略，还是非常不成熟。首先逃避是面对嫉妒最无力的解决方案，这种做法非但不能解决现有的嫉妒，反而容易加深嫉妒的程度，导致其成为一个“打不开的结”。幸好后面对于期末考试的态度还算正确，积极应考复习，避免嫉妒心理对自己产生过多的影响，专心关注自己的收获能够减轻对他人优点的过分关注及所产生的不平衡心态。后面由于放假等原因也可以不必过分地纠结于嫉妒他人的学习优势，得以从中解脱出来。

这个不成熟的方法效果还是可以的，虽然考试成绩下来后，我仅仅比三个人中的一位成绩略好，但是由于我身边都是“高手”，所以我在班级中的名次也在前十名之内，对自己算是有个过得去的交代。这一结果也能说明我所运用的方法还是有一定的效果的。没有因为过分沉溺于嫉妒之中而耽误了学业，若当时因单纯赌气式的嫉妒彻底放弃自己可能还会出现挂科的危险。而这样端正心态专心自己学习的方法，不但在实际方面有较好的效果，也能够通过专心于其他事情而防止自己在嫉妒的情绪中发生心理畸形。因此，如果再次让我面对相似的情形，我会选择在开始的阶段不逃避对自己不利的事实，对于客观存在的东西以坦然的心态接受，对于能够改变的方面进行积极改正，并且挑选适合自己的比较对象。我的成绩虽然在这三个同学中不是最好的，但是相对于整个班级、整个专业来说，我通过自己的努力换来的成绩还是值得肯定的。因此能够正确地自我定位也是非常重要的，退一步讲，如果我原本基础水平再差一些，在班级中也无法取得令人满意的名次时，我需要和自身进行比较，即通过努力地复习，我对于知识的认识与掌握是否有了相应的提高，若结果不如预期，究竟是发生了什么未预计到的事情，今后努力的方向将作出怎样的调整。

当然，对于我所嫉妒的对象也要有良好的心态。看看我们之间的差距哪些是可以弥补的，哪些是可以通过学习模仿、请教逐渐提高的，哪些是不可能达到的，可以放弃努力以及哪些是我所具有的优势，可以通过何种方式继续保持或提高。

其实嫉妒并不是无法去除的病毒，解药在于有承认自身缺点的勇气，然后静心分析客观原因，端正心态，能够提高的就通过完善自我达到，不能改变的就以平和的心态赞美他人，并且相信自己总会有一些方面也是能够优异到为他人所赞美的即可。

【不甘只砌一堵墙】①

问题：一直以来，我都觉得自己是一个很大度、随性、不计较得失的人。可是最近好像有一种情愫在慢慢滋生，有愈演愈烈的趋势。那就是“嫉妒”，我嫉妒我的大妹，她有高挑的身材、白皙的肌肤，出口即可成章……让我羡慕嫉妒。我在家中突然有一种很渺小的感觉。

成因剖析：我从小就是老大，潜意识里我都觉得我应该是三姐妹中最高、最好的那个。我不甘输于她们中的任何一个人，无论哪方面，学习成绩要最好，生活中用得要最好。渐渐地这种想法根深蒂固了。

可是，在最近几年，事情好像变了。大妹的才情渐渐攀于我之上，身高竟比我足足高出6厘米，完美的模特身材，与她走在一起，竟没有人会认为我是姐姐。小妹则出落得像一株娇滴滴的出水芙蓉，有着一股让我望尘莫及的高贵之气，举手投足间都让人觉得女人味十足。我眼红了，心里开始不爽了，开始矛盾。同一个爸妈生的，怎么会有如此大的差异！我开始在心里默默地抱怨着……

策略思考：我是一个乐观、积极向上的人，我讨厌被想法束缚着的感觉，更不希望因为这些莫名的情绪影响我对这个家的爱！所以我开始上下求索，无论如何我都要逼着自己走出这片阴霾。

第一件事就是开始反思。当嫉妒产生时，我发现我眼里看到的都是别人的好，我好像一直忽略了从自己的角度去看我自己。我没有大妹的才情，没有小妹的温文尔雅，没有她们的好身材。但我有一颗积极向上的心，我有更敏锐的洞察力。没有华丽的外表，我可以以内制胜！

第二件事就是做回我自己。因为嫉妒她们，所以在不知不觉中会模仿她们，但在模仿中我发现我渐渐迷失了自己。我不适合做文绉绉的文艺青年，我不适合扭着腰，走着猫步。我适合随性地走，用眼去看世界，用心去记录世界，不需要出口成章，只要能我的口达我的意即可。没有华丽的辞藻，朴实无华就是我的风格，没有什么不好。我要把自己拉回正道，客观地认识自己。

第三件事就是修身养性。范老师在她的教学资源中提供了一份于丹教授的《论

① 本文根据《心理访谈与健康成长》课程班10－11春No. 122黄艺淳自我成长分析改编。

语》心得之君子之道。我看过后，感触颇多，更有一种豁然开朗之感。孔子曾曰："仁者不忧，智者不惑，勇者不惧。"在这个世界上每一个人行于世间百态之间，要真正做到心的坦然，要做到一种仁义的大胸怀，没有忧伤、忧思、担忧。只有来自于你内心的仁厚，由于你宽和，所以你可以对很多细节不计较，由于你心怀大志，所以你可以不纠缠于这个世界给你的得失。是的，我要增强修养，培养宽容之心。细细回想：从小到大，我们就一直被灌输"海纳百川，有容乃大"的思想，但是好像没有认真地去体会过，认真习得"宽容"二字真正的意义。

中国字真的很奇妙，于丹教授说过，迷惑的"惑"由"或"和"心"构成。"或者"就是说你可以选择这个，也可以选择那个。在这个世界你需要面临那么多的选择，那么多的诱惑，抑或是那么多"高你一等"，你要如何抉择？而这时就要看你的心是不是足够大，可以为你托起你的抉择。心是否有方向，是否有定力，是否有判断力，是否有容量，可以让你在那么多选择面前不至于被压垮！

效果分析：我很感谢范老师，与其说今天我写的是一张考试卷，不如说这是一个认知自己的机会。我之所以会嫉妒，是因为我不够宽容，没有自己想象中的那么大度，更因为我没有远大的理想，没有了行动的指南和动机，让自己迷失在这悲观的情绪中。

就在今天我看清了，不会再羡慕嫉妒我的两个妹妹，我们三人有着各自的优点、缺点。这一次直面嫉妒更让我燃起对未来的无限憧憬。我有自己的理想、目标，我要为它奋斗，培根说过："每个埋头沉入自己事业的人，是没有功夫去嫉妒别人的。"

有一个故事我想在这里讲一下：

在一个炎炎夏日的巨大工地上，所有人都在那汗流浃背地搬砖，有一个人路过，他不知道他们在干什么。他走过去问了第一个人："你在干什么？"那个人没有好气地跟他说："没看到啊！我正在服苦役，搬砖呢！"他想了想，还是不知道为什么，他就去问第二个人，"你在干什么呢？"第二人的态度要比第一个人平和很多，他先把手里的砖码齐，看了看跟他说："我砌这堵墙啊。"后来他又去问了第三个人，那个人的脸上一直有一种祥和的光彩，他把手里的砖放下，抬头擦了一把汗，很骄傲地跟那人说："你是在问我吗？我在盖一座教堂啊！"

这三个人手中做的是同一件事，但三个人的解读却完全不同。我不会做像第一个人一样的悲观主义者，只看到眼前的艰辛与汗水，只会埋怨生活；我不甘做像第二个人一样的职业主义者，安分于现实；我想向第三个人靠拢，坚信我现在码的每一块砖，流的每一滴汗都是在通往一座圣殿和教堂，我要清楚地认清自己的梦想，我是在为梦想走着从脚下到梦想的历程，我的每一步路都是有价值的，我的付出一定会获得最终的成全！

从直面嫉妒中找到自己迷失方向的原因，理理衣襟，缕缕头发，整装重新出发。

不再因为别人的好、别人的美而耿耿于怀。我有我自己的骄傲，我有我自己的路要走，不许自己再浪费时间，浪费精力去嫉妒他人。我的未来由我亲自筑造！

【直面嫉妒——以德报怨】①

可能是由于家庭教育的原因，我似乎没有过嫉妒的经历，只有羡慕，我想通过两件事情来讲一下我是如何面对其他人的嫉妒的。

第一件事发生在小的时候。小的时候学曲艺，我在所有学得好的人里面是开始的最晚的、年龄最小的，但是成绩却是最好的。当时有一个资历很高的哥哥，在我开始学习之前就已经拿过很多奖了，是一个水平相当高的人，自从我开始崭露头角之后就慢慢地变得不那么顺风顺水了。他不愿意和我一起玩，也不和我一起讨论表演什么的。我当时小，只是单纯地以为他只是不喜欢我，但是由于他很优秀我就总想缠着他玩。后来妈妈提议我们两个共同表演一个作品，然后在老师和家长的撮合下我们两个共同完成了一个作品，由于是“队友”的关系，两个人在艺术方面和生活方面都有了更深的了解，他慢慢地就不再排斥我了，我们在那次的全国曲艺大赛中拿了第一名。直到现在我们依旧是关系很好的朋友。

第二件事是前一阵竞选学生干部的时候发生的。一个部门选出两个候选人去参加部长的竞选，我们部门选出了包括我在内的两个人，而还有一个人我知道她也有当部长或者副部长的意愿，她工作能力其实比第二个人强一点，但是人缘没有第二个人好，所以以一票之差落选了。然后她情绪就一直很不好，并且对我也没有之前那么亲近了。其实我很珍惜和她的关系，并且也很希望她可以当选。于是我就去问主席，可不可以给我们部门三个名额。经过很大的努力，学院最后同意了我的提议，然后我就去和那个落选的姑娘说为你争取了一个名额你赶快填报名表吧。我们现在的关系更近了一步。

通过这两件事情我发现，面对别人的嫉妒不仅要懂得保护好自己，更要懂得如何化解。不能一味地拿敌意去对抗敌意，有时候站在别人的角度去看问题，尽自己最大的努力去化解对方的尴尬处境反而是化解嫉妒的最好办法

【抛开嫉妒，迎接幸福】②

我有一群比较不错的朋友，大家学习成绩都差不多，才艺也差不多，平起平坐，谁也不高谁一等。可是，如果其中某个人因为某事得到了老师的表扬、家长的认可、朋友的喜欢，或者学习成绩一下子显著提高了，我就会觉得心里特别不舒服。就会觉得自己怎么能够比别人差呢，明明水平都差不多。于是就开始对那个朋友冷嘲热

---

① 本文根据《心理访谈与健康成长》课程班 15 – 16 春 No. 016 姜嘉迪自我成长分析改编。

② 本文根据《心理访谈与健康成长》课程班 10 – 11 春 No. 035 陈晨自我成长分析改编。

讽，或者是远离她、疏远她，不想跟她一起玩了。这应该就是嫉妒心理在作怪，容不得别人比自己好、比自己优秀，只能允许自己出风头，高别人一等。

在学习《心理访谈与健康成长》这门课之前，我意识到了自己不正确的嫉妒心理，但是不知道如何去应对和面对它。但是现在经过老师的讲解和认真的思考，我开始着手应对自己的这种不健康的心理问题。

首先是让自己明白嫉妒这种不良情绪对自己、对他人都没有好处，对自己是使自己心情郁闷、郁郁寡欢，对他人来说是影响了朋友、同学之间的感情，让对方觉得自己心胸狭隘，不想和自己继续交往下去。其次，孔子说："三人行，必有我师焉。"去向自己嫉妒的人讨教她能做好的方法和经验，并且运用到自己的实际生活中，使自己也能变成一个优秀的人。再次，树立自己的目标，尽自己最大的努力做到最好，培养宽大的胸怀，和别人互相帮助，互相善意地赶超，让每个人都能发挥自己的潜能，争取做到最好。最后，进行换位思考。想想如果自己经过不断的努力取得了应得的进步，而被自己的好朋友嫉妒，那自己的心里会是多么难过。不仅所有的付出和努力没有得到朋友的肯定，而且与朋友渐行渐远，这是不应该的。

我认识到每个人都有自己的长处与短处，一个人不可能每个方面都做得最好，也不可能每个方面都做得最差。一个聪明的人是善于将别人的长处学来，以弥补自己的短处。所以，每个人都应该意识到自己的不足，当看到别人比自己某方面好的时候，不要盲目地去嫉妒，而是应该分析她为什么会比我好，有什么经验和技巧，并且向人家讨教来更好地充实自己，使自己成为一个更加优秀的人。同样的，当别人来讨教自己的长处时，千万不要怕别人超过自己而不告诉人家，而是应该互相帮助、互相督促，让自己和身边的人都成为优秀的人，并引以为豪。这才是我们应该做的。

就像这学期，我体育选的是篮球。要知道我对篮球一窍不通，所以每次练习的成绩都不理想。可是，恰好有一个我们班的同学和我选的是一节课，而且她的体育可以说是相当好。于是，我又开始在心里不平衡了。但是这次我并没有盲目地嫉妒，而是积极地向她讨教打球的经验和技巧。我的这位同学也十分热情地教我，每次上课都会陪我练，我做错的时候会及时地纠正我，甚至下课的时候也会抽时间陪我练。有的时候我想偷懒她都不让，比我自己还要着急。果然，功夫不负有心人，考试的时候投篮10次中了8次，这对我来说是相当好的成绩了。当成绩出来的时候，我的朋友比我还要高兴，直喊"太棒了，太棒了!"试想下，如果我当初只是盲目地嫉妒，那么最后只会落得成绩依然不好，心情郁闷，还有可能因为同学成绩好而疏远她，失去了这个朋友。当我积极应对嫉妒后，不仅促进了和朋友之间的感情，还使自己的成绩显著提高，并且使自己的心情舒畅。这么一箭三雕的事情，大家何乐而不为呢?

学习《心理访谈与健康成长》这门课后，我觉得受益匪浅。作为当代大学生，我们一定要端正自己的态度，扫除自己的不健康心理，使自己成为一个对国家、对社会有用的人，让自己的老师、家长为我们感到骄傲。我已经意识到了嫉妒的不良后果，也已经积极地去直面嫉妒，应对嫉妒。正像我所希望的那样，抛开嫉妒，迎接幸福。

【直面嫉妒，告别嫉妒】①

先来讲一个小故事：记得小时候很喜欢去姑姑家玩，因为她家有一个与我同岁的表妹，两人兴趣等各方面都很相投。大约是七岁时，有一次又在姑姑家玩到很晚舍不得回去，姑姑便开玩笑地说，可以让妹妹跟我一起回家。姑姑本是玩笑之言，没曾想我还当真了，最后拗不过我，只得答应让表妹去我家小住几日。我如愿以偿地带着表妹返回家中，未曾想好心情在第一天便消失了。表妹一到我家就受到了爸妈的热情招待，她吃着我的零食，玩着我的玩具，甚至妈妈做饭都是以表妹的口味为准，晚上睡觉更要让出大半个床，看着这向来都是自己独享的一切不再属于自己，甚至连爸妈也忽略了自己不少，我对“罪魁祸首”——表妹由喜爱变得讨厌，处处欺负她，最后以表妹哭着被姑姑接回家收场。

其实现在想想，这就是自己的嫉妒心在作祟。长大后，虽然不会明显地表现出来。但每当看到自己的好朋友因跟别人交好而忽略了自己时，这种嫉妒的情绪就会隐隐出现。除此之外，还有一种情况会让我产生嫉妒的情绪，那就是看见别人比自己强，做的比自己好时。

基于对自身这种问题的认识，我认为造成嫉妒的根源有两方面。一是以自我为中心的心理，二是完美主义。由于我是家中的独生子女，向来是全家人关注的中心，爸爸妈妈事事以我为先，所以认为受到别人的重视是理所应当的，一旦被忽视，便会产生负面情绪，且这种情绪会自发地发泄到“抢走”自己关注的对象身上，表现出来即为嫉妒。以上是我个人认为造成以自我为中心心理的主因。至于完美主义，我认为可能与自己过于要强的性格有关，凡事都必须做到最好，不容许一点失误。而作为一个普通人又怎能事事都做到尽善尽美呢，当事情的结果达不到自己的预期，且又恰有优秀的对照，这时嫉妒的情绪便自然会产生。

既然了解了嫉妒的成因，那么就应该对症下药，但在此之前，我坚信一点，必须要正确地认识嫉妒，嫉妒是每个人内心都可能会产生的情绪，因此不必为有嫉妒之心而羞愧与自卑，但也不能放任它在心中滋生，而是要用正确的方法消除它。

首先，要消除以自我为中心的心理，这可以从内在和外在两方面来应对。内在的方式即要扭转固有的思维习惯，认识到其实周围的人都与自己一样，都是独生子女，根本不存在谁应该让着谁，相反自己应该如课上所学到的加强身心修养，发展

---

① 本文根据《心理访谈与健康成长》课程班 10－11 春 No. 005 叶霜自我成长分析改编。

宽容之心，降低自己的心理位置，摆正心态；而外在的方式，则是要加强自身魅力，既然担心别人会忽略自己，那就不要给他（她）忽略自己的机会，真诚地待人，主动地合作，让别人看到自身更多的闪光点，这样的人谁也忽略不了。

其次，扬长避短，不必事事力求完美。人若拿自己的短处与别人的长处相比，结果自然是嫉妒与自卑交加，五音不全偏要去跟别人比唱歌，无异于自揭其短，但要是换成自己的强项跳舞，自然能信心倍增。所以有时候就要懂得扬长避短。同时也要适时地降低自己的心理预期，人的才能是有差别的，所以不必事事做得如他人一样好，只要能够人尽其才，就是自我实现的完美境界。《圣经》里的一个故事给了我很大的启发，说人的生命被赋予了不同的银两，有人是一千两，有人是三千两，有人是五千两。如果从量的区别来看，似乎是不公平的，但它的本质意思却是告诫人们各自尽其本分。以一千两向上帝强求五千两，是贪婪性的嫉妒；以五千两去抱怨上帝要求相应的偿还，是逃避性的嫉妒。被赐予多少，就接受多少，就尽多少的本分，既不贪求，也不逃避，尽力而为，接受结果是成熟的、尽责的态度。

由于直面嫉妒在本课中是第六讲，所以在制定了上述方法至今天课程结束，中间有一段时间实行，发现确实有效果，但也有需要改进的地方。当看到好友同别人聊天而冷落了我时，我不再是在一旁生闷气，而是尽量地去融入她们，虽然刚开始有些不习惯，但几次下来，发现嫉妒的情绪消失了，一是与他人的交谈减少了我胡思乱想的时间；二是这些交谈往往能为我带来新的友谊，令我能多结交些朋友。至于不足之处，是扬长避短容易走向极端变为“阿Q”心态，当自己不如别人时往往会用“精神胜利法”来麻痹自己。因而在使用这一方法时就要有一个度的把握，不可过头导致弄巧成拙，这样才可以真正地告别嫉妒。

附录1　社会实践　启迪心灵

【参观死刑待决犯监所活动纪实】①

2012年5月，分属11－12春季学期犯罪心理学应用技术类课程4个班级、近200名同学，分乘4辆学院警车大巴，在范海鹰老师的带领下，来到上海某关押死刑待决犯的监所参观。

尽管之前同学们做过许多的猜想，但在监所的所见所闻依然带给大家无比的震撼！

威严、有序而又充满温馨及人性化的监所环境；耐心、和善而又充满活力的监管民警；平静、“阳光”却能怀有憧憬的被监管人员……彻底颠覆了我们曾经对监所、管教及罪犯所有的认识。犯罪、责任、承担，曾经那么遥远的法律词语，却在面对追悔而又受到严厉惩戒的罪犯时鲜活地跳入了脑海；隔栏遥望到的期盼，案例中见到的终极对话，深深地触动了我们，唤醒了我们对自由、对生命的珍爱！

我们感受到了强烈的警示，我们的心灵再一次起航！

感谢监所的领导和警员给予的精心安排，感谢上海政法学院刑事司法学院的领导给予的大力支持，感谢范海鹰老师给予的悉心组织和指导，给我们留下了历久难忘而又影响深远的宝贵人生经历！

参观后，130余名同学写下了近100万字的观后感。以下摘录《心理访谈与健康成长》课程班部分观后感的片段与大家分享，以期在自我感悟的同时也能感召社会，启迪后人！

【监所是一所特殊的学校】②

2012年5月8日，我们在范海鹰老师的带领下参观了上海市某监所。我们参观了监舍、改造场所、卫生中心等，并听取了监管警员的报告和观看被监管人员的录像。在去监所参观之前，我总觉得那个地方是高墙大院，冷酷而阴森的。而对被监

① 上海政法学院《犯罪心理学应用技术》课程班社会实践观后感编辑小组，2012年6月17日。

② 本文根据《心理访谈与健康成长》课程班11－12春No.114朱燕观后感改编。

管人员的印象，更是先入为主地认为是长相凶悍、残忍成性的人。可是到了那里之后，我发现原来并非我所想的那样，监所的管制是很人性化的，被监管人员和我们平常人看起来没有什么区别。而监所是一所特殊的学校，所不同的是它教授的是正确的人生观和价值观。

参观完以后，我的心情久久不能平静，心里有说不出的疑问和感慨。给我印象最深的是两件事。第一件事是我们观看了一个被监管人员最后的录像，他才20岁。当我看到那张阳光般带着微笑的脸，我真的不愿相信这么年轻的一个小伙子竟然会抢劫杀人。他为什么要这么做，他为什么要走到这般地步。当最后被问及有什么想说的时候，他说道“来生我不想再做人了，做人很累，做一棵树也好。”在和亲人最后道别的时候，他的老母亲哭着安慰他：“儿啊，是妈错了，妈不应该让你出来做事。别怕，妈会陪着你的。”当看到这一幕幕，听到这一句句话时，我们的眼眶里都闪着泪光。白发人送黑发人，这难道不是世界上最悲哀的事吗？我很想问问这位已逝的年轻人，你为什么要这么做，伤害了别人的同时，也伤害了自己和深爱自己的亲人。但是不管你做错了什么，最后你忏悔了，我愿为你祈祷，愿来生你可以选择正确的道路，活得开心自由。

第二件事是我们参观监区的时候，我们当中的一个同学和一个被监管人员打招呼，也是一个青年。她问他：“你在看书吗？你为什么看书啊？”那位年轻的被监管人员回答道：“因为以前我不知道学习，所以才会犯错，我希望可以在这里学到知识。你们一定要好好读书，将来不要像我这样。”我们看着他笃定的眼神，知道他在后悔，他在告诉我们他的前车之鉴。我们真的希望他可以从这出去之后，利用他学到的知识，可以重新开始，做一个对社会有用的人。

看着他们，我知道他们每个人的背后都有自己的故事，自己的错误，他们之所以在这里，就是为自己所做的事负责。

人活在这个世上，有着各种需求。在追求各种外在目标的过程中，如果我们不能经常停下来审视我们前进的方向，过于疲惫的心灵就有可能陷入对物质、金钱、权力的盲目狂热中。自以为得到的越多，拥有的幸福就越多。事实果真如此吗？现实生活中，有的人天天吃的是粗茶淡饭，却能经常快乐相伴；有的人经常吃的是山珍海味，却时常愁眉不展。其实快乐只是个人的一种内心感受，快乐的源泉是什么？是知足。知足者常乐，拥有一颗感恩的心，以一颗平常心面对现实，尽情地享受生活的乐趣，这才是生活快乐的源泉！

因为知足，我们会自觉珍惜，并倍加珍惜我们今天拥有的一切，从而更好地把握现在、把握未来；因为知足，我们会更坦然地面对竞争，在权、钱、色面前心静神定，无牵无挂，在正义和私利的天平上摆准砝码，做到有所求有所不求，有所为有所不为；因为知足，我们会超然洒脱，淡然处世，人生会多一份从容，多一些豁达。绝不会为了眼前的短暂利益铤而走险，做有违法律法规之事；也因为知足，我们会懂得许多生活的情趣，从许多不经意的小事中获得美的享受，享受亲情、爱情、友情之美，尽情呼吸自由的空气。

我很想讲这些话给他们，也告诉自己，当我们站在犯错的边缘的时候，我们应该想到家里有深爱自己的人在等我们，或许是我们的老母亲，或许是深爱我们的爱人，或许是我们守护的子女，我们要时刻告诫自己，常思贪欲之害，常怀律己之心。

【人能无忧无虑地活着，就该知足】①

5月8日，我参加了参观监所的社会实践，对自己的触动很大，感受很多。从来没有如此近距离地接触高墙里面的人，很好奇，也很忐忑，受电视剧的影响，印象中高墙里是黑暗的，是压抑的，但当作为一个旁观者，真正踏入高墙，我发现一切都不是想象中的那样黑暗，展现在我面前的是一所明亮、有序、严格、人性化的现代化监所。

即使身陷囹圄，他们也有感受生命的权利。当我隔着铁窗从一间间监舍走过时，涌上心头的是怜悯与哀伤，一窗之隔，我们就是两种命运。我不知道在他们走上这条路之前经历过怎样的人生，但我相信人心都是善的，所有的罪恶背后可能会有太多的迫不得已，太多无奈与辛酸，命运为他们关上了一扇门，但也为他们打开了一扇窗。在那里，他们将重新接受做一个人的精神洗礼，在那里，他们将感受到一个崭新的世界。

都说眼睛是心灵的窗户，对于那些特殊的人，我很害怕看到他们的眼睛，害怕看到绝望，害怕看到恐惧，害怕看到愤怒，但当我真正看到他们的眼神时，我看到的是渴望。渴望自由，渴望亲情，渴望关爱，渴望平静。在走廊的墙壁上有一副镂空的画，上面画满了飞翔的鸽子，警员姐姐说鸽子代表自由，希望他们在这里好好学习做人，净化自己心灵的尘埃，有一天能像鸽子一样找到属于自己的天空。

走过监所的每一个角落，感受到的是温暖、宽容和关爱。那里有个小花园，喂养了许多小动物，户外活动时间被监管人员可以跟这些动物接触，给动物喂食，跟动物讲话，通过这种方式，希望他们对生命有更多积极的理解，知道任何一个生命都是值得呵护的，要珍惜自己的生命，珍惜作为一个人的机会，即使不能有多大的价值，只要平平安安、快快乐乐足矣。

给我印象最深的是那段“终极对话”的视频，一个20岁的小伙子，因故意杀人被判处极刑，那是在他被执刑前所拍下的画面，也是他留在人间最后的影像。“如果有来世，我可能会做一棵树吧，做人太累了，做树还能有点用。”这是他说的一句话，字里行间表露出一种无奈，白净的面孔一点也看不出邪恶，嘴角微微露出的笑容似乎暗示着一种解脱，他也不过跟我们一般大，无法想象他的人生究竟为什

① 本文根据《心理访谈与健康成长》课程班11－12春No.105张常钰观后感改编。

么选择了这条不归路，他本可以跟我们一样上学、读书，享受生活，感悟生命，沐浴阳光，接受雨露的滋养，而现在他的生命走到了尽头，他无法选择，他的命运是残忍的，他选择了接受。

或许我们应该好好地反思一下自己，我们拥有大好的青春年华，我们有父母的关心呵护，我们有老师的谆谆教诲，我们没有理由抱怨，没有理由不珍惜，更没有理由不奋斗。这个世界有太多的诱惑，能不能正确看待这些诱惑是对人的考验，每个人都想过好日子，都想成为好人，但当名利摆在面前时，又有多少人就此踏上一条不归路。人能无忧无虑地活着就该知足了，无须被追名逐利所牵绊，没有必要把自己置于一层层的枷锁中被束缚着生活，始终调整好自己的心态，多奉献自己的爱，多看看人生的积极面，寻找自己的快乐，向自己的目标奋斗，享受自己的生活，这就足够了。

附录2　历经课程　感悟成长

【成长路上的灯塔】①

上《心理访谈与健康成长》课程的这段时间，我总在反思自己过去的生活，每每坐在课堂上，我的感触总是难以言喻的复杂，在欢笑或惆怅于某个案例的同时，我都会不自主地将其联系到我现实的生活和我身边的现象，种种共性让我感受到其贴近生活的知心与实用，我想也正是因此，这门课程较其他课程更能给我一种心灵上的共通，于是我学会用一双发现的眼睛、一颗感知的心去体味人生百态，鼓励自身，帮助他人。

感恩于与范海鹰老师的相遇，她的乐于分享拉近了师生间的距离，像师长、像姐姐、更像一位母亲，亲切温暖而富有安全感，看到她，心里总会很踏实，似乎没有什么过不去的，一切都有了解决的办法。从前我总会思考，什么才叫作充实的人生，一个女性应该怎样才活得幸福，活得受人尊重，跟随范老师一个学期的学习，其言、其行、其丰富的阅历让我深深地体会到自己见的还太少，做的还太少，世界还很大，只有不断地去学习去充实，去走去看去实践，才能活出个样子，人生才不会虚度，才能在白发苍苍的时候即使回首往事也会是微笑而不是泪水。

课上所涉及的种种话题很多在我的生活中都有所经历，抑或是这些都是这般年纪孩子们的通病，我们总能或多或少被这些问题所牵绊所困扰。

从第一讲中的认识自我逐步深化到自我的独立情绪管理，就业准备再到与周围人的各种关系培养，整个课程实用而充盈。

感知于第一讲的自我认识，从前缺乏准确定位，易因小事或自喜或自卑的我学会了理智，学会了如何在纷繁的事物中保持一种淡定公正的自我认知与自我评价，明确了我是怎样一个人，我希望我是怎样一个人以及实现我所希望的途径并积极付诸实践；第二讲所述告别依赖，第九讲化解压力与第十讲应对挫折对于学生尤其是外地学生有着很强的针对性，范老师在生活、学习、与人相处、自主决策四个方面分述依赖表现，我第一次听到了“心理断乳”这个生动形象地解释依赖问题的名

① 本文根据《心理访谈与健康成长》课程班10－11秋No.013王若霖同学课程心得改编。

词，并暗暗反思自己是不是还是一个心理上没有长成的“奶娃娃”，我开始按照该课程所讲的方法训练自己，调整认知，克服非理性想法与自损思维对自我生活与学习的干扰，这两种不安表现曾在很长时间里在我的思想中存在，易感性、易低落，于是我开始注重培养自我成长意识，培养有效思考的习惯，培养“尝试错误”的勇气。正如老师所言“成长必须有压力”，压力有正有负，为克服负面情绪，“五法”减压、“压弹”减压与“置换”减压都是不错的方法，关键在于如何将其转化为激励我们成长的动力，现实中我们欠缺的往往是这种直面压力并努力克服的勇气，但也正是在不断受挫中不断总结并不断成长，成长了内心才有能力去告别依赖。第三讲与第四讲学业思考与择业准备改变了我过去狭窄的思考套路，过去的我习惯固守于内心的小想法而难以开拓，忽略了既要知己更要知彼从而进行正确选择职业的重要性，我的目标曾只局限于考研而不再向前看，难以将学业规划与职业挂钩，我想在今后的学习和生活中我会更为富有智慧，更为具有前瞻性，提升个人竞争力，降低改变职业通道的成本。第五讲情绪管理是我感触最深的一讲，我想我会永远记得范老师那句“坐在黄连树底下都不觉得苦”和“人是活在自己的心态里”。正如我上一题中分析，我从一个不敢直言自己不满而暗自伤心进而影响到自己学习生活的孩子努力成为了一个日趋理性并勇敢告诉别人我内心期待的开朗大女孩，我学会“不责备，不逃避，不遗忘，不委曲求全”，在一种积极的心态下进行正确的归因，通过能量宣泄法、配合转移法和自我安慰法实现自身不良情绪的排解，通过“沟通三步曲”，关心他人关心自己；人际交往方面，针对当代大学生中普遍存在的几个问题，第六讲直面嫉妒，第七讲结交朋友与第八讲珍惜室友进行了具体的讲解，我终于懂得原来嫉妒的本源深埋于我们的内心，即自我封闭、自卑、以自我为中心等性格缺陷，不管我们是嫉妒他人还是被他人嫉妒，都要理性地对待拿出解决方案，要修身养性，宽容大度，真实地展现自己，真诚地对待他人并能准确识别他人的情绪以免伤害他人。这一点在结交朋友时也显得尤为重要，不管是身边的朋友还是朝夕相处的室友，我们从彼此陌生到开始注意，从表面接触到自我表露进而建立友谊，是一种缘分更应带着一份感恩的心去珍惜，要巧用言语，善用目光表现我们对对方的尊重与重视，致力于扩大自己和朋友之间的公开领域，尤其是室友间，如老师上课所讲周国平与郭世英的交往，“室友之人格可能影响你的一生”。第十一讲初尝爱情作为一种敏感却是大学生间最为普遍的现象在老师的讲述下变得生动而幽默，却又纯洁与理性，“亲密、激情、承诺”作为健康爱情的三个标准，在这个激情泛滥的年代显得弥足珍贵，我懂得了“爱情三角形理论”，明确了三个要素的相辅相成与不可偏颇，懂得了作为一个真正的好女人要“人在镜中”才能更受青睐与尊重，过去总是将内心所想的事业作为对自己培养唯一标准的我涌起了做一个“上得厅堂下得厨房”的全方面新时代好女性的强烈渴望。

感恩于范老师的讲授分享与引导，感恩于此门课程的开设，不是什么冠冕堂皇的语言，只是句句出于我的真实体验，我庆幸自己在大学这个迷失的时间段，在这个极易叛逆的年龄中目标却比以往更加明晰，感知于这一切并实践于这一切，以身更是以心，很多时候不敢去想假如没有这些方法的引导，现在的我会不会是另外一番模样，但是我确实看到自己在努力，欣喜于自己成长的点点滴滴，我想将它比作灯塔，也许我是一条飘荡在大海上的小船，因为有了它的引导才能找到通往光明的航线，用稚嫩却明确的步伐健康地、坚定地从现在的我向我所期待中的我一步步靠近。

【这门课，让我每天晚上的噩梦有了缓解】①

每到选课时我都会不知所措，不知道自己应该选择哪门课程？要么由于时间冲突想上的课程选不上，要么到头来上了一些自己根本不感兴趣的课。我选择《心理访谈与健康成长》这门课，最简单的原因是因为课程名，冲着心理学来的，这样说是因为有一些特殊的原因：我想解决一些长期困扰我的心理障碍。说到心理障碍我也不知道这到底算不算障碍，我每个夜晚都会受到睡不着觉的困扰。我晚上一闭上眼睛就会变得越来越清醒，虽然人已经很疲倦了，但就是睡不着。每到那个时刻我就会开始想象（完全是幻想，根本不切实际），等到第二天我也描述不出来自己想了什么，反正当时就是很清醒。这样长期导致的一个严重后果就是白天没有精神，上课打瞌睡，甚至不得不逃课。现在想想当时的情景就是：熄灯了开始躺着睡觉，突然就会有一个情景进入脑海，我将不由自主地置身其中，这个过程有喜有忧，我似乎感觉自己已经睡着了，但还是无法左右自己的思想，持续着自己的情景，很长时间之后发现自己怎么还没有睡着，翻过身继续睡觉，我也不知道自己什么时候睡着了，有时候到两三点发现自己还没睡着……

第一天上课我就被老师的激情与活力所吸引。她说过很多经典的话，其中老师的座右铭："常常帮助别人的人都是以利他开始却是以利己结束。"这句话我深深地赞同，也开始在实践，从而为一些本不该烦恼的事情减压，为我的不良情绪进行很好的管理，从而赢得一个好心情。在这门课上我懂得了作为大学生应如何构建自己的多元职业目标：我们每一位大学生必须要有自己的人生目标，尽最大努力争取成功，但我们不要求一定成功。对于制定目标，首先，要有最低目标，也就是我们的承受底线，最低也就到这个程度，因为我们的成长必须要有压力，要经历痛苦，更要付出代价，这样才能激发潜能；其次，要有中间目标，这个目标的制定至少要自己觉得可以接受；最后，要有最高目标，每一个人都有自己的信念，有一个或多个想实现的宏图大志，这需要我们积极争取，但绝不意味要求必须实现，要懂得"曲线救国"，更要懂得"人生有多个支点，在一个点上你做死都做不过别人，而他们

① 本文根据《心理访谈与健康成长》课程班 11－12 秋 No. 022 陈岗课程心得改编。

可以轻而易举地做到”。

大学人生，很关键的一点就是要告别依赖，学会自己管理自己。首先，作为一个学生要自主学习；其次，作为一个社会人要学会独立生存，对自己的行为负责；最后，要学会自我控制，包括对自己行为的控制，学会终止，懂得自己寻找外援。从根本上讲，我们要学会“心理断奶”，告别对父母、亲人的依赖，自己创造美好的明天。我现在意识到了这一点，我也想做一个真正“独立生存”的人，所以我有意识地开始实践。回家过年是每个人都很向往的一件事情，我也不例外，但这个寒假我要开始我一个人的征程，我要加强自己的社会实践能力，也希望能够自己挣得生活费，减轻父母的负担。我想在上海这边打工，为明年的生活费而奔波，我相信40多天如果利用好的话，能够得到一笔够自己生活几个月的费用，毕竟是自己挣的钱，花钱的时候会格外认真。前面刚刚说到在课堂上学到的制定目标的话题，我想为我的寒假定一个短期目标：首先，我会利用寒假一个月的时间发表一篇时事评论，既实现了我的理想，又得到一笔稿费供我生活，因为已经准备好了材料和话题，而且找到了发表渠道，所以只要我认真写就会有很大的机会；其次，我已经找到了自己要干的工作，欢乐谷每天8小时干20天估计可以挣得2000元钱，然后利用春节3倍工资的机会在苏宁电器做促销应该不错；最后，利用晚上时间可以做钟点工，尽量赚得住宿费。再抽空看看书，我相信也是一个很充实的寒假。

心理访谈课上我学到人的情绪是可控的，这需要我们训练自己控制情绪的智慧。同时老师教会了我任何事情要敢于尝试，只有自己做过了才知道自己行不行，也要正确面对和坦然接受尝试过的各种结果，不断总结提升自己。

这门课让我感触最深的是第十二讲，老师在课上留的临时作业“我的临终遗愿”，让我们定下心来好好思考了片刻，写着写着我情不自已、热泪盈眶。老师的教学方式很独到，她与同学们用心灵交流，每个人都完全置身于情景之中，每个人流露出来的是最真实的感情。这也是我最认真听讲的一节课，我好像感受到了什么东西在召唤，也许这就是人格魅力，更是人性深处向善的真实外露。

心理访谈这门课是我这学期最喜欢上的课，老师也是我在大学期间见过的最有活力和富有激情的老师。这绝对不是恭维，一位老师三次择业：医学、法学、心理学都获得了成功，而且保持积极的心态，面对事情是那么坦然。另一位女老师却是一位篮球健将，体育超级棒；而且音乐自学成才，看到她在舞台上唱歌的笑容，我们不由得为她加油。我很少见到这样的老师，让我很惊讶也很佩服，所以我不得不说她是一位好老师。我将会坚持选她的课，之前因为选课制度的原因我已经错过了她两次课，但值得庆幸的是下学期的《沙盘游戏与心灵的对话》这门课我成功获选，而且推荐很多人调整课程表选课成功。因为我们通过这门课能学到很多东西，不仅仅是课本上的，还有很多社会上必须面对的现实问题，最重要的是让我有了一个好的心态，学会了调整自己的情绪，值得庆幸的是让我每天晚上的噩梦有了缓解，这使我整个人每天精神了许多，真希望生活中能多出现几位这样的智者，我们的生活将更加美好，我们的未来也充满更多希望！

【我学到的会是我一辈子的财富】①

这门叫作《心理访谈与健康成长》的课，我很庆幸在这学期选上了。当初选这门课只是冲着“心理”这俩字（我平时对心理方面比较感兴趣），可是上完这个课，我收获的比我想象的多很多。

这位叫作范海鹰的老师，蛮让人喜欢的。看着如此充满阳刚之气的名字，最初还以为是位帅气的男老师，没想到竟是位女老师，刚开始看上去有点严肃。可是，前几节课就让我再一次颠覆了自己的想法。从没见过一位老师能把讲台当作自己的舞台，尽情地释放着自己。范老师在课堂上用动作姿势表达着自己的情感、看法、观点；煽情之处，可以见到老师用纸巾默默拭去眼眶中的泪珠；她说过，虽然这些案例已经看过许多遍，可是还是控制不住情绪。我知道，这是触动了老师的内心。范老师说自己的肩很宽，这让她能在人生路上站得更稳：她在家中排行中间，爸爸妈妈将范老师当作男孩子来养，才造就了现在的“女汉子”性格，可是爽朗豪气又有何不可；老师说自己的嗓子是“公鸭嗓”，不被父母看好，可是在校合唱队表现得很好；还有跳舞；等等。

从范老师的身上我能学到很多：永远不要自卑于自己的样貌——我的肤色很黑，作为女孩子，这自然是很让人难过的，可是上完心理课，我可以用积极的暗示来说服自己接受“黑有什么不好，黑代表着健康”；我的性格也很像男生，一度想把自己变得淑女些，可是东施效颦，效果往往适得其反，而现在我可以欣然接受；我的不自信也在课堂中渐渐消失，老师鼓励我们勇于在课堂上讲出自己的心理问题，虽然发言次数不多，但是每次都能看到自己的进步；说实话，进入大学之后，没有几门课能让我坚持一整节课不玩手机的，心理课就是其中一门，仅仅是因为喜欢……

这门心理课也很让人喜欢。轻松的课堂氛围，活跃的同学，有趣的课堂选题等都是在高中课堂上所看不到的。远离题目的我们，更加能释放自己；没有课堂严肃的氛围，我们能更快地接受知识；贴近生活的选题，让我们深有感触。

课上经历的好笑的人和好笑的事，我会记得那些随之而笑灿烂的笑脸；所看到的那些因感动而落下的泪滴，我会铭记；那些开心的快乐的感触，我会记得。印象最深的最后一节课“临终遗愿”，我会记得那位勇敢站起来的女孩，声泪俱下，哭着说完自己的愿望，说着自己对爸爸妈妈的不舍。我也不会忘记老师哭着上完后部分的课，不会忘记自己在这节课上流过的泪和笑过的脸，不会忘记在写“遗愿”时

① 本文根据《心理访谈与健康成长》课程班 13－14 春 No. 080 李育同学课程心得改编。

那一张张真挚的脸……

转眼间，14 周就过去了，这意味着我结束了我喜欢的这门课。虽说已结束，但是却阻止不了我对心理学的喜爱。从这门叫作《心理访谈与健康成长》的课上，从这位叫范海鹰的老师这里，我学到的会是我一辈子的财富！

后　记

历经四十年学业职业生涯路，跨越医学、商贸、法律、心理学、犯罪学等多个专业领域，历任医师、大学教师、CEO、律师、心理咨询师等职，相继在医学临床、企业管理、商事法律事务、心理健康辅导、犯罪心理测试（微表情识别）等方面潜心研修、扎实积累，目前，集多专业学科知识背景之优势，将犯罪心理学、咨询心理学作为主要专业方向，以危机识别与干预技术为切入点，在教学、科研、实务等方面努力耕耘。

研究领域：心理学技术（心理测试、微表情识别、犯罪心理分析、心理矫正、危机谈判、沙盘游戏、心理咨询等）。

开设课程：《犯罪心理测试技术》、《微表情识别应用》、《心理矫治技术》、《危机谈判技术》、《犯罪心理评析》、《沙盘游戏与心灵的对话》、《心理访谈与健康成长》等危机识别与干预之心理学应用技术实训课程。涵盖学科基础课、专业选修课、公共选修课、跨校选修课。

专业影响：

创设"三四五式"实训教学模式（三块教学内容：理论要点、典型案例、操作训练；四个教学环节：概要讲授、观摩评析、模拟操作、社会实践；五种教学手段：教师讲授、视频观摩、应用评析、角色扮演、课网自修）。

建成多媒体资源汇聚的课程网站，点击量过百万，居上海政法学院课程中心榜首，平均每天都有数百至上千人点击浏览。

课程网站里，汇聚了所授系列课程的相关多媒体教学资源：电子教案栏目里，按每门课程的讲次，将PPT知识点、案例视频、互动课堂纪实等宝贵教学资源依次呈现，学生点击即可在线课前预习和课后浏览；课程互动栏目，学生可以在论坛上发表对知识点、应用案例的理解和评析观点；实训课堂栏目，学生可以点播和回放同学们在互动课堂上的评析和角色扮演视频；课程资料栏里，汇聚了所授课程相关的丰富的多媒体教学资源，可直接下载或在线观看。

建成危机识别与干预技能实训中心，具有多道仪测试、微表情识别、

危机谈判、犯罪心理分析、沙盘游戏、心理咨询等多项心理学技术的实训教学功能。被学生誉为“最具震撼力”的“国内首创、国际接轨”的“高大上”教室。

为校内七千余名学生提供实训教学机会。为全国公安、检察、安全、司法、口岸反恐怖机构提供四千余人次专业培训和服务。

2013 年 3 月 4 日《解放日报》以“透过微表情，她的目光直指人心——犯罪心理学专家范海鹰向学生和公检法一线人员传授‘读脸术’”为题，做长篇专访报道。

《犯罪心理测试技术：理论与实践》课程获得：2013 年上海政法学院教学竞赛优秀实验实训课程一等奖，2015 年上海市重点课程建设项目立项，2016 年上海高校优质在线课程建设项目立项。

出版专著：《解析测谎的奥秘——心理测试技术导读》、《上海市社区服刑人员心理矫正的理论与实践》、《科学识别谎言——心理测试技术广角》。

传道、授业、解惑，人民教师的职责！

追寻梦想，培养学生，服务社会，个人发展的坐标！

在自己十分热爱、社会又切实需要的专业领域中劳作，虽经万般辛苦，但乐在其中！

感谢所有帮助过我、支持过我的领导、老师、同仁、学生、朋友和至爱的亲人！

谨以此为后记。

范海鹰

2016 年 12 月 18 日于康桥